新农保体制下农村老年人养老研究

——以湖北仙桃范湾村和汉川洪北村的调查为例

李国珍　著

中国出版集团

世界图书出版公司

广州·上海·西安·北京

图书在版编目（CIP）数据

新农保体制下农村老年人养老研究：以湖北仙桃范湾村和汉川洪北村的调查为例/李国珍著. — 广州：世界图书出版广东有限公司，2013.3

ISBN 978-7-5100-4169-3

Ⅰ.①新… Ⅱ.①李… Ⅲ.①农村—养老保险制度—研究—中国 Ⅳ.①F842.67

中国版本图书馆 CIP 数据核字（2013）第 029248 号

新农保体制下农村老年人养老研究——以湖北仙桃范湾村和汉川洪北村的调查为例

策划编辑　张馨芳
责任编辑　黄　琼
出版发行　世界图书出版广东有限公司
地　　址　广州市新港西路大江冲 25 号
http://www.gdst.com.cn
印　　刷　虎彩印艺股份有限公司
规　　格　787mm×1092mm　1/16
印　　张　14.25
字　　数　271 千
版　　次　2013 年 3 月第 1 版　2014 年 3 月第 2 次印刷
ISBN　978-7-5100-4169-3/F·0088
定　　价　42.00 元

目　录

第一章　绪　论

第一节　研究问题的提出

随着我国老年人口的增多以及计划生育的实施,老年人口在我国总人口中的比例不断提高。2000 年 11 月底第五次人口普查数据显示,65 岁以上老年人口已达 8 811 万,占总人口的 6.96%;60 岁以上人口达 1.3 亿,占总人口的10.2%,这表明我国已经进入了老龄化社会。而 2010 年我国第六次人口普查的数据显示,60 岁及以上人口为 177 648 705,占总人口的 13.26%;其中 65 岁及以上人口为 118 831 709,占总人口的 8.87%,该数据和第五次人口普查的数据相比,60 岁及以上人口的比重上升 2.93 个百分点,65 岁及以上人口的比重上升 1.91 个百分点。世界人口大会规定一个国家 60 岁以上的人口占所有人口的比重超过 10%,或者 65 岁及以上的人口占总人口的 7%,那么该国就处于老龄化社会。由此可以得出我国从 2000 年开始,就已经进入老龄化社会,十年以后的数据表明我国老年人口总数增加得非常迅猛,人口老龄化的速度非常快。

老龄化是一种社会现象,指社会总人口中老年人数量达到一定比例,并持续增长的过程。老龄化的到来是社会发展的必然趋势,也是一种社会进步的表现,事实上,越是发达的社会,老龄化就严重。老龄化是由低死亡率和低出生率两个因素共同作用导致的。低死亡率是因为现代医学的发展,使人类的平均寿命越来越长;再加上人类科技的发展,对自然灾害的抵抗能力越来越强,人类因为自然灾害导致大规模死亡的事件越来越少;而低出生率,是与一个国家的经济发展与公民的文化素质紧密相关的,越是发达国家,出生率越低;文化程度越高的人,越不愿生育,丁克(指夫妻双方有收入,且没有孩子抚养)家庭基本上都是高学历的家庭。然而我国的老龄化的一个典型特征就是未富先老,我国的老龄化不是人口自然发展的结果,是与我国实行的计划生育政策紧密相关的,加上我国现代化的飞速发展,医学技术快速发展,人的寿命越来越长等诸多因素导致我国的老龄化程度日益加快。这种未富先老的老龄化给社会带来一系列的社会问题,而养老问题,特别是农村老年人的养老问题,是这些问题中压力最大、最为迫切需要解决的问题。随着我国快速老龄化进程的发展以及我国现代化、城市化和工业化的快速发展,农村青壮年大批量到城市打工,广大农村地区剩下的绝大部分都是老弱病残。据第六次人口普查的数据表明在大陆 31 个省、自治区、直辖市和现役军人的人口中,居住在城镇的人口为 665 575 306,占总人口的 49.68%;居住在乡村的人口为 674 149 546,占总人口的 50.32%。同 2000 年第五次全国人口普查相比,城镇人口增加 207 137 093,乡村人口减少 133 237 289,城镇人口比重上升 13.46 个百分点。而据国家统计局的统计数据表明,2010 年我国的农民工总量达到 24 223 万人,因此我国农村的老龄化程度,事实上要比城市高。广大农村地区有众多的留守老人,而且人数会随着时间的推移越来越多;在我国,社会福利制度还不是很完善,保障程度还不是很高,特别是随着计划生育的实施,老龄化日益增强,"4-2-1"的家庭结构,年轻夫妻既要抚养小孩,又要赡养 4 个老人,不久的将来或许是 6 个甚至 8 个老人的赡养任务。这些现实的状况表明,我国农村地区的养老问题将会越来越严重,社会特别是农村地区的家庭养老压力会越来越大,家庭养老已经承受不了,这个问题需要给予足够的重视。而且养老的任务完全让年轻人承担,也是不现实的,国家应该大力发展社会养老模式。

针对如此严峻的养老形势,2009 年国务院发布第 32 号文件《国务院关于开展新型农村社会养老保险试点的指导意见》,其中第七条规定:年满 60 周岁、未享受城镇职工基本养老保险待遇的农村有户籍的老年人,可以按月领取养老金。新农保制度实施时,已年满 60 周岁、未享受城镇职工基本养老保险待遇的,不用缴费,可以按月领取基础养老金,但其符合参保条件的子女应当参保缴费;距领取年龄不足十五年的,应按年缴费,也允许补缴,累计缴费不超过十五年;距领取年龄超过十五年的,应按年缴费,累计缴费不少于十五年。该养老保险条例已经实行了三年,符合条件领取养老金的老人,绝大多数是没有缴费的老人,他们每月领取的养老金极其低,有限的养老金根本无法满足他们的养老,因此,事实上,农村老人的养老基本上还是由家庭来承担。

生老病死是每一个人必经的生命历程。每一个人都会老,年轻的时候我们抚养小孩,老了后自己的子女赡养自己是天经地义的事情,因此在我国的传统文化里,尊老爱幼、赡养父母都是良好道德的表现,人们在养老的过程中,总结出了很多养老的模式,总结起来老人养老照护的方式主要有家庭养老、居家养老、社区养老和机构养老四种模式。

第一种养老模式称为"家庭养老照护",主要由子女对老人进行养老照护,这种养老照护的类型在我国特别是在农村广泛存在,也是我国农村老年人养老的主要方式。

第二种养老模式称为"居家养老照护模式"，就是子女雇请专业医生、护士和保姆对老人进行养老照护。社会学界和老年学界一般认为老人在家里养老是最好的一种养老方式，因为在这种养老模式下，老年人不仅在物质上可以得到子女照顾和护养，而且在精神上得到子女的慰藉，儿孙满堂、子孙绕膝是每一个老年人都期望的天伦之乐的场景。然而随着现代化的发展、生活节奏的加快，子女的精力有限，在城里的子女为了照护好自己的父母，他们一般请保姆来照料，这样可以让老人继续生活在家里，而子女又可以从繁重的照顾中抽出精力来做自己的事业，因此该养老模式在城市社区广泛存在。而在中国广大的农村，由于农村居民的收入有限，社会保障体制不健全，农村老年人的子女无法承受聘请保姆照顾自己父母的高昂费用，因此，在农村这种养老模式很少存在。

第三种养老模式称为"社区照护"。所谓的社区照护就是动用社区的资源，给予老年人以必要的照护，让老人生活在社区里面，与家人继续住在一起，但老人能继续过独立的生活。社区通常指以一定地理区域为基础的社会群体，它包含有四个基本的要素：①社区是一个群体；②社区要有一定的地方或地理疆界；③生活在这个地域里必须要有社会互动；④群体对社区有认同感。在发达国家中，社区在各个领域特别是在养老领域中发挥着重要的作用，发达国家中每个社区都有社区老人医院、社区托老所、社区非营利性组织等，在这些社区组织和机构中，可以完成老年人养老。社区照顾一方面可以把子女从繁重的照顾父母的任务中解脱出来，另一方面自己的父母可以居住在家庭里，可以享受子女在精神上给予他们的慰藉，因此这种养老方式在发达国家比较普遍。

随着我国现代化的发展，各项制度和政策越来越向西方接轨，我国越来越重视社区，开始对社区进行改造，希望社区能够在我国发挥出像西方社会那样的作用。因此城市社会里的社区建设开始受到广泛的关注，随着我国空巢老人越来越多，特别是全国发生多起空巢老人死亡直到尸体发臭才被发现的事件以后，社区养老已经被我国提到议事日程上来。

社区照护有明显的三个优点：①社区照顾所提供的服务可立刻生效，因为社区发展好的地方，都有专职的社会工作者和社区工作者，他们用科学的管理方式来管理社区，建立了科学档案管理，能够定期访视空巢老人，因此他们能够知道空巢老人的实际需要和具体问题，能够在最短的时间内给予老人生活上的实际帮助。②社区照顾的老人其实都住在自己的家里，因此每个社区可容纳较多受助老人，通过定期访视、定期提供帮助可以有效预防问题的发生。③社区养老其实是家庭养老和机构养老的一种中间状态，在社区里养老的老年人可以减少养老的费用，而且还可以避免老年人在机构里养老而招致的虐待、照顾不周的问题等等，因此社区养老应该是我国未来的一个养老的发展方向。

社区在我国城市地区开始发挥自己的作用,但是在广大的农村社区里,随着人民大公社的解体,联产承包责任制的实施,农村社区基本上不存在了,更谈不上老年人能够在社区里养老,因此在农村这种养老照护的方式基本上不存在。

第四种就是"机构养老照护"。所谓的机构养老照护是指老人居住在机构中,由机构专业人员提供带有医疗、保健和相应护理照料以及日常生活起居的照顾方式。在这种照护模式下,老年人居住在养老机构中,他们的养老照护完全依赖机构,而脱离了家庭。

机构照护因为老年人在正式的机构里生活养老,而这些正式的机构里,有许多正式的医生、护士、专业心理咨询师、专业社会工作者。他们可以用自己的专业知识为老年人提供高质量的养老照护;而且还能为患有慢性疾病的老人提供长期的积极的治疗性服务;在机构里有专门的服务人员,给老年人洗衣做饭以及有限度的日常照顾和社交活动;最为关键的是机构照护可以降低家属在照顾老年父母上的压力。随着现代化的发展,生活节奏的加快,加上独生子女政策的实施,子女赡养老人的压力越来越大,特别是照顾那些高龄的、患有严重慢性疾病的、生活不能自理的老年人,已经超过了子女能够承受的范围。因此,在城市,机构养老模式已经是一个重要的存在。

随着我国老龄化速度的加快,青壮年农民外出到城市里打工,农村里的老龄化程度比城市还要严重,在农村出现了许多私营的养老院,机构养老的模式在农村也开始慢慢地发展起来。但是,在养老院里养老需要钱,而且费用不低,因此除非自己的父母患有严重的疾病,将不久于世,否则子女很少会选择这种方式对老人进行养老照护。

我国目前虽然有以上四种养老的模式,但是由于居家养老、机构养老太贵,社区养老在农村没有基础,所以农村地区老年人的养老基本上还是以家庭养老照护为主。家庭养老作为我国农村地区的主要养老方式,是与社会养老相区别的一个概念,但是至今国内还没有形成一个统一的界定标准。总的来说,大多数人都以"养老的经济来源"作为划分养老模式的主要标准。如袁志刚认为,家庭养老是一种养老资源的提供者和养老职能的实施者均是家庭的养老模式,家庭养老的基本内容包括对老人的经济保障、生活照顾和精神抚慰。[1] 蔡明浩认为,在宏观层面上,"家庭养老是指由家庭承担养老责任的文化模式和运行方式的总称",从模式上来看,家庭养老体现了一种独特的养老文化,它包括养老理念、养老行为方式、养老职责与义务等等,而这种文化是可以继承的,因此作为一种模式它具有长期的稳定性。[2] 穆光宗提出了一种以"养老支持力"作划分的标准,认为在界定养老概念时,

---

① 袁志刚. 养老保险经济学[M]. 上海:上海人民出版社,2005:2.
② 蔡明浩等. 城市分居式家庭养老模式探析[J]. 长沙民政职业技术学院学报,2006(3):27.

是否考虑两个原则:一是经济为主要原则,在分类时考虑经济变量为主,非经济变量为辅;二是问题感受原则,这一原则实际上要显示出老年人的个体差异。[1] 具体到对农村家庭养老的理解,学术界也存在较多分歧。《中华人民共和国老年人权益保障法》(以下简称《老年人权益保障法》)明确规定,"老年人养老主要依靠家庭,家庭成员应当关心和照料老年人。"但现实中,对农村养老"家庭成员"的理解却至今没有形成一个统一的认识。陈彩霞认为,家庭养老的主要内容就是由子女向自己年老的父母提供经济支持、日常生活的照顾以及精神上的慰藉。成海军认为,所谓家庭养老,即以家庭为单位,由家庭成员主要是年轻子女或孙子女赡养年老家庭成员的方式。李静认为,在有传统孝文化的我国,家庭养老一直是主要方式。广义上的家庭养老包括子女供养和自我养老。[2]

综合各位学者对家庭养老的定义,笔者把家庭养老做如下的定义:所谓家庭养老是指靠子女、配偶和其他直系亲属实现对老年人的供养。养老内容主要包括经济上供养、生活上照料、精神上慰藉三个方面。在这种养老方式里,子女是老人的照护主要实施者,其次还有亲戚、朋友、邻居等非正式的资源。家庭养老中,金钱和实物的提供是主要的,其次还包括情感支持等多反面的照护。这种养老照护的类型,老人可持续留在家里,享受家庭温暖和儿孙绕膝的天伦之乐,也是千百年来,所有的老年人都盼望着的一种理性的养老生活模式。

随着我国现代化的快速发展,流动人口越来越多,农村的青壮年纷纷涌入城市打工,在我国广袤的农村里生活着众多的留守老人,由于年轻人不会耕作,不喜欢农村的生活,在每家承包的土地上,基本都是老年人在耕种。这些留守在农村地区的老年人不但要耕种土地,而且很多人要隔代抚养自己的孙子女。由于他们的子女在城里打工,每年也就春节的时候和老年人团聚,平时最多打打电话,寄钱回家,子女对他们的养老支持很少,精神上的慰藉就更少了,因此他们不但不能像城里老人那样安享自己的晚年,反而更加忙碌,家庭养老的生活质量不高。

在我国新的人口结构下,随着社会的发展、城市化进程的加快、家庭规模的缩小、社会群体的阶层分化和调整,导致了农村老年人的弱势地位不断增强,他们的利益受到忽视。加上我国"三座大山",即上学难、买房难、就医难的存在,农民收入水平增长慢,子女养老的能力减低,家庭养老功能正在弱化,而社会养老机制的滞后、社会福利和政府救济的投入不足等等,农村老年人的养老问题越来越成为一个不得不重视的社会性问题。

首先,社会问题是社会性的问题而不是个人的困扰问题,个人的困扰问题可以通过自己的努力加以解决,而社会问题是一种通过自己的努力无法解决的问题;其

---

[1]穆光宗. 探索中国特色的综合解决老龄问题的未来之路[J]. 人口与经济,1999(2):58.
[2]赵书霞等. 现阶段农村家庭养老问题研究评述[J]. 河北广播电视大学学报,2008(7):25.

次,社会问题是一种使社会全体或部分成员的共同生活受到不良影响的社会性问题,如果只是个人或极个别人遇到的问题不是社会问题;再次,社会问题妨碍社会秩序、社会进步和社会的协调发展,社会问题破坏社会秩序、导致社会失调;最后,社会问题的解决,需要社会共同努力才能完成。而农村老年人的养老问题不是个别家庭的问题,而是涉及农村地区的千家万户,农村的养老问题严重影响农村地区的社会稳定,在现代社会这些问题仅仅靠老人和自己的子女解决是不可能的,而是需要整个社会的共同努力。如何做好农村地区老人的养老以及生活照护工作已经成为国家、社会和家庭必须要面对的社会问题,这些社会问题影响着老人的生活质量、家庭的和谐与和睦,农村社会的安定团结,最终也阻碍了整个农村地区的健康和谐发展。

针对农村地区养老问题日益严峻,子女已无法完全承担养老的责任,国务院于2009年颁布了农村新型养老保障体制,目的在于加大社会养老的力度;减轻农村年轻人的赡养老人的压力;提高农村地区老年人的生活质量。我国新型农村养老保险政策颁布和实施已经走过了三个年头,而事实上,现阶段能够领取养老金的老人,一般都是在年轻的时候没有缴纳过社保金的老人,他们的养老金一般只有60—100元,这点钱在物价日益高涨的今天,对于老年人的养老来说仍是杯水车薪。但是通过对农村老年人的访谈中,笔者发现,钱虽然少,但是对他们的意义明显。首先,他们说有总比没有好;其次,老年人消费的钱不是很多,每月的养老金可以让他们买些自己需要的东西,而不需要事事都向小孩伸手要钱;最后,社保金事实上也为农村老人增权赋能,增加老年人的社会资源,可以在和自己子女的互动、交换过程中提高老年人的地位,不至于在养老中完全依赖子女的经济支持。因此在现阶段农村老年人领到一定额度的社保金,虽然相对于高昂和快速增长的物价微乎其微,但是对于老年人的社会意义重大。农村新的社会养老保障体制已经实施了三年,该政策的实施在农村有什么社会意义;给农村家庭养老带来了什么变化;农村的家庭养老有些什么新的特征;家庭养老出现什么新问题;家庭养老的对策是什么;农村地区家庭养老在今后将何去何从。这些问题正是本书主要研究的内容。

第二节　文献综述

养老问题是伴随着人类产生而产生的一个久远的问题,从有人类开始,养老问题就被人类所重视,在传统社会里关于养老问题很早就出现在文学、哲学、伦理学等诸多学科里,而"家庭养老"在社会学上的定义可以追溯到 D. P. Johnson 在《社会学理论》一书中的总结:早期西方社会学家齐美尔认为社会是通过人们的相互活动而产生的,各种人际活动形式是构成宏观社会结构的基本材料。① 司马云杰在《文化社会学》中提出家庭养老模式是基于一种家庭文化产生的,并指出家庭养老模式是以血亲关系为基础由家庭成员承担责任的一种养老模式,顾名思义,是用模具或模型进行规范的一种模式,模具是人类劳动的产物,本身就蕴含了文化的含义。

在传统社会里,老年人的养老一般都是在家庭里进行的,每一个人都有被父母抚养的权利,也有赡养父母的义务,在传统中国养儿防老,就是说人们生养子女,就是希望子女能够在自己老了后赡养自己,而事实上我国传统文化里,赡养父母是一个良好的美德,被统治阶级所提倡,在民间也自觉主动地遵守。

然而随着现代化的发展,特别是在发达的现代化国家,家庭养老的功能已经慢慢地外移,社会养老成为这些发达国家的主要模式。我国正在经历着现代化,但是由于出生率、死亡率的降低,加上我国计划生育政策的实施,我国老龄化日益严重,家庭养老,特别是农村的家庭养老模式已经无法承担养老责任,迫切要求家庭养老功能的外移。在老年人养老的过程中产生诸多的社会问题,这些问题影响人们的正常生活,破坏社会学秩序,影响社会的和谐发展,因此农村家庭养老是当代社会研究的热点之一。

笔者根据我国颁布和实施《国务院关于开展新型农村社会养老保险试点的指导意见》的 2009 年为界,分为两个部分来对家庭养老进行文献的综述。

2009 年前关于家庭养老方面的研究主要包含以下几方面。

(一)农村家庭养老制度变迁方面的研究

这方面的分析研究主要是阐述了不同时代或时期的中国家庭养老模式从传统到现代的变迁。有的学者认为在传统的农业社会,家庭养老是一种非常合理有效的制度安排;而进入工业社会以后,产业革命使工厂代替了家庭成为基本的生产单位,传统家庭的许多功能具有了社会化的可能,家庭养老模式也从传统阶段过渡到了现代阶段,如于秋华的《中国农村家庭养老模式解析》②和《中国农村家庭养老与社会养老模式探析》。还有的学者以改革开放为界,阐述随着经济的快速发展引发的变革:农村工业化、城镇化进程的加快,劳动力流动,农村家庭人均收入的增长,而这些构成了促使农村家庭养老转变的条件,需要有一种新型的养老模式来取代前者,如安增龙、董银果的《论中国农村养老模式选择》③。这种类型的研究从历史、政策、制度等演进的角度来研究农村的家庭养老问题,具有明显的时代性和综

---

① D P Johnson. 社会学理论[M]. 北京:中国人民大学出版社,1994:162.
② 于秋华. 中国农村家庭养老模式解析[J]. 大连海事大学学报,2006(9):52.
③ 安增龙,董银果. 论中国农村养老模式选择[J]. 西北农林科技大学学报,2002(7):61.

合性。家庭最早的功能之一就是对家庭成员中老人的赡养,从有人类以来直到西方现代社会前,家庭的养老功能一直是老年人得以安享晚年的唯一依靠,而家庭养老的模式直到现在仍然是我国农村地区老年人养老的主要依靠。但是家庭养老模式也是随着我国历史政策发生着变化,如人民公社时期,每个人都是属于集体的成员,当时也有旧型的养老保障体制,老年人的养老相应得到集体的帮助;而人民公社解体后,每个农村村民从以前属于集体的成员重新变为属于家庭的成员,而传统的老的养老保障体制事实上分崩离析,老年人的养老完全依靠家庭里的子女解决。而 20 世纪 80 年代改革开放后,众多的农民到城市里打工,众多留守老人的出现,严重地冲击着本来就很脆弱的家庭养老模式,农村地区老年人的养老问题越发错综复杂,养老的压力越来越大,党和国家非常关注农村老年人的养老问题。于是于 2009 颁布和实施了新养老保障体制,社会的力量开始慢慢地渗入到农村的家庭养老模式,我国农村地区的家庭养老也悄然发生着一些变化。

(二)农村家庭养老的现状分析

但随着社会经济的急速变革,家庭养老遇到了前所未有的困难和挑战。有的学者从制度性的内在原因寻求根源:我国城乡二元社会经济结构长期存在造成了城乡收入差距扩大,社会保障投入差别过大,农民陷入了依靠单一的传统家庭保障的困境,如周莹、梁鸿的《中国农村传统家庭养老保障模式不可持续性研究》。[①] 有的学者从外在因素来阐述农村家庭养老的现状:产业革命使家庭不再具有生产功能,造成家庭成员代际之间紧密程度下降;农业技术现代化,父辈作为生产管理者和技能传授者的地位已不复存在,从根本上动摇了家庭养老的经济基础,如张莉的《中国农村养老保障模式的转型》[②],姜木枝的《转型期中国农村养老的模式选择》[③],王亚柯等《转型期中国农村养老模式研究》[④]。我国于 1958 年发布户籍管理制度以来,社会人为地分为拥有非农户口的城市居民和拥有农业户口的农民两个部分,两个部分的人不能随意迁徙,事实上户籍制度对农民迁徙的限制更为严格。这种人为的二元体制导致的后果就是,国家把有限的社会资源严重地向城市社区倾斜,城里的老年人拥有养老保险、医疗保险等福利,他们的养老有许多的替代选择,而农村老年人各种保险都没有,他们的养老只能依靠自己的子女,而农村年轻人大批外出打工,这些留守老人的养老问题更是层出不穷,严重影响他们的老年期的生活质量及农村地区的稳定和谐。事实上农村老年人的养老现状就是他们绝大

---

①周莹,梁鸿.中国农村传统家庭养老保障模式不可持续性研究[J].经济体制改革,2006 (5):108.

②张莉.中国农村养老保障模式的转型[J].吉林省经济管理干部学院学报,2005(10):35.

③姜木枝.转型期中国农村养老的模式选择[J].江西农业大学学报,2003(3):115.

④王亚柯,杨震林.转型期中国农村养老模式研究[J].信阳师范学院学报,2002(6):23.

多数人继续从事着农业生产;有的人还要抚养孙子女;他们的子女一年回来一次或是多年未曾回家,精神上得不到子女的慰藉,物质上靠子女打工寄回来的有限的资金养老,而大部分的养老资金还是自己通过农业劳动获得的。总的来说,农村老年人的养老状况不容乐观,他们老年期的生活质量很低。

(三)农村家庭养老的未来趋势

姚远从历史角度对政府在家庭养老中的地位与作用做了一番相当深刻的考察,得出了一个很富有见地的结论:要维系家庭养老,必须使家庭养老政府化。[①]余知鹏在研究农村养老问题过程中,提出了双层养老的农村保障机制,双层养老是指在个人积累的基础上实行有效补偿的一种机制。个人积累以货币为表现形式,是农村社会养老的主体。在社会补偿相配套的机制刺激下应强制性地按年收入的一定比例提取用于养老保险。[②] 王亚柯等提出了内敛型养老模式,是指以农民自我养老保障为起点,由下到上经由"个人—家庭(宗族)—集体—社会—政府"的路径,整合各层资源,内敛式地满足个人养老保障需求的一种保障模式。[③] 众多研究农村老年人养老问题的研究者都看到了,我国农村地区养老问题的严重性,二元体制的存在,农村老年人的养老必须依赖家庭子女的养老;现代化发展,子女流动到城市打工,老年人留守农村,得不到子女养老的支持,这种二元的悖论,导致农村老年人养老不能完全寄托于家庭。因此他们大多数人都希望政府能够介入到农村老年人的养老问题中,希望以制定政策的方式,给予农村青年人在养老的问题上以支持。这些研究者提出了诸如双层养老模式,"个人—家庭—集体—社会—国家"的养老发展路径等,这些研究的结果为2009年的新养老保障体制的制定与实施提供了实践和理论的基础。

(四)农村家庭养老的问题和原因

郭昕的《城市化给中国农村家庭养老带来的新问题》以城市化为背景探索家庭养老遇到的挑战,认为在城市化促进经济发展和教育水平提高的同时,也使传统的家庭养老方式遇到了前所未有的困难与挑战,总体功能趋于弱化。[④] 所述的原因较为宽泛,过于细致,仅考虑了城市化方面给养老造成的影响。石宏伟和朱研从《我国农村家庭养老面临的问题及对策》指出经济方面农村养老存在保险制度覆盖率低、土地养老保障功能下降的情况。[⑤] 此文紧扣农村养老问题产生原因中比较

---

①姚远. 迎接人口老龄化挑战的战略构想[C]//北京市"老人、家庭与社区照料"学术研讨会论文集. 北京:北京市老龄协会,1998:283—292.

②余知鹏. 双层养老:农村社会养老保障的策略[J]. 中国社会工作,1998(3):13.

③王亚柯,杨震林. 转型期中国农村养老模式研究[J]. 信阳师范学院学报,2002(6):25.

④郭昕. 城市化给中国农村家庭养老带来的新问题[J]. 太原师范学院学报(社会科学版),2006(2):5.

⑤石宏伟,朱研. 我国农村家庭养老面临的问题及对策[N]. 农业经济,2008:7.

核心的经济问题,从物质供给上论述家庭养老产生的原因,显得较为单一。兰州大学的马雪彬和李丽就养老涉及经济供养、生活照料和精神慰藉三方面的内容给出了三维性的研究。① 她们的这些研究比较全面,不过缺乏宏观理论的支持,仅仅是从微观的角度去提出原因,没有整体整合的特征。肖倩从代际关系的角度来论述农村家庭养老的问题。②

农村新养老保障体制实施前,农村家庭养老模式在实际生活的运行中,产生了诸多的问题。首先,二元体制的存在,农村老年人的养老得不到国家政府的帮助,他们不享受任何社会福利,只能依靠家庭来完成。其次,农村地区家庭收入增长缓慢,而物价飞涨,子女的经济状况不好,那么花在养老上的金钱就会很少。再次,老年人在社会上本就属于弱势群体,农村老年人的弱势地位更是明显,他们在与自己子女的互动和交换行为中都处于弱势地位,导致的结果是很多农村老年人的养老处于一种无钱养老,他们中很多很大年龄的人还要从事农业劳动,为自己挣取养老资金。最后,由于我国存在买房难、上学难、看病难的新"三座大山",农村地区的压力更大,他们的医疗基本上被子女漠视,很多老年人有病都是拖着,实在不能拖了大多都是通过自杀来结束自己的生命。

(五)城市化导致的农民工迁移流动对农村留守老人家庭养老方面的研究

针对农村劳动力外出流动对农村家庭所产生的影响,2004 年 9 月,《人口研究》编辑部组织了"人口与发展论坛"专题讨论,关注"386199"③现象,集中就人口流动背景下农村的留守妻子、留守儿童和留守老人进行了探讨,引导社会各界较多地关注这些家庭的生存现状、存在的问题,并积极探讨应对之策。杜鹏、丁志宏等人的《农村子女外出务工对留守老人的影响》,通过利用中国人民大学老年学研究所于 2004 年 7 月在安徽省寿县、河北省承德县和河南省浚县三地调查的数据,对农村子女外出务工后对留守老人的影响进行了深入分析。结果表明,农村子女外出务工后,留守老人在居住方式上逐渐呈现出空巢化和隔代化的趋势;留守老人的家务负担和农业劳动负担都有所加重;而且在生活和经济等方面,面临着一些新的困难;虽然留守老人的经济条件有所改善,但孤独感加重。④ 张旭升、吴中宇通过对安徽省桐城市双港镇进行调查,⑤对农村劳动力外出就业对家庭养老方式的影

---

①马雪彬,李丽. 从三维视角看我国农村家庭养老功能的弱化[J]. 贵州社会科学,2007(2):1.

②肖倩. 农村家庭养老问题与代际权力关系变迁——基于赣中南农村的调查[J]. 人口与发展,2010(6).

③"386199",指如今农村大批青壮年农民外出打工后,在中国农村自然而然形成的最庞大的队伍,包括妇女、儿童和老人。

④杜鹏,丁志宏,李全棉等. 农村子女外出务工对留守老人的影响[J]. 人口研究,2004(11):44—52.

⑤张旭升,吴中宇. 农村家庭养老的实证分析[J]. 社会,2003(03):20—23.

响进行了实证研究,研究发现,农村劳动力外出就业对老人经济支持的影响为:方式上倾向于货币化,数量上相对较高;儿子全外出家庭老人的精神慰藉呈现出了双重性,既感到孤独而满意度又相对较高;在生活照顾方面,由传统的子女照顾转为需求市场化、社会化的照顾方式,说明老年人的养老价值观正在发生转变。随着我国快速的现代化、城市化和工业化的发展,城市里需要众多的劳动力,而城市的生活方式、高收入和生活条件吸引众多的农民到城市里打工,众多的推拉因素,让农村的老龄化越来越严重,老年人的养老问题越来越严峻。

(六)传统文化对中国农村家庭养老的影响

许多作者从中国传统文化出发来研究我国农村养老问题,如张云英、黄金华、王禹等人从中国传统的孝文化出发来研究孝文化对家庭养老的影响。[①] 王翠绒、邹会聪等人从文化模式出发来研究农村的家庭养老。[②] 自从有人类以来,小孩的抚养、老人的赡养就如影随形,我国传统社会的儒家文明对养老问题非常关注,"孝"是儒家伦理思想的核心,是千百年来中国社会维系家庭关系的道德准则,是中华民族的传统美德。如古代的《孝经》,就是号召年轻人要孝敬老人;"三纲五常"中,"父为子纲"就是对子女提出的孝敬父母的要求;元代郭居敬辑录古代二十四个孝子的故事,编成《二十四孝》,里面有孝感动天、亲尝汤药、啮指痛心、百里负米、芦衣顺母、鹿乳奉亲、戏彩娱亲、卖身葬父、刻木事亲、行佣供母、怀橘遗亲、埋儿奉母、扇枕温衾、拾葚异器、涌泉跃鲤、闻雷泣墓、乳姑不怠、卧冰求鲤、恣蚊饱血、扼虎救父、哭竹生笋、尝粪忧心、弃官寻母、涤亲溺器二十四个关于孝顺父母的故事,这些故事代代相传,为传统社会里子女家庭养老提供了许多样板;而"百善孝为先"、"羊有跪乳之恩,鸦有反哺之义"、"树欲静而风不止,子欲养而亲不在"等谚语也为传统社会里子女养老提出了许多道德规范。这些传统的儒家文化为传统中国的家庭养老提供理论和道德上的依据,传统中国的家庭养老也是非常完善的。然而我国从新文化运动以来,一直对中国的传统文化进行批判,其出发点是为了取其精华、去其糟粕,但事实上对传统文化的批判是单方面的批评,特别是十年"文化大革命",对中国传统文化的破坏更是空前的。传统文化中许多关于家庭养老的道德规范在现代社会里基本上失范了,加上我国改革开放以来,一切以经济建设为中心,忽视道德文化的建设,导致居民一切向钱看,抛弃了传统社会中诸多的优秀文化,也让农村地区的家庭养老出现现代社会所特有的问题。但是在我国社会养老机制还不够完善、养老保险资金还不充分的情况下,农村老年人的养老还是主要依赖家庭养老,因此中国关于养老的传统文化还是应该提倡的。国家、社会、家庭和个人应该

---

①张云英,黄金华,王禹.论孝文化缺失对农村家庭养老的影响[J].安徽农业大学学报,2010(1).

②王翠绒,邹会聪.农村家庭养老模式的文化诠释[J].湖南师范大学社会科学学报,2010(3).

好好提倡和自觉主动地遵守,让农村地区老年人的生活质量提高到一定的水平,实现农村地区的和谐和稳定。

通过对2009年以前关于农村家庭养老文献的回顾,可以发现随着我国现代化发展,老龄化不断严重的今天,农村家庭养老如何进行,是一个不能规避的社会问题,因此关于农村地区老年人养老的问题一直都是学术界的关注热点。这些研究为我国2009年颁布农村新社会保障体制的实施提供了经验和理论的参考。

2009年以后,随着《国务院关于开展新型农村社会养老保险试点的指导意见》的颁布实施,以前关于农村老年人的家庭养老的研究开始告一段落。通过对2009年后有关近700篇的文献进行阅读,发现在农村老年人的养老问题的研究上,他们不再探讨如何建立农村社会保障制度,而是转向研究和讨论农村新社会保险体制,如何把农村新社会保障体制建设得更好。这些社会保险体制的研究主要涉及如下一些方面。

1. 新型农村社会养老保险特点

这部分的文章大多属于学者对新型农村养老保险内容的解读,包括这一制度与其他制度的关系,如:高鉴国[1]指出我国目前开展的新型农村社会养老保险有着积极的包容性特征;新农保标志着中国现代社会保险制度开始包容一个重要的社会核心群体——农民;启动了以公民权利和"去商品化"为有机内涵的福利体系建构进程;对农村老年女性群体具有更明显的保障与补偿功能;呈现从群体包容到体制包容的趋向。他从农民参与率、财政转支率、收入替代率、城乡级差率四个维度衡量新型农村社会养老保险的包容程度,并指出目前新农保仍属于初级包容,包容的程度与水平仍有待提高;而推进包容性发展的关键在于进一步树立和明晰以公民权利为基础的包容理念、改革诉求表达和利益分配机制。刘振杰指出我国积极推行的新农保政策是用现代社会保障制度逐步替代传统的家庭保障、土地保障;以"个人发展账户"来充分放大个人账户功能,既能为参保个人带来诸多便利,也能够为经济建设注入资金,具有明显的制度创新。[2] 还有一部分文章论述新农保政策的一些缺陷,如李伟[3]指出现行的新农保存在一些制度上的缺陷,如政府的财政补贴政策值得商榷、新农保缴费方式具有强制性、新农保缴费的起始时间值得推敲、养老保险待遇水平较低等问题。同时制度运行中也存在一些突出的问题,如法制建设滞后、舆论宣传不到位、缺乏有效的监督管理、经办人员素质较低等问题,需要

---

①高鉴国.中国新型农村社会养老保险的社会包容特征:解释框架[J].社会科学,2011(3).
②刘振杰.新型农村社会养老保险创新研究[N].四川行政学院学报,2011(2).
③李伟.新型农村社会养老保险的制度缺陷与对策[J].湖北农业科学,2011(4).

在新农保的实施中不断加以完善。丁煜①认为国家新型农村社会养老保险制度具有明显的优越性,但其实施方案也存在政策的缺陷:中央财政按东部和中西部划分的财政补助方式虽有一定依据,但并不合理,尤其是对东部地区部分省份不公平。新农保制度的账户设计,在缴费环节、基金管理以及待遇给付等方面也存在一些问题,应进行相应的政策改进。

2. 从经济学和社会保障学的角度提出新农保资金筹措与保值增值的问题

(1)关于新农保的替代率问题的研究,如,阿里木江·阿不来提、李全胜②利用社会保险精算学相关知识,构建新型农村社会养老保险替代率的精算模型,结合新疆农村具体实际进行实证分析并提出针对性的政策建议,以期为完善新疆农村养老保险制度提供参考和借鉴。崔玉姝、牛晓叶③依据河北省新型农村社会养老保险部分试点县的数据,运用保险精算的方法,构建出新型农村社会养老保险替代率精算模型,并依据该精算模型对新型农村社会养老保险替代率进行了实证分析。得出在计息利率固定时个人账户替代率水平受缴费档次、参保年龄、农民人均纯收入增长率及缴费增长率等因素的综合影响,并提出了实行比例费率制,鼓励农民尽早开始参保并选择较高档次标准缴费等完善"新农保"制度的对策建议。邓大松、薛惠元④认为运用保险精算的方法,对新型农村社会养老保险的替代率进行了测算。结果表明,在现行制度设计下,新农保替代率水平较低,其主要原因在于新农保个人账户养老金替代率较低。提高个人账户养老金替代率的方法有三种,即提高个人的缴费档次、提高政府的缴费补贴和提高个人账户养老基金的收益率,其中最有效的方法是提高个人账户养老基金的收益率。因此,新农保基金应在适当的情况下进行投资运营,同时,应继续强化土地保障和家庭保障的作用。王翠琴、薛惠元⑤运用保险精算的方法,构建出新农保替代率精算模型,并依据该模型对新农保替代率进行实证分析。通过分析提出以下建议:以农民人均纯收入作为缴费基数,实行比例费率制;鼓励农民尽早开始参保并保持长期缴费;鼓励参保农民选择较高的档次标准缴费;新农保个人账户基金应当适时进行市场化投资运营;继续强化土地保障和家庭保障的作用。

①丁煜.新型农村社会养老保险制度的缺陷与完善[N].厦门大学学报(哲学社会科学版),2011(3).

②阿里木江·阿不来提,李全胜.新疆新型农村社会养老保险替代率的实证研究[J].西北人口,2010(5).

③崔玉姝,牛晓叶.新型农村社会养老保险个人账户替代率的实证分析——河北省部分试点县的数据[J].劳动保障世界,2011(12).

④邓大松,薛惠元.新型农村社会养老保险替代率的测算与分析[N].山西财经大学学报,2010(4).

⑤王翠琴,薛惠元.新型农村社会养老保险替代率的实证研究[J].西北人口,2010(5).

（2）关于新农保资金的筹集研究。主要包括财政的补贴，如刘昌平、谢婷[1]指出建立新型农村社会养老保险制度的战略思路之一就是要明确政府责任、落实财政补贴机制。中国新型农村社会养老保险制度应该采取"最低养老金＋个人账户养老金"的制度模式，并通过整合农村社会养老保险财政补贴机制与农村最低生活保障制度创造性地建立最低养老金制度。吴航、窦尔翔[2]指出新型农村社会养老保险制度应以账户体系作为载体，以融资机制作为核心，以政府兜底筹资机制设计建立制度；利用柔性资金配套机制激发潜在投保人尽力参保的积极性；养老制度转换中的利益补偿应具有年龄上的对称性特征。

（3）关于新农保资金如何实施，如何保证利益的均衡研究。如薛惠元[3]运用ARMA 模型，通过长期动态分析发现，只要农民的收入能实现持续增长，未来农民完全有能力承担新农保缴费。为实现新农保个人筹资的可持续性，建议明确界定"缴费困难群体"的范围，努力提高农民的收入水平，加大扶贫开发的力度。赵燕妮[4]以我国新型农村社会养老保险开展以来的真实的参保率数据为基础，应用生命表、保险精算等技术对全国农村社会养老保险基础养老金的发展趋势进行了预测，并对测算结果进行了总结和说明。王辛梓[5]对新农保资金的监管提出了自己的意见。

3. 新农保政策在实施中的问题与对策

桂世勋[6]正对新农保执行几年后的情况调查，提出对于选择较高档次标准缴费的如何"给予适当鼓励"，建议由现在许多试点地区规定的绝对金额改为相当于当地最低缴费补贴标准的一定百分比；对于累计缴费超过十五年的如何"适当加发基础养老金"，建议以后每满一年可在中央确定的基础养老金标准及当地政府提高基础养老金部分的基础上加发 2％；对于个人账户养老保险基金如何保值增值，建议最好将其委托给省级社会保险经办机构按国家有关规定统一投资运营；对于 60岁时个人账户全部储存额的平均计发月数是否应与现行城镇企业职工基本养老保险同年龄的个人账户全部储存额平均计发月数相同，建议适当下调新型农村社会养老保险个人账户全部储存额的平均计发月数，并可考虑形成今后每十年按全国

---

①刘昌平，谢婷.财政补贴型新型农村社会养老保险制度研究[N].东北大学学报（社会科学版），2009（5）.

②吴航，窦尔翔.新型农村社会养老保险制度的筹资机制创新探讨[N].深圳大学学报（人文社会科学版），2009（3）.

③薛惠元.新型农村社会养老保险个人筹资能力可持续性分析[N].贵州财经学院学报，2012（1）.

④赵燕妮.新型农村社会养老保险基础养老金发展预测[J].统计与决策，2011（5）.

⑤王辛梓.新型农村社会养老保险基金监管体制的完善[J].法制与社会，2012（3）.

⑥桂世勋.完善我国新型农村社会养老保险的思考[N].华东师范大学学报（哲学社会科学版），2012（1）.

人口普查的最新数据调整的新机制。刘峰[1]认为在农村建立完善养老保险制度，有利于农村的和谐与稳定，但存在一些现实困境：基金筹集难度大、缺乏有效的管理机制、参保范围有盲区、尚无与其他保障制度对接措施；基础养老金保障水平偏低、政策吸引力不足；农村养老保险制度立法滞后；个人缴费额度的主观性和随意性；政府财政责任的缺失；政策宣传解读不够透彻等问题。并指出导致这些问题的制约因素主要有：农民的参保意识不强；我国农村经济水平落后，农民收入普遍偏低；城乡二元经济结构长期存在；我国农村老龄化速度加快，传统的家庭养老功能逐步弱化；土地保障功能逐步弱化。薛惠元[2]新农保操作风险范围大且性质复杂，通过风险评估发现，新农保操作风险主要包括人员因素、内部流程、系统缺陷以及外部事件引发的操作风险，而且这些风险发生的可能性都比较大。为此，尚进云、薛兴利[3]针对这些风险分别提出了相应的应对措施：提高新农保基金的管理层次；加大法律法规的执行力度，严惩挤占挪用新农保基金的行为；调整或新增县级新农保经办机构的人员编制，提高经办机构人员的职业道德修养和法律意识，实行"问责制"等等。

4. 农民参与新社会保险制度影响因素分析

吴玉峰[4]从社会信任的视角来分析农民参保的积极性，他通过2010年对陕西、山东两省三个区县1 595个农民的调查数据，运用因子分析发现，农民的信任可以分为村域信任和特殊信任两种类型。而Logistic回归分析发现，村域信任对农民参保有正效应，村域信任水平越高，农民越可能缴费参保。而特殊信任对农民参保没有显著性影响。村域信任有助于农民通过网络传播和政府宣传来了解新农保信息，从而降低了信息搜寻成本；村域信任还增进了农民对新农保制度的期望值进而激励其参保。李兵水、祝明银[5]通过实证调查指出农民参加新型农村社会养老保险的决策行为受环境因素、制度因素和个体因素三方面的影响，引导农民积极参加新农保必须以政府为主导，加强宣传教育，加大财政支持力度，破除环境与个体因素中的不利影响。王敏刚、易继芬[6]通过对调研数据模型化分析，分别从参保意愿和缴费能力两方面描述农村居民对农村社会养老保险的有效需求状况，并探索影

①刘峰.我国新型农村社会养老保险改革推进中的困境与突围[J].湖南社会科学,2011(5).

②薛惠元.新型农村社会养老保险操作风险评估及处理[N].华中农业大学学报(社会科学版),2012(1).

③尚进云,薛兴利.新型农村社会养老保险运行评价研究[J].人口与经济,2012(1).

④吴玉峰.新型农村社会养老保险参与实证研究:一个信任分析视角[J].人口研究,2011(4).

⑤李兵水,祝明银.农民参加新型农村社会养老保险动因刍议[N].江苏大学学报(社会科学版),2012(1).

⑥王敏刚,易继芬.欠发达地区新型农村社会养老保险需求分析——以陕西省佳县为例[J].人口与经济 2012(2).

响缴费意愿和缴费能力的因素,从而全面分析农村社会养老保险的需求。

5. 如何完善新型农村社会养老保险制度

黄晶[①]指出要完善新农保政策,必须要加强农村社会养老保险的法制建设;政府要加大补贴农村社会养老保险的动作力度;农村养老保险要实现保值增值;尽快解决社会统筹养老金的转续问题等诸多问题。刘军民[②]指出要贯彻保基本、广覆盖、保急需、促公平等基本要领,也要注重强化政府主导、完善体制、完善个人账户制度、加强政策配套、妥善解决新农保与其他社保政策的接续转移问题等战略重点。王翠琴、薛惠元[③]指出要完善新农保制度,必须要建立一个预警指标体系,他们依据新农保制度建立和运行的程序,从制度设计风险、筹资风险、基金保值增值风险、给付风险、管理风险和制度环境风险六大方面建立起新农保风险预警指标体系,通过层次分析法确定出各指标的权重,对指标体系的实际运用做了介绍。周莹[④]指出在完善新农保上要根据制度身份和职业特征匹配相应的制度;农村与城市逐渐统筹具有可衔接性;传统家庭养老逐步弱化,新型社会养老同时强化;聚类分析法划分区域四个策略来推进,并且给出,即:划分"基础养老金为主,设立个人账户养老金账户,附加商业养老保险金"三个层次;低水平、强制性缴纳、政府兜底、受益确定性的基础养老金;自愿性与补充性的"个人账户养老金+商业养老保险金"三条推进的路径。

第三节　资料收集方法

2009 年我国颁布开始实施新型农村社会养老保险制度,颁布之初选择了一些省市作为试点,以考察该制度的可行性,而湖北省被选为试点之一,笔者从 2010 年到 2011 年曾两次到湖北省汉川市和仙桃市的两个村庄调查,每次历时两周的时间,在那里采用问卷调查和实地研究两种方法来收集资料。由于每年调查的重点不同,问卷设计也不同,因此问卷调查的方法在每章都有具体的介绍,而实地研究的资料是分两次补充完善的。

汉川市位于湖北省中部,孝感市南隅,汉水下游,因汉水横穿市境而得名,其东与武汉市东西湖区、蔡甸区毗邻,西连天门市,南挨仙桃市,北与应城市、云梦县、孝感市接壤(有一块飞地在云梦县下辛店镇境内)。汉江横穿汉川全境,107、318 国

①黄晶. 对完善我国新型农村社会养老保险制度的探讨[J]. 宁夏社会科学,2010(3).
②刘军民. 可持续发展的基本要领和战略重点[J]. 社会保障研究,2010(3).
③王翠琴,薛惠元. 新型农村社会养老保险风险预警指标体系的构建[J]. 统计与决策,2011(16).
④周莹. 新型农村社会养老保险制度的推进策略[J]. 南京社会科学,2009(9).

道、宜黄高速公路及汉丹铁路也穿境而过,境内资源丰富、土地肥沃,素有"江汉明珠"和江汉平原"鱼米之乡"之美誉。

仙桃市位于湖北省中部美丽富饶的江汉平原,有"鄂中宝地、江汉明珠"之称。是一座新型的现代化开放城市,位于鄂中南、江汉平原腹地,是湖北省交通现代化建设试点城市,也是湖北省水陆空交通最发达的地区之一,全市面积2 538平方公里,人口148万,仙桃人杰地灵,钟灵毓秀,代不乏贤,素有"人间仙境"的美誉。

汉川市和仙桃市紧靠我国中部的中心城市武汉市,是武汉城市圈里两个重要的城市,并且是武汉城市圈西翼的中心城市,具有贯通南北、承东启西、得天独厚的区位优势。境内河渠网络相通,公路四通八达。

本书调查的地点位于汉川市的洪北村和仙桃市的范湾村两个村庄,这两个村离武汉很近,而且经济发达,外出打工的农民很多,留守老人也很多,而且两个市都开始实施了新型农村社会保险制度,选择这两个村庄进行调查,能够保证材料具有代表性。因此选择了这个农村作为本次调查的地点。

由于农村老年人文化程度不高,身体状况不是很好,本书采用结构式的访谈的方式进行问卷调查,抽样的方式采用方便抽样的方式,每次调查都是发放300份问卷,其中洪北村和范湾村各150份问卷,2010年的第一次共收回有效问卷260份,有效回收率为87%,这次调查的内容涉及农村留守老人的基本特征(表1-1)以及子女从经济、居住、健康照顾、精神慰藉照顾以及老年人对整体生活满意度等几个方面来探讨农村留守老人的家庭养老状况。同时采取了参与式观察和访谈的方法来收集资料,在仙桃范湾村历时一周时间共访谈了10名农村留守老人,其中5男5女;在汉川市洪北村历时一周时间共访谈了10名留守老人,其中5男5女,两个村庄一共访谈了20名老年人。这些老人的子女都在外打工,他们有的是和老伴一起生活,有的则是独自一人生活。2011年的第二次共收回有效问卷236份,有效回收率为78.7%,内容涉及代际支持对老年人生活满意度的影响和代际之间日益疏离的现状等问题。同时在仙桃范湾村历时一周时间共访谈了12名农村留守老人,其中6男6女;在汉川洪北村历时一周时间共访谈了12名留守老人,其中6男6女,两个村庄一共访谈了24名老年人。通过与农村留守老人面对面的交流,能够彻底地打开他们的心扉,让他们畅所欲言,并给予积极的回应和关怀,这样能够使得整个调查具有较高的信度和效度。因为考虑到大多数留守老人的文化程度不是很高,所以采取入户实地访谈、问卷代填的方法,对问卷的结果使用spss统计软件进行分析。

表 1-1　访谈老人的基本情况表

序号	姓名	性别	年龄	子女数	有无配偶	编号	序号	姓名	性别	年龄	子女数	有无配偶	编号
仙桃市范湾村							汉川市洪北村						
1	李＊社	男	65	二子二女	有偶	XTM01	1	王＊某	男	68	二子二女	有偶	HCM01
2	范＊普	男	63	一子二女	有偶	XTM02	2	何＊某	男	69	三子一女	无偶	HCM02
3	李＊山	男	85	三子	有偶	XTM03	3	杨＊某	男	73	一子四女	有偶	HCM03
4	李＊松	男	67	三子二女	无偶	XTM04	4	李＊某	男	61	一子一女	有偶	HCM04
5	李＊明	男	75	一子二女	有偶	XTM05	5	明＊某	男	64	一子二女	无偶	HCM05
6	周＊某	男	76	一子三女	有偶	XTM06	6	陈＊某	男	65	一子一女	无偶	HCM06
7	石＊某	男	66	一子一女	有偶	XTM07	7	申＊某	男	75	二子一女	无偶	HCM07
8	刘＊某	男	70	一子	无偶	XTM08	8	刘＊某	男	75	二子二女	无偶	HCM08
9	苏＊某	男	65	二子	有偶	XTM09	9	许＊某	男	75	一子一女	无偶	HCM09
10	何＊某	男	70	无子无女	无偶	XTM10	10	罗＊某	男	70	一子	有偶	HCM10
11	李＊某	男	85	一子二女	无偶	XTM11	11	何＊某	男	62	无子无女	有偶	HCM11
12	李＊武	女	73	一子	无偶	XTF01	12	李＊某	女	63	一子一女	无偶	HCF01
13	谢＊娇	女	70	四女	无偶	XTF02	13	余＊某	女	71	一子	有偶	HCF02
14	田＊洲	女	85	二子六女	无偶	XTF03	14	张＊某	女	68	一子	有偶	HCF03
15	何＊平	女	68	二子二女	有偶	XTF04	15	王＊某	女	75	二子二女	有偶	HCF04
16	何＊忠	女	60	一子一女	无偶	XTF05	16	刘＊某	女	71	一子四女	无偶	HCF05
17	孙＊某	女	68	二子一女	无偶	XTF06	17	曾＊某	女	69	一子	有偶	HCF06
18	王＊某	女	76	无子无女	无偶	XTF07	18	黄＊某	女	70	三子	有偶	HCF07
19	张＊某	女	75	三子二女	有偶	XTF08	19	王＊某	女	65	一子一女	有偶	HCF08
20	辛＊某	女	71	二子二女	有偶	XTF09	20	何＊某	女	76	三子二女	无偶	HCF09
21	王＊某	女	75	三子三女	无偶	XTF10	21	刘＊某	女	65	二子一女	无偶	HCF10
22	蔡＊某	女	60	三子	有偶	XTF11	22	林＊某	女	71	三子一女	无偶	HCF11

（编号说明：XTM＝仙桃男、XTF＝仙桃女；HCM＝汉川男、HCF＝汉川女）

第二章 新农保体制下,农村老年人的家庭养老现状

"儿孙绕膝"、"天伦之乐"、"弄孙教子"是中国老年人最希望得到的人生的境界,老人大多希望能够在家庭里养老,因为他们在家庭里养老,不但可以得到子女的物质支持,而且也可以得到子女的精神慰藉。我国的传统文化中的"三从四德"非常推崇尊老爱幼的良好道德品质,家庭成员也自觉主动地遵守父母抚养子女,子女赡养父母的交换准则,家庭的养老功能体现得非常充分,家庭养老是我国几千年来最主要的养老模式。由于老年人能够从家庭养老中获得精神和物质的需求,因此老年学家和老年社会学家大都认为家庭养老方式是老年人最好的一种养老方式而倍加关注。

1949 年新中国成立后,老年人的养老模式基本上还是家庭养老,虽然中途有过一段时间实施过农村养老保险制度,但是随着改革开放和家庭联产承包责任制的实施,旧的养老保险基本上退出历史舞台,老年人的养老重新完全依赖家庭来实现。几十年来,随着我国现代化、城市化和工业化的高速发展以及传统文化的破坏,老年人的家庭养老模式受到了诸多挑战。例如,婆媳地位翻转,导致婆媳冲突中老年人处于绝对的弱势;现代化的发展导致老年人的地位不断弱势化,导致他们权力失守,在同子女交换的过程中处于一种依赖地位;计划生育的执行,导致老年人的子女减少,加大了子女赡养老年人的负担;我国新"三座大山"让年轻人养老的成本倍增;子女大量外出就业,老年人留守,导致事实上的无人照护等问题,这些问题让几千年来的家庭养老模式岌岌可危,在这样的情况下,国家和社会也应该承担起老年人养老的责任,而不应该把养老的任务全部甩给老年人的子女。出于减轻农村年轻人的养老压力,提高农村地区老年人的晚年生活质量,2009 年我国颁布和实施新型农村社会养老保险制度,按照城乡统筹的模式在我国广大的农村地区开始执行。

新型农村社会养老保险制度实施一年多以后,笔者于 2010 年 7 月到仙桃市范湾村和汉川市洪北村做了问卷调查,重点了解新型农村社会养老保险制度实施后,农村老年人的家庭养老的状况。由于农村老年人文化程度不高,身体状况不是很

好,本书采用结构式的访谈的方式进行问卷调查,抽样的方式采用方便抽样的方式,一共调查了 300 份问卷,其中洪北村和范湾村各 150 份问卷,共收回有效问卷 260 份,有效回收率为 87%,这次调查的内容涉及农村留守老人的基本特征,从子女在经济、居住、健康照顾、精神慰藉照顾以及老年人对整体生活满意度等几个方面来探讨农村留守老人的家庭养老状况。同时采取了参与式观察和访谈的方法来收集资料,在两个村庄各访谈了 10 名农村留守老人,共 20 名留守老人,其中 10 男 10 女,每个村庄的调查历时一周时间。这些老人的子女都在外打工,他们有的是和老伴一起生活,有的则是独自一人生活。通过与农村留守老人面对面的交流,能够彻底地打开他们的心扉,让他们畅所欲言,并给予积极的回应和关怀,这样能够使得整个调查具有较高的信度和效度。因为考虑到大多数留守老人的文化程度不是很高,所以采取入户实地访谈,问卷代填的方法,对问卷的结果使用 spss 统计软件进行分析。

表 2-1　访谈老人的基本情况表

仙桃市范湾村					汉川市洪北村				
序号	姓名	性别	年龄	编号	序号	姓名	性别	年龄	编号
1	李＊社	男	65	XTM01	1	王某	男	68	HCM01
2	范＊普	男	63	XTM02	2	何某	男	69	HCM02
3	李＊山	男	68	XTM03	3	杨某	男	73	HCM03
4	李＊松	男	67	XTM04	4	李某	男	61	HCM04
5	李＊明	男	75	XTM05	5	明某	男	64	HCM04
6	李＊武	女	73	XTF01	6	李某	女	63	HCF01
7	谢＊娇	女	70	XTF02	7	余某	女	71	HCF02
8	田＊洲	女	85	XTF03	8	张某	女	68	HCF03
9	何＊平	女	68	XTF04	9	王某	女	75	HCF04
10	何＊忠	女	60	XTF05	10	刘某	女	71	HCF05

（编号说明:XTM＝仙桃男、XTF＝仙桃女;HCM＝汉川男、HCF＝汉川女）

第一节　农村老年人家庭养老的现状

随着我国现代化、工业化和城市化快速的发展,整个社会正经历着深刻的社会变革,其中快速的城市化对我国农村老人养老影响最为深刻。在城市化的进程中,大量的农村劳动力特别是青壮年劳动力流入城镇,在中国广袤的农村,出现了众多的"留守老人"。笔者对农村老年人家庭养老的现状描述,主要通过调查数据来进行,260 个老年人样本的基本情况见表 2-2。在表 2-2 中笔者可以得出一些这样的结论,老年女性要比老年男性人口多,他们的受教育年限普遍都很低,绝大多数的老人是低龄老人(60—69 岁)，高龄老人很少(80 岁以上)。

表 2-2 调查样本基本情况

		频数	百分比			频数	百分数
性别 (N=260)	男	128	49.2	文化程度 (N=260)	高中、中专	6	2.3
	女	132	50.8		初中	20	7.7
	男均年龄	67.5			小学	69	26.5
	女均年龄	69.6			文盲	165	63.5
年龄 (N=260)	60—69	146	56.2	婚姻状况 (N=260)	配偶健在	163	62.7
	70—79	97	37.3		丧偶	89	34.2
	80 以上	17	6.5		离异	3	1.2
					未婚	5	1.9

第二节 农村老年人家庭养老状况的描述性研究

一、农村留守老人养老状况

家庭养老是指老人居住在家里，在照护老人的过程中，家庭成员是老人的主要照护者，老人的照护以非正式的资源为主，资源包括家人、亲戚、朋友、邻居。根据表 2-3 的数据可以发现，农村老年人的养老照护主要是以子女为主，占了总人数的41.9%，如果加上老伴、亲朋好友和邻里的比例，那么按照家庭养老的定义，可以认为在农村有 73.8% 的老年人养老是通过家庭养老方式进行的。调查数据还表明有约 18.1% 的老人，没有人来养老照护，这里面有一些人有子女，但是子女外出打工，他们年老体弱，找不到人照顾；还有一部分是无儿无女的"五保户"。调查数据表明留守老人对其子女是较为依赖的，日常生活照料主要是靠自理、子女及配偶来完成的，靠社会和政府的可能性很小，还存在着许多无人可依，或缺乏依靠的老年人。通过表 2-4 的数据表明，农村老年人家庭养老的质量不容乐观，只有不到 30% 的老年人，对现有的家庭养老模式感觉比较好，约有 20% 的老人年，对自己的养老状况评价为"比较差"或"很差"。通过访谈这些感觉很好的老年人一般都是子女条件好些的老年人，而那些家庭条件不好的老人，大多认为自己的老年生活并不是很好。

表 2-3　农村留守老人的照料情况(多选,$N=260$)

	频数	频率
子女	109	41.9
老伴	36	13.8
邻里	47	18.1
亲戚朋友	19	7.3
其他人员	2	0.8
找不到人	47	18.1

表 2-4　农村留守老人对家庭养老模式的评价

	频数	频率
很好	25	9.6
比较好	71	27.3
一般	119	45.8
比较差	30	11.5
很差	15	5.5
合计	260	100.0

我国在新型农村社会养老保险制度颁布实施前,农村老年人的养老基本上全部落在老年人的子女身上,国家和社会除了对五保老人有一些福利之外,没有投入任何的社会资源,因此老年人晚年生活的好坏,完全取决于他们子女经济的好坏以及子女是否孝顺,能否自觉主动承担其赡养老人的义务。然而在调查中,发现农村家庭里的经济条件大多不是很好,年轻人基本上都到城市里打工去了,剩下的老人基本上都是自己照顾自己,他们不但得不到子女的物质帮助,需要自己干农活自己养活自己,而且有些老人还要倒贴金钱给子女,就更别说精神上的慰藉。

调查结果显示,虽然我国实行了新型农村社会养老保障体制,但是社保金太低,老人无法依靠其养老,他们仍然必须依赖于自己的子女,家庭养老的模式仍然没有什么改变,而农村年轻人外出打工,基本上没有多少年轻人会或愿意做农活的,老年人成为农业生产的主力军,本来应该安享晚年生活的老人,不得不继续在农田里耕作。农村里发生的这些翻天覆地的变化,让农村的家庭养老状况不容乐观,农村留守老人需要更多的关怀与帮助。

二、子女的状况对老年人家庭养老的影响

中国传统文化里"多子多福"、"人多好办事"等格言,千百年来,被大多数中国人所信奉。中国人大多相信子女越多,老的时候养老问题越有保障。表 2-5 的数

据证实了子女越多，家庭养老中老年人越满意命题的正确性，而且两者的相关系数为0.152，并且通过了$p=0.10$的假设检验，说明两者呈正相关关系，子女越多，老年人的晚年生活越幸福。随着我国计划生育的继续推进，农村地区的一胎化或两胎化的家庭越来越多，将来农村地区也会面临着"4-2-1"或"4-2-2"的家庭结构，加上农村地区农户收入增加缓慢，物价增长快速，未来年轻人的养老会更加艰巨。很明显，子女越多，每个人分摊的养老压力要比只有两个子女分摊的压力要小得多，而且子女越少，失独的可能性越大，老的时候越可能无依无靠，因此农村地区的老年人的养老会随着时间的推移而越来越难以完全依靠家庭养老来完成。

表2-5　子女数与老年人家庭养老满意度的交互分类表（$N=260$）

	生活满意度				
	很好	比较好	一般	比较差	很差
0个	4.0	1.4	3.4	10.0	40.0
1个	0.0	4.2	5.9	13.3	13.3
2个	12.0	18.3	9.2	6.7	20.0
3个	32.0	25.4	22.7	16.7	20.0
4个及以上	52.0	50.7	58.8	53.3	6.7
合计	25	71	119	30	15

（$G=0.152$　sig$=0.067$）

随着时间的推移，农村的青年基本上大都到城市里打工，他们不会农业生产，也很少有人愿意生活在农村，造成的后果就是中国广大的农村留守老人很多，他们不但得不到子女的照护，反而要做繁重的农活，照顾自己的孙辈，还有的子女不但不从物质上帮助老人，甚至还有人向自己的父母要钱。因此年轻人到城市里打工这个事实，对老年人的家庭养老提出了一个新的挑战。对于农村的老人来说，他们希望自己的子女能够长期在他们的身边照顾他们、关心他们，也就是子女与老人互动的越频繁，老年人的生活质量越高。然而事实上，在城市里打工的农村青年他们出于成本的考虑，一般都很少回家，有的一年回去几次，一年一次，有的干脆几年都不回家，这些稀疏的互动，不管农村老年人愿意与否，已经是一种客观事实存在于广大的中国农村。按照常识来说，子女看望老年人的频率越高，老年人会觉得自己的生活越幸福，然而从表2-6的数据中可以发现，打工子女回家看望老人的频率与老年人生活质量之间没有关系，也没有通过假设检验。为什么会得出与常识相反的结论呢？如果思考其深层次的原因，会发现其实农村老年人希望子女能够长期生活在自己的身边，而不是一年几次回家来看望自己，但是为了子女能够生活得好些，毕竟在城市里谋生的收入高些，也可以提高整个家庭的收入，他们也不得不接受这个现实，表2-7的数据表明绝大多数的老年人还是希望自己的子女到城市里打工挣钱,以提高家里的经济收入。这种两难的处境,加上子女低频率地对老年人的探望,无助于提高老年人的生活质量,子女在城市打工的现实,已经严重地影响了农村老年人的家庭养老的生活质量。

表2-6　子女看望频率与老年人养老满意度的交互分类表（N＝248）

	生活满意度				
	很好	比较好	一般	比较差	很差
几年在外不回家	8.0	7.1	8.6	14.3	22.2
两年一次	8.0	8.6	6.0	3.6	11.1
一年一次	24.0	27.1	28.4	32.1	11.1
一年两次	16.0	8.6	7.8	7.1	0.0
一年三次及以上	44.0	48.6	49.1	42.9	55.6
合　计	25	70	116	28	9

（G＝－0.03　sig＝0.718）

表2-7　是否希望子女外出与老人家庭养老满意度的交叉表

	生活满意度				
	很好	比较好	一般	比较差	很差
希望	68.0	45.7	48.3	28.6	55.6
不希望	16.0	18.6	20.7	32.1	
无所谓	16.0	35.7	31.0	39.3	33.3
合　计	25	70	116	28	9

（λ＝－0.011　sig＝0.491）

　　"衣食足而礼义兴",家庭养老质量的高低有一个前提条件,那就是子女的经济状况的好坏,如果子女入不敷出,老年人的养老质量也不会高,经济是基础,经济基础决定上层建筑,子女收入的高低决定了老年人家庭养老质量的高低。表2-8的数据证实了农村老年人家庭养老质量的高低与子女收入高低正相关的假设是正确的,它们的相关系数达到0.255,并且通过了假设检验。由此说明子女挣钱越多,老年人觉得家庭养老质量就越高,因此要破解农村老年人的家庭养老问题,除了加大养老保险体制的建设外,还要想方设法增加农村家庭的收入。因为现行的养老保险体制的金额太少,如果农村家庭收入增加太慢,老年人的家庭养老的质量就不会太高。

表 2-8　子女收入与老人家庭养老满意度的交叉表($N=248$)

	生活满意度				
	很好	比较好	一般	比较差	很差
5千以下	4.0	5.7	22.4	21.4	33.3
5千—1万	40.0	37.1	32.8	42.9	22.2
1万以上	56.0	57.1	44.8	35.7	44.4
合计	25	70	116	28	9

($G=0.255$　$sig=0.002$)

三、农村家庭养老中老年人的经济状况

1. 农村留守老人的收入来源

"授人以鱼，不如授人以渔"、"手中有粮，心中不慌"等谚语，说明要提高农村老年人家庭养老的生活质量，必须要提高老年人增加收入的途径，城市老年人的养老问题之所以要比农村老年人养老问题少，是因为城市老年人的养老保险完善，他们的收入比农村老年人高，稳定有保障。因此对农村地区老年人在收入上的增权赋能显得尤为重要，而新型农村养老保险保障体制就是一个为农村老年人增权赋能的最好途径，因为老年人只要有一份稳定又有保障的收入来源，那么不管多少，他们对子女的依赖就会减少，就可以过着相对独立的生活。因此，在农村地区老年人养老的问题上，首先要加大农村老年人增收的能力，其次就是要提高养老保险的金额，最后就是从各个方面对他们增权赋能，尽量减少他们对自己子女的依赖。

通过表 2-9 的数据，可以发现农村留守老人的收入来源首先是自己或老伴的劳动所得，这与农村年轻人到城市打工，责任地只能留给自己的父母耕种离不开的。农村里那些有劳动能力的老人的生活自给自足能力较强，调查、观察和访谈中发现，农村老年人只要身体健康条件允许，就算年龄再大也会下地干活，他们希望通过自己的劳动来养活自己，尽量减少依赖子女的时间。在被调查的 260 名留守老人中有 206 人仍坚持下地参加农业生产，占总调查人数的 79.2%，只有 54 人由于年龄太大，或因为没有劳动能力，不能参加农业生产，完全依赖于自己的子女。这表明绝大多数的农村留守老人还要进行农业生产，他们的生活较为辛苦。农村留守老人的第二个主要的收入来源是在外打工子女提供的，而只有 24 个老年人的收入是通过政府提供的养老金。老年人的收入来源决定了他们收入的多少，第一个收入来源的前提条件是老年人的身体健康，有能力下地干活挣钱，但是这个途径的收入不是很高，因为虽然现在国家不收农业税，但是农资的涨价非常厉害，农产品的价格不高；第二个收入来源前提是在外打工的孩子能够挣到钱而且有孝心，这

个途径的收入不能有保障,如果孩子在外打工挣不到钱,孩子给父母的钱也会很少,加上现在物价飞涨,农民工的收入增加过慢,有的子女还被无良奸商拖欠工资,因此他们从子女那里得到的收入没有保障;第三个收入来源是国家新型农村养老保险体制,国家付给老年人的养老金,这个收入来源有保障,但是金额太少。正是这些限制条件的制约,农村老年人的经济收入普遍较低,表 2-10 的数据表明,84.7%的农村老年人的月平均收入在 300 元以下,这点钱,只够绝大多数农村老年人勉强维持其基本生活需要。而表 2-11 的数据表明,老年人的月收入与他的生活满意度呈高度的正相关,而且通过了假设检验。这说明增加老年人的收入水平是农村老年人的生活满意度的一个紧迫需要解决的问题。

表 2-9　家庭养老中,农村留守老人的收入来源(多选,$N = 260$)

	频数	频率
自己或老伴的劳动所得	199	76.5
子女供给	119	45.8
政府提供的养老金	24	9.3

表 2-10　老年人收入频数分布表

	频数	百分比
0—100	120	46.2
100—200	67	25.8
200—300	33	12.7
300—400	12	4.6
400—500	10	3.8
500 以上	18	6.9
合计	260	100.0

表 2-11　月收入与生活满意度的交叉表

	0—100	100—200	200—300	300—400	400—500	500 以上
很好	2	8	5	2	1	7
比较好	27	16	9	7	4	8
一般	61	34	16	2	3	3
比较差	19	8	1	1	1	0
很差	11	1	2	0	1	0
合计	120	67	33	12	10	18

($G = 0.422$　$p = 0.000$)

2. 农村留守老人的收入用途

表 2-12 的数据表明，所有的农村老年人的收入主要用来日常生活开支，其次是看病，占 39.2%，用于其他开支的很少。这表明了农村留守老人的收入较低，一般只可用于维持基本的生活消费，用在精神文化娱乐上的消费十分低。看病医疗支出是农村老年人收入中的主要支出之一，但是他们的医疗支持一般针对急性的可以治疗的疾病，在当今看病贵的情况下，收入本来就很少的老年人基本上没有多少钱用来支付医疗费用，他们一般采取"大病拖，小病扛"的策略，这可能存在着民间幽默夸张的色彩，但却真实地刻画出农村老年人看病难、看病贵的特点。在我国现阶段，虽然农村纳入到社会医疗保障体系之内，但是这必须要住院，而且要先垫出钱后，再报销医疗费，许多老年人根本就没有能力支付高额的住院费用，因此农村老年人基本上采取"拖"的策略，实在无法拖的时候，才会去看病拿药。

表 2-12　家庭养老中，农村留守老人的收入的消费（多选，$N=260$）

	频数	频率
日常生活开支	260	100.0
看病	102	39.2
其他消费	73	28.1

3. 农村老年人的住房

中国传统的文化是安土重迁，安居乐业，希望居者有其屋，因此农村居民大都省吃俭用，希望能够盖起自己的房子，所以大多数老人在年轻的时候就建起较好的房子。但是农村老年人住房条件并不好，原因是多数老人有几个子女，当子女成家立业后就会分家出去另住，因此有几个儿子就必须为儿子们准备几套住房，这些住房往往花费了老年人毕生的积蓄。如果子女不孝顺，那么他们就会和子女分开另过，而他们此时已经没有能力重新建房了，就只有蜗居在简陋的房子里面，形成农村特有的老人住"茅房"、儿子住"豪房"的现象。在被调查者中，有 199 人住的是砖房，占 76.5%，但仍有 58 人住的是土房，还有 1 人住的是草房，农村留守老人的住房条件总体上是不错的，但仍有少部分人的住房条件急需得以改善；有 72.7% 的老人在自己住房中的居住时间超过了十年；被调查者的平均住房面积为 68.11 平方米，住房面积较小。

4. 对经济生活状况的满意度

如前所述，客观上农村老年人的收入很低，仅够他们维持日常开支的需要，表 2-13 的数据表明，农村老年人中主观上对自身经济生活状况满意的人数很少，所占比例不到 25%，接近 35% 的人不太满意或者很不满意，大多数的老人希望经济生活状况能够得到进一步的改善，而我国新型农村养老保险制度的实施在某种意义上增加了农村老年人的收入。

表 2-13　农村留守老人对经济生活的满意度（$N=260$）

	频数	频率
很满意	10	3.8
比较满意	52	20.0
一般	111	42.7
不太满意	49	18.8
很不满意	38	14.6
合计	260	100.0

（四）农村老年人的健康状况

1. 农村老年人的健康状况

农村老年人的收入大部分由自己和老伴种地得来的，因此身体是否健康是他们家庭养老质量高低的一个关键因素。如果身体条件不好，那么无法在农田里耕种，无法获得收入，而子女提供养老收入有限，那么他们既要看病，又要生活，养老的经费只能完全依赖自己的子女，那么他们的养老生活质量不会很高。调查的结果显示农村老年人的健康状况不容乐观，在被调查的 260 名的农村老年人中，除 90 人暂时未发现自己有疾病，其余人均身患各种疾病，占总人数的 65%。这表明农村老年人的身体状况较差，再加上其子女外出打工，缺乏关心照顾，社会及政府应积极给予关注，提高农村的医疗服务水平，保证其及时就医，有钱可医。

2. 农村老年人对自己身体状况的评价

表 2-14 的数据表明，在 260 名被调查者中大约有 43% 的老年人觉得自身的身体状况还可以，接近 40% 的老年人，认为自己的身体很差或者非常差。调查中笔者发现，农村留守老人由于文化水平较低，医疗卫生知识缺乏等原因，导致疾病预防意识缺乏。通过询问得知有如下几个原因：①在身体健康体检方面，大多老人由于经济不允许、体检过程麻烦等原因，基本上没有老人定期到医院进行身体健康体检；②食品卫生方面，留守老人的医疗卫生意识淡薄，调查中发现很多老人根本没有食品安全的概念，认为只要是无毒食品就可以放心吃，对于吃隔夜饭或是病死的鸡鸭肉等到更是毫无顾忌；③在日常穿着卫生方面，很多老人认为自己天天与泥土打交道，衣服怎么都是脏的，洗了也白洗，故而常穿着很久未洗的衣服。

表 2-14 农村留守老人对自己身体健康状况的评价

	频数	频率
很好	32	12.3
比较好	80	30.8
一般	45	17.3
比较差	72	27.7
很差	31	11.9
合计	260	100.0

（五）农村老年人的精神慰藉状况

1. 日常生活中的休闲

农村老年人由于孩子不在自己身边，孤独寂寞感相对来说比较强一些，在劳作之余免不了要寻找一些精神生活寄托，但由于农村文化娱乐设施缺乏，老人的精神文化生活也相当单调。表 2-15 的数据表明，此次调查表明农村留守老人的日常精神生活十分单调，大部分老人主要的休闲娱乐方式是串门聊天、看电视、听收音机和打牌之类。这表明了农村留守老年人的精神生活相当贫乏单调。

表 2-15 农村留守老人的休闲状况（多选，$N=260$）

	频数	频率
串门聊天	136	52.3
电视、收音机	130	50.0
打牌	53	20.4
其他休闲方式	22	11.2
无休闲方式	37	14.2

2. 对子女问候的期望

调查数据表明，80.4%的农村老年人希望自己的子女经常来看望自己或者能够问候自己，不希望的人有 14 人，占总体百分数的 5.4%，还有 26 人觉得无所谓，占总体百分数的 10.0%。表 2-16 的数据表明，84.2%的农村老年人希望自己的子女通过电话或回家的方式和自己保持联系，还有 8.5%的老年人和自己的子女没有任何联系。农村人希望交流的对象和实际交流的对象大多是家庭成员，这反映出中国传统文化的影响。在中国传统文化中，衡量人际关系中的亲密程度的重要标志是亲缘关系，即古人常说的"亲疏有别"。老人在选择情感交流对象时，首先区分出家庭的内外关系，即老人倾向于家庭内部成员。费孝通的差序格局理论可解释，所谓的"差序格局"就是说他人与自己的关系有亲疏之别，这就仿佛一块石子投入水中，形成不同的涟漪，这些涟漪是一种同心圆式的分布，自己是圆心，不同的涟漪层代表不同的关系层,和自己这个圆心越近往来越密切,道德感和责任感也就越强。因此,老人的情感交流对象呈现出这样的格局,亲缘关系越近选择帮助和得到帮助的可能性就越大。从这个理论上说,农村留守老人在选择情感交流的对象明显比非留守老人少。那么看看实际的调查情况,从表2-16反映出,农村留守老人与子女沟通交流主要通过电话联系,这也意味着农村老人日常与子妇的情感交流方式很单调,也表明了电话在农村留守老人与子女的联系中起着很大的作用。

表 2-16　农村留守老人希望用什么方式和子女联系

	频数	频率
电话	105	43.8
子女回家看望	114	40.4
其他方式	8	3.1
没有任何联系	72	8.5
合计	260	100.0

3. 农村留守老人的孤独感

一般来说,在没有子女在身边的情况下,多数老人表示感到寂寞是很正常的现象。表2-17的数据表明,接近50%的农村老年人会感到孤独,由此可见在当今的中国,农村家庭养老体制下,子女外出务工对老年人产生了重大的影响,农村留守老人需要有更多的关怀。

表 2-17　农村留守老人是否孤独的分布表(多选,$N=260$)

	频数	频率
经常感到孤独	69	26.5
有时感到孤独	45	17.3
很少感到孤独	54	20.8
没有感到孤独	92	35.4
不知道	0	0.0
合计	260	35.4

4. 对精神生活状况的满意度

表2-18的数据表明,对自己精神生活不太满意或很不满意的比例接近25%。事实上调查的时候,笔者发现农村老年人大多对"精神生活"这一概念十分陌生,大多认为生活就是吃饭穿衣,对这一方面要求甚少甚至是没有的,因此这个比例事实上可能更高。但也有不少老人对天伦之乐还是很向往的,很希望自己的子女多多陪伴与照料自己。

表 2-18　农村留守老人精神生活满意度分布表

	频数	频率
很满意	43	16.5
比较满意	96	36.9
一般	56	21.5
不太满意	41	15.8
很不满意	24	9.2
合计	260	100.0

第三节　影响农村留守老人家庭养老模式的因素分析

为了进一步分析农村老年人家庭养老模式,本书采用 logistic 回归模型来论述农村老年人家庭养老的现状,其模型的数学表达式为:

$$p = \frac{\exp(b_0 + b_1 x_1 + b_2 x_2 + \cdots + b_m x_m)}{1 + \exp(b_0 + b_1 x_1 + b_2 x_2 + \cdots + b_m x_m)}$$

一、各变量的情况

因变量为:农村老年人家庭养老满意度,其有满意和不满意两个取值。

自变量为:①子女状况,包括子女的数目、子女的职业、子女文化程度、子女的收入、子女探望的次数以及是否希望子女打工等变量。②经济状况,包括老人的收入来源、老人月收入的多少、老人收入的用途、住房状况、在自己房子里住的时间、是否参加农业劳动、农业劳动需要帮忙时谁帮助自己等变量。③健康状况,包括目前身体有哪些疾病、自我感觉身体如何两个变量。④精神慰藉状况,包括生活中有哪些休闲娱乐方式、是否希望外出子女问候自己、如何和外出子女联系、是否感到孤独、对自己精神生活的评价等变量。

控制变量为性别、年龄、文化程度、婚姻状况。

二、调查结果及分析

表 2-19 的结果表明,当只考虑农村老年人的社会背景,而不考虑任何其他因素的时候,老年人的婚姻状况(通过 $p = 0.10$ 的假设检验)会影响自己的养老生活的满意度(具体数据见模型 1),因为有配偶可以互相帮扶,老年期的生活质量肯定要比独身的老年人的生活质量高。

表 2-19　农村老年人家庭养老状况的 logistic 回归（N＝260）

	模型 1 B	模型 1 exp(B)	模型 2 B	模型 2 exp(B)	模型 3 B	模型 3 exp(B)	模型 4 B	模型 4 exp(B)	模型 5 B	模型 5 exp(B)
性别	.465	1.593	.663**	1.942	.530	1.699	.510	1.665	.967**	2.630
年龄	.015	1.015	.016	1.016	.063*	1.066	.061	1.063	.015	1.015
问候程度	−.263	.768	.025	1.025	.138	1.147	.150	1.161	.258	1.295
婚姻状况	.436*	1.543	.187	1.206	−.047	.954	−.012	.988	−.215	.807
小孩数目			−.145	.865	.094	1.098	.097	1.102	.383	1.467
子女职业（多个子女，多种职业）										
在家务农			.842**	2.322	.591	1.806	.587	1.799	.219	1.244
服务业			.483	1.622	.898*	2.454	.896	2.449	1.059**	2.883
技工类			.322	1.380	.173	1.189	.090	1.094	−.360	.697
其他			−.222	.801	.019	1.019	.069	1.071	.065	1.067
子女文化程度（多个子女，设计为多选）										
文盲			.089	1.093	.151	1.163	.104	1.109	−.404	.667
小学			.192	1.212	−.097	.907	−.036	.965	−.259	.772
初中			−.427	.653	−.772*	.462	−.789	.454	−.908*	.403
高中及以上			−.521	.594	−.371	.690	−.331	.719	−.664	.515
子女收入			−.428*	.652	−.398	.672	−.435	.647	−.215	.806
子女回家探望次数			−.134	.875	−.141	.869	−.124	.884	−.178	.837
是否希望子女打工			.070	1.073	−.369*	.691	−.365	.694	−.261	.770
收入来源（多选）										
自己和配偶劳动					1.225**	3.404	1.138	3.121	.590	1.804
子女供给					−.145	.865	−.127	.881	.098	1.103
政府					−.703	.495	−.749	.473	−.462	.630
每月收入					−.002	.998	−.002	.998	−.001	.999
对经济状况的满意度					1.309****	3.702	1.240	3.457	1.058****	2.880
是否参加农业生产					.023	1.023	−.133	.876	−.732	.481
谁帮助自己干重农活					.158	.854	−.151	.860	−.148	.862
有疾病							.287	1.332	−.062	.940
无疾病							−.233	.792	−.198	.821
身体状况感觉							.094	1.099	−.098	.906
是否希望子女问候									.712*	2.039

续表 2-19

	模型 1		模型 2		模型 3		模型 4		模型 5	
	B	exp(B)	B	exp(B)	B	exp(B)	B	exp(B)	B	exp(B)
收入来源(多选)										
如何和子女联系									.161	1.174
是否感到孤独									−.130	.878
精神生活感觉如何									1.136 ****	3.113
常量	−1.356	.258	−.418	.658	−7.076	.001	−6.011	.002	−6.822	.001
−2LL	327.005		293.624		224.61		226.697		191.631	
Cox & Snell R²	.058		.137		.337		.341		.428	

（＊代表 $p=0.10$；＊＊代表 $p=0.05$；＊＊＊代表 $p=0.01$；＊＊＊＊代表 $p=0.000$）

　　当把老年人自己的职业、收入、文化程度、子女回家探望父母的次数，与是否愿意让自己的子女到城市里打工等子女情况的变量后（具体数据见模型 2），可发觉老年人的性别（通过 $p=0.05$ 的假设检验）、子女在家务农（通过 $p=0.05$ 的假设检验）、子女收入（通过 $p=0.10$ 的假设检验）影响农村老年人家庭养老的生活质量。根据人口学统计的资料来看，女性老人比男性老人的平均寿命要长，更少患病，而且女性老人更受子女的欢迎，因为她们能够为子女做家务、带小孩等，因此女性老人从子女身上得到的帮助也多些。另外子女在家务农，老年人就可以和自己的子女待在一起，有什么需要可以从子女的那里得到帮助。同时，子女收入越高，就有能力赡养老年人，因此子女的收入越高，农村老年人的家庭养老的质量越高。

　　当引入老年人收入相关的变量后（具体数据见模型 3），发觉农村老年人健康，能够自己养活自己的老年人的家庭养老的质量要高，通过了 $p=0.05$ 的假设检验，而且对自己经济状况越满意的老年人，对自己的家庭养老的状况就越满意，通过了 $p=0.000$ 的假设检验。由数据说明，农村老年人能够自己劳动的时候，一般都愿意自己劳动来养活自己，因为他们这样可以少给子女添麻烦，他们自己也很有成就感，从笔者的访谈中也得出相同的结论。

　　当引入老年人的健康状态等变量后（具体数据见模型 4），发觉没有任何变量通过假设检验，这说明老年人的健康状态不影响他们的家庭养老的满意度。通过在农村里的观察和访谈，笔者知道，农村老年人对自己的疾病一般采取"大病拖，小病扛，严重疾病就自杀"的对策，因此在农村很少有严重疾病的老年人，他们不愿意拖累子女的经济，一般有严重疾病的老人都会选择自杀的方式结束生命。而有一些常见慢性疾病的老人，他们都自己拖着，实在无法忍受的时候就去医院拿点药吃。

　　当把精神慰藉的变量(具体数据见模型5)引入模型的时候,性别(通过 $p=$ 0.05的假设检验)、子女职业为服务业(通过 $p=0.05$ 的假设检验)、经济状况(通过 $p=0.000$ 的假设检验)、子女的问候(通过了 $p=0.10$ 的假设检验)以及精神生活满意度(通过 $p=0.000$ 的假设检验)等变量影响老年人的家庭养老的满意度。子女的问候和关怀,是农村老年人感觉家庭养老生活质量高的一个关键因素,我国曾有人建议立法,要求子女经常回家看望自己的父母,虽然不可行,但是出发点是好的,因为中国几千年来的传统就是老年人觉得和子女住在一起,享受儿孙绕膝的天伦之乐是人生最大的乐趣。但是中国快速的现代化、工业化和城市化打破了几千年来的传统,如父母在不远游、安土重迁等,面对年轻人大量到城市里去打工的现实,老年人无法要求子女和自己长期居住在一起,但是他们非常希望自己的子女能够经常来看望自己,让自己的精神生活能够得到满足。

　　总之通过表 2-19 的数据,可以得出如下一些结论:①老年人的性别和婚姻状况影响老年人的家庭养老的生活满意度。②子女在家务农和子女的收入影响老年人的家庭养老的生活满意度。③自己劳动挣钱养活自己和自己经济状况好的老人的家庭养老的生活质量偏高。④子女越频繁看望老年人,老年人的家庭养老的生活满意度偏高。

　　当今中国的农村,老年人的生活状况不太乐观,他们的养老面临着一系列的问题,迫切需要社会介入到他们的家庭养老中,我国的新型农村医疗保障制度的设立,虽然对老年人的养老问题的解决还很不到位,但是这是一个良好的开端,标志着国家和社会开始介入到农村老年人的养老,这对农村地区的青年人来说,可以分担一部分养老的压力;而对于农村地区的老年人来说,不管钱多钱少,只要是有一部分固定的稳定的收入,对于提高他们的地位,提高家庭养老的生活质量都有着不可估量的意义。

第三章　村庄家庭养老秩序的变迁
——李氏家族盛衰变迁为例

第一节　文献综述及问题的提出

社会学中,交换主义的解释可以追溯到美国社会学家霍曼斯(Homans)和布劳(Blau)的社会交换理论,它源于经济学中的"经济交换"的概念,并以"给予获得"、"成本报酬"及"奖赏惩罚"等对立性的概念为理论基础。霍曼斯等提出的社会交换理论,其假设包括以下几方面:①所有社会化的人都受到成功的希望所驱使;②人类过去的经验减少了为现在行动做选择的不确定性;③人喜欢维持一种对他有回报(奖赏)的关系。而与霍曼斯将交换行为限于两个人之间的双向交换关系不同,布劳把经济交换概念引入到人类的社会行为中,他认为,互惠和有限交换是交换理论的两个本质特征,布劳给"社会交换"下的定义是:"交换是指一种人们(日常生活中)依赖他人回报的自愿的社会行动,一旦回报中断,这种(交换)活动就停止。"①

交换主义解释论认为代际支持都可以用社会交换理论来解释。从交换主义的角度来看,子女对父母的"照顾"这一行为是子女将父母的养育之恩,以经济、劳务或精神上安慰的形式回报给他们,用经济学的语言来表述,这是一种债务上的"偿还"。父母对子女的帮助或者服务(照顾子孙女)则是为了获得子女的经济支持和生活照料。有的学者则认为父母和子女代际支持的动机并不是纯粹的交换主义动机。

与国外的理论研究相似,国内部分学者的研究证实我国的家庭代际支持同样存在交换主义动机。诸如,王树新认为,父母抚养下一代是对未来进行投资,而赡养老年人实际上是偿还上一代在其未成年时对未来的投资。对未成年人的投资,

---

①乔纳森・特纳.社会学理论的结构(第六版)[M].邱泽奇等,译.北京:华夏出版社,2001.1:274—294.

也就自然产生了其成人后对老年人投资的回报问题。① 王跃生则认为父母与子女之间的交换关系只是发生在一定的生命时期,当子女长大且已婚配,父母尚未年老但摆脱了抚养之劳,他们可以自食其力,用不着子女赡养时,代际之间的交换关系将会体现出来。这种交换关系实际是两代之间相互协作的关系,彼此都感到对方对自己有"用"。②

从国内学者的研究来看,由于家庭代际支持的交换主义解释偏重于经济学的理性解释,功利化色彩浓重,一开始并不被学者们认可,只是到了最近几年才开始有所变化。由此可见,对家庭代际支持的交换主义解释是具有一定的合理性的。

"抚育—赡养"理论由我国著名社会学家费孝通先生提出,他认为中国家庭的代际关系属于"抚育—赡养型",即甲代抚育乙代,乙代赡养甲代;乙代抚育丙代,丙代赡养乙代,简单概括为"反馈模式"③。而与此相对应的是"接力模式",流行于西方社会,即甲代抚育乙代,乙代抚育丙代,缺少赡养这一环节。这两种模式的区别就是西方社会不存在子女对父母的赡养义务。"抚育—赡养"理论体现了家庭中"育儿"与"养老"之间代价关系的一致性和平衡性,这种"双向支持模式"构成了我国几千年来"养儿防老"的思想基础。从理论阐述来看,"抚育—赡养"理论是在家庭代际关系的平衡的基础上提出的,它清晰地展现了千百年来我国家庭中的代际支持的普遍性,成为大多数学者分析我国家庭代际关系的理论出发点;从社会现实来看,随着现代化的进程我国社会和家庭发生了一系列社会经济结构的变化,家庭代际关系从父子关系轴向夫妻关系轴转变,代际关系呈现不平衡的状态,"抚育—赡养"理论所依赖的社会历史背景发生了很大的变化。那么,"抚育—赡养"理论在多大范围和多大程度上还能够继续解释我国农村家庭代际支持的现实则应该重新审视。

随着社会经济环境和家庭代际关系的变化,"抚育—赡养"理论在一定程度上已经不能够圆满地解释我国家庭中的代际关系问题。因此,众多学者试图引入新的解释因子对"抚育—赡养"理论体系做出修正和完善。郭于华认为,中国家庭是以"哺育"和"反哺"为表现形式的反馈型代际关系,"反馈"也好,"回报"也罢,都表明代际之间一种交换逻辑的存在。这一交换关系在几千年的传统社会中是宗族制度与文化的重要组成部分,是一套在民间社会运行的规则。它既包含物质、经济的有形交换,也有情感和象征方面的无形交换。④ 针对家庭代际关系中交换关系的

①王树新.人口老龄化过程中的代际关系新走向[J].人口与经济,2002(4).

②王跃生.中国家庭代际关系的理论分析[J].人口研究,2008(4).

③费孝通.家庭结构变动中的老年赡养问题——再论中国家庭结构的变动[N].北京大学学报(哲社版),1983(3).

④郭于华.代际关系中的公平逻辑及其变迁—对河北农村养老事件的分析[J].中国学术(第八辑),2001:221—251.

讨论,陈皆明则认为,父代与子代之间的交换关系体现为父母与子女之间的持久的服务和物质性资源的交换。但是这种代际之间的资源流动不应该为父母和子女间的等价交换,因为老年父母和子女之间并不存在一对一的即时交换,而代际交流的资源也往往不是等价的,这样的代际资源流动仅仅是一种彼此互助、互惠的过程。[①] 阎云翔通过对黑龙江省下岬村 20 世纪 80 年代以来代际关系的调查分析后认为,代与代之间的互相报答与其他形式的报答一样,必须不断地有来有往才能维持。[②] 可见,阎云翔的相互报答体现的也是代际行为主体之间的互助、互惠关系。

那么,我国家庭中的代际关系究竟是否存在交换关系呢?"抚育—赡养"关系和交换关系两者之间有什么样的区别呢?基于上述问题,王跃生认为,我国代际之间的"抚育—赡养"关系的确有交换关系的表现,但这一交换关系并不存在于"抚育"和"赡养"这两种相隔较长时日的行为上,而是在子女长大、具有行为能力之后,特别是子女结婚之后,代际之间才会发生交换关系。他认为,抚养行为发生在父母和未成年子女之间,赡养行为存在于壮年子女与老年父母之间,在成年子女和壮年父母之间还有另一种关系,那就是交换关系。但"抚养—赡养"关系不能用交换关系去解释,因为它不是严格意义上行为主体之间的交换关系,完整的代际关系既有"抚养—赡养"关系,又有交换关系,两者具有并存特征。[③] 由此,他首次提出"抚育—交换—赡养"理论模式来解释我国的家庭代际关系。

通过分析,可以看出上述对家庭代际关系代际支持的分析隐含着我国传统的"养儿防老"的社会思想基础。然而,针对目前社会上出现的老年父母补贴子女等一系列"啃老族"现象,可以发现,"养儿"能够"防老"的观点是值得怀疑和商榷的。在 20 世纪 90 年代,车茂娟通过对城市家庭子女与父母之间的代际支持的调查分析后认为,在城市家庭中,父母对子女的经济补贴远远大于子女对父母的补贴,由此她提出了"逆反哺模式"[④]。其主要表现形式在于:父母定期补贴成年子女的生活费用;父母替子女抚养下一代,即隔代抚育;成年子女住父母家里,不交或少交生活费;父母资助子女购置高档消费品;最突出的现象是父母为子女筹备日益膨胀的结婚用品和费用。从目前的家庭代际关系来看,"逆反哺模式"不仅仅存在于城市家庭中,而且也成为了农村家庭中的一个普遍现象。

以上两种理论,基本上都是从交换的视角来论述农村老年人养老模式的变化,在中国很多的研究也证实了这些理论的正确性,然而我国 2009 年颁布新农村社会

①陈皆明.投资与赡养——关于城市居民代际交换的因果分析[J].中国社会科学,1998(6):131—145.

②阎云翔.私人生活的变革:一个中国村庄里的爱情、家庭与亲密关系 1949~1999[M].上海:上海书店出版社,2005:197.

③王跃生.中国家庭代际关系的理论分析[J].人口研究,2008(4):13—21.

④车茂娟.中国家庭养育关系中的"逆反哺模式"[J].人口学刊,1990(4):25—28.

保障体制后,农村老年人的养老模式会有什么变化呢? 本书通过对湖北省仙桃市某村李氏家族访谈,来揭示农村地区几十年来老年人养老模式的嬗变。

第二节　资料收集方法

而本书主要数据来自于 2010 和 2011 两个年度,在仙桃市范湾村对 XTM03 的深度访谈,在了解他家族几十年历史的基础上,论述农村老年人家庭养老模式的变迁。

第三节　结果分析

湖北省仙桃市范湾村,处于仙桃和武汉交界的地区,属于江汉平原的一部分,整个村庄一马平川,河流沟渠密布,属于典型江南平原村,村前有一条河流,由西向东注入汉江的支流——东荆河,整个村庄沿河两岸分布。据村里老人讲,二十年前这条河非常的清澈,整个村庄的村民都是喝这条河的水长大的,那时候整个村庄人口众多,出去打工的人不多。春天梨花遍布,杨柳依依,沿河两岸野草茵茵,蛙声与鸟声交相呼应,全村充满了生机;夏天果树上硕果累累,劳作的人们挥汗如雨在梨树田里辛苦耕作,希望着好的收成,蝉声和小孩游泳嬉笑声共鸣,聚精会神垂钓的小孩和满眼绿色以及沿河的房屋形成一幅优美的江南小村图;秋天村民收获着农产品,他们的脸上带着收获后幸福的微笑,他们的微笑随着暮霭沉沉夕阳,袅袅的炊烟一直延续到梦乡;冬天白雪皑皑覆盖整个村庄,村前的河流被封冻,冬闲的村民聚集在温暖的阳光下聊天,聊着瑞雪兆丰年,期待着明年的好收成。这个"沙湖沔阳州,十年九不收,若是一年丰收了,狗子不吃红米粥"的村庄,年年上演着丰收和喜悦的风景。

但是随着改革开放、计划生育、一切以经济建设为中心的政策实施以来,村庄发生了巨变,以前整个闹闹哄哄的村庄安静了下来;昔日众多的、成群结队的小孩游戏玩耍的场景不见了;以前众多的青年被老弱妇孺所取代;清澈的绿水已不见踪迹,门前河里没人洗衣挑水,污浊发臭的河水让人敬而远之。现代化这把双刃剑在这个村庄表现得淋漓尽致,一方面它给村庄带来了富裕的生活条件,如再也没有人饿肚子;每家都有一栋两层的楼房;各种家用电器早已飞入寻常百姓家。另一方面现代化也给这个村庄带来了极大的风险,人口的锐减,让喧嚣的村庄变得安静;青年人外出打工,导致田地的荒芜,村庄治安恶化;乡镇工业发展,导致环境急剧恶化,鱼儿不再出现在门前的河里;稀疏蛙鸣取代以前的蛙声一片;各种恶性疾病出现在以前长寿的村庄中。现代化让村庄所有的秩序都在魔幻般的变化,年轻人蜂拥到城市打工,流动成为他们接受的文化,而那些传统的固守在村庄里的青年人被他们视为没有能力的人,"父母在,不远游"的观点已经被青年人丢到了故纸堆里不见踪迹。农村老年人一般受传统文化的影响较大,他们故步自封,无法适应急剧、复杂变迁的社会环境,但是面临生活压力,他们也不得不接受巨变的现实。

范湾村李某(XTM03),今年85岁,育有一子二女,老伴十五年前去世。李某是一个非常热情的老人,他把他一辈子的经历都告诉了笔者。李某祖辈几代都生活在这里,他的爷爷是农民,农闲之余喜欢做一些小生意,经常挑着货篮走家串户推销自己的商品,由于他人很随和,注重商品质量,生意很好,通过他三十年的努力,从一个走贩,慢慢发家起来,在乡里的集市租了一间店面做起老板,民国初年李某父亲继承他爷爷财产的时候,已经成为了一个拥有几间店面的大型连锁店。随着生意的扩大,农民"有奶便是娘,有田就是爷"的劣根性表现出来了,李某的父亲不断地用生意中的盈利来购买土地。李某告诉我,他爸爸最风光的一件事,也是他家能够迅速膨胀起来的事件,就是民国末年,盛传国民党发行的货币会倒闭,人们疯狂地抛出货币,货币也不停地贬值,而李某的父亲利用自己手里的钱,大肆收购货币,然后用货币购买大宗的商品囤积在店里,然后高价卖给村民。正是通过这样一个低买高卖的过程,那几年狂挣了一笔钱,李某父亲用这笔钱全部买了土地,在解放前,李某一家成为了全乡村最大的地主。李某有三个兄弟,李某是老大,不爱做生意,酷爱读书,他的父亲毫不吝啬给他请最好的私塾先生,李某也很争气,20岁的时候成为乡村地区有名的秀才,诗词歌赋样样精通,而且写得一手好字,每年春节全村的春联都是他现场吟作和书写的。李某的二弟不爱读书,但是酷爱做生意,小小年纪就跟着自己的父亲在店面里做生意,而且有很多生意上的得意之作,被自己的父亲作为生意的接班人,重点加以培养。李某的三弟被自己的父亲送到西式学堂接受现代的教育,成绩非常的优秀。李氏三兄弟的优秀成为他父亲的一辈子的骄傲。

新中国成立前,由于李某不喜经营,李某的父亲选择他的二弟作为家族生意的继承人,自己退居二线,由于李某的父亲不愿子女分散,所以李某一家一直没有分家,过着三世同堂的生活,由于家里有钱,李某父亲的养老问题根本就不是一个问题,他每天过着儿孙绕膝的生活,享受着常人无法想象的养老生活,他的三个儿子都很孝顺,从来不做什么为富不仁的事情,因此也没有给他的养老生活带来任何的烦恼。随着新中国成立,李氏家族受到严重的冲击,由于第一个五年计划的实施,我国进行大规模的社会主义改造运动,李氏家族的绝大部分田地被瓜分,连锁经营的商店被收购整合进农村信用合作社,李某的父亲在这个运动中而亡,他的三个儿子把父亲风光下葬。

这个李氏家族的能人在浩瀚的社会运动面前倒下了，他的倒下也启动了李氏家族衰败。很明显，李某父亲的养老模式是一种典型的传统中国的"抚养—赡养"模型的养老秩序，当时中国的农村，由于传统文化的影响对村民的影响很深，尊老爱幼，父母抚养子女，子女在父母老后赡养老人是天经地义的思想深入到每一个村民心中，因此村庄里的每个老人不管子女家庭富裕与否，都能够得到子女质量高低不同的赡养。

第一个五年计划后，李氏家族虽然开始衰败，但是村里的祖屋仍在，李某三兄弟依然住在祖屋里，靠以前积蓄政府的购买分红还能过着优于一般人的生活。历史进入了 1958 年的反右运动，在社会运动面前，人是渺小的，一个家族也是渺小的，李氏家族即使充公了所有土地、连锁经营的铺面，也逃不过历史车轮的碾压，此时的李氏家族受到了致命的打击。在中国进入以阶级斗争为纲的历史时期里，全国开始划分阶级成分，李氏家族被划分为地主富农，剩下的田地被充公，奢华的祖屋被贫民瓜分，由于没有了住房，三兄弟被迫分家。李某夫妇带着一子两女和有限的日常用具，在村尾盖了一间茅草房住下。李某的二弟带着妻子和三子一女回到妻子娘家所在的村庄，他的二弟一直是家族生意和家族钱财的管理者，在老房子被瓜分之前，转移了一部分财产，再加上他妻子家的兄弟姐妹多，能够住上砖瓦房，因此生活条件要优于李某。他的三弟因为学习成绩好，被父亲送到武汉求学，在长江游泳的时候，由于体力不支，被长江里的漩涡吞噬，留下怀孕的妻子，由于祖屋被贫民瓜分，没有着落的妻子带着遗腹子改嫁邻村，后来又生下三子一女，加上前夫的孩子，共四子一女。

自此以后，李氏家族彻底破败，特别是李某一家生活在极度贫困之中。李某出生在地主之家，从小过着阔少爷的日子，每天吟诗作画，突然的家变，令他手足无措。首先他不会农活，从小娇生惯养，突然要养活一家老小五口人，着实让他的生活苦不堪言。他的儿子读完小学，12 岁左右就开始下地做事，在农业集体里挣取工分和父母一起养家。俗话说"祸不单行，福无双至"，1966 年"文化大革命"的爆发，让李某充分体验到"屋漏偏逢连夜雨，船迟又遇打头风"，生活又一次遭受到严重的打击。由于他喜欢吟诗写春联，有一年为一户贫民写了一幅春联"山中芦笋，嘴尖皮厚腹中空；墙上芦苇，头重脚轻根底浅"，被那家贫民所记恨，在批斗地主、资本家和武斗成风的历史时代里，李某受到了非人道的虐待，幸好他咬紧牙关度过了人生最为黑暗的时期，没有走上别的地主、右派因不堪忍受痛苦而自杀的道路。他的二弟由于善于做生意，头脑灵活，加上妻子的兄弟姐妹多，没有受到大的打击；他的三弟媳由于改嫁到一个贫民家里也没有受到"文化大革命"的迫害。

历史的车轮总是向前推进的，当十一届三中全会的召开，邓小平作为第二代领导人上台执政,他改变了以往以阶级斗争为纲的路线,改为以经济建设为纲,开始为在"文化大革命"中受到不公正对待的地主、富农和右派分子平反。由于李氏家族在第一个五年计划期间就加入农村供销合作社,"文革"期间受到不公正的对待,所以李某的二弟作为第一批平反的人员,转为商品粮户口,成为农村供销合作社的一员。李某由于一直没有在早期供销合作社里工作过,经过一番努力,相关熟人的证明,两年后他也转为商品粮户口,成为早期供销社里的一员。而他的三弟去世的早,他的妻子改嫁邻村,没有得到转正的机会。历史是无情的,历史也是公平的,然而当公正的机会姗姗到来的时候,当他们被全村村民羡慕成为商品粮户口,吃国家皇粮的时候,他们都已经垂垂老矣。

对于李某来说,黑暗是漫长的,幸福是短暂的。因为他转为商品粮户口不久,又面临退休的挑战,正是这个退休手续的办理,让他和自己的儿子媳妇起了冲突,对他的养老生活埋下了不幸福的种子。20 世纪 80 年代,那时的政策是商品粮退休的,可以让自己的一个子女顶替父母的职务,继续吃商品粮,称为"接班制"。李某的二弟退休时,让他的小儿子接了班。可是李某在办接班手续的时候,在他儿子已经填写完表格的情况下,他说了一声自己还有一个小女儿,由于他的儿子年龄超过了限制,工作人员马上收回李某儿子的表格,而让李某的女儿填表上交了,如果李某不说他还有一个女儿,也许他的儿子就顶班成功了。正是这个插曲,加上他没有积蓄来安抚自己的儿子媳妇,他的儿子和媳妇对李某的做法极度不能理解,为了这件事父子、公媳之间经常吵架,有时候甚至拳脚相向,致使他的老年期的生活质量受到严重的影响。李某的二弟却不同,他采取利益均沾的方式进行,他让他的小儿子接了自己的班,而把自己积攒的钱分给了自己另外的两个儿子,女儿由于已经外嫁而没有给钱,但是经常予以日常生活的接济。他的策略很成功,他的三个儿子没有像李某那样因为接班的事情和父亲吵架。而他三弟的媳妇,由于自己没有退休金,也没有资源留给自己的四个儿子,她的地位最低,虽然儿子们还是养她,但是毕竟完全要她的儿子媳妇养活,经常要受媳妇的白眼。

李某退休后,因为每月有几百元钱的退休金,所以他完全脱离了农业生产,在家也不做家务,所有的家务活都由他的老伴承担,每天在家里摇头晃脑朗诵诗词歌赋,他的儿媳妇对他的行为横挑鼻子竖挑眼,希望他能够把每月的退休金拿出一部分贴补家用,然而李某认为他的退休金是政府给的,只愿拿出一小部分,他想把钱攒着以防不时之需。他的儿媳却不干,希望他能多拿出一点,为了这个事情经常吵架。他的儿媳说:"他把班给他的小女儿接,那应该由小女儿养老。现在不但小女儿不管他,还要在我家吃住,他对儿子太不公平,自己的亲小姑接了班,已成事实,无法改变,但他应该把自己的退休金多拿出来一些,帮助一下儿子,这是天经地义的,毕竟我们对两个老人管吃管住。"这样的冲突时常发生,严重地影响了李某及老伴的养老生活。

李某儿子的盖房子事件是他和儿子媳妇冲突最为厉害的一次。农村人一辈子都在为房子奋斗,能够建起一栋新的砖瓦房是所有农民梦寐以求的事情。李某从祖屋赶出来的时候,一家5口人最初住在茅草房里,耗费了他和他儿子媳妇很多的精力和金钱,几年后才变为瓦房。家庭联产承包责任制后,由于他儿子和媳妇非常勤劳,而且田地种得很好,经过几年的积蓄,他的儿子想把自己破旧漏水的瓦房重新盖为楼房。由于钱不够,他的儿子媳妇也想通过这个人生中的一件大事,从自己的父亲手中挤点钱出来,能够建起一栋两层楼的楼房。然而李某不愿把所有的钱拿出来,只愿给一部分,而他的儿子媳妇不干,希望他能像李某的二弟那样多拿出点钱,帮助他们一把。为了修建房子,李某和他的儿子媳妇不停地吵架,甚至双方动手打架。

建房风波迅速在村庄传开,吵架的双方各自找人诉苦、投诉,希望村民能够给对方压力,达到各自的目的。他的媳妇逢人就说李某在接班这件事上做得不公平,现在也不在金钱上贴补自己,因为李某的大姑娘家的家境不好,她怀疑自己的公公把钱贴补给了大女儿,因此他的儿媳妇强烈要求在建房上多给自己一点,因为他对所有的人说,养老送终的还是儿子,他这样偏心,那就要他的两个女儿养老送终啊,可是他的两个女儿什么都不做,好处却照拿,哪有这样的事情啊。李某碰到人就向他们诉苦,说自己的儿子媳妇不孝,对自己非打即骂,他不敢把钱都给儿子媳妇,他说如果我把钱给他们了,他们不养我,我怎么办。村庄里的村民有的为李某的儿子鸣不平,有人说他太偏向小女儿了,他们对李某说,你儿子要盖房子,你就多给点钱儿子吧,毕竟你还要住在里面,要靠儿子养老送终。有的村民从传统文化的角度对李某说,嫁出去的女儿泼出去的水,老人的养老送终还是主要靠儿子,还是要多补贴一下儿子。也有少部分的村民,批评他的儿子媳妇,说老人做得再不公平,做儿子媳妇的不应该打骂自己的父母。

最后李某出了一部分钱,还是没有达到儿子媳妇希望的数额,房子也只建了一层,建房风波在村庄建构的养老秩序下对李某极其不利,李某在家里的生活更加难过,他的媳妇经常拿接班和建房的事件来挑起事端,她经常对李某说,我们不要你每月给的生活补贴,只是希望你到小女儿家里去养老,毕竟你给小女儿的最多。但是小女儿家里也有老人要养,女儿和女婿也没有明确要李某到他们家去养老,加上女儿毕竟是外人,嫁出去的女儿泼出去的水,李某也不愿到小女儿家去养老。男得家当女得漆,儿子继承父亲的财产,就要负责赡养老人,这是农村地区老年人养老的秩序,老人到女儿家里养老是不合乎农村的养老秩序的。由于李某挑战了农村的养老秩序,没有把好处留给儿子,又要儿子养老,因此得不到村民的舆论支持。李某由于经常和儿子媳妇吵架,根本无法立足,实在没有办法的情况下,他只得搬出去另过，由于他的退休金无法承担自己和老伴的养老，所以他的老伴留在儿子家，帮儿子媳妇做一些日常家务。李某搬离儿子家后，由于他是男性老人，日常生活无法自理，儿子媳妇拒绝到他住的地方看他，只有老伴时不时过去帮他洗洗衣服，晒晒被子，但是绝大多数的日常生活劳作必须要他自己做，因此李某的日子也不是很好过。

李某的二弟退休后，他退而不休，由于他的业务好，被农村信用合作社返聘，每月的工资和退休金加起来还是很优厚的，在他的大儿子和二儿子建房的时候，他每家分别给了一定的钱，资助他们盖起了楼房，这也成为李某儿媳和李某吵架的一个口实。李某二弟的行为受到村庄村民的一致好评，村民们都认为他在处理和儿子媳妇的关系上，做得非常公平，三房儿媳之间基本上不吵架，他们也不和李某的二弟吵架。

李某三弟改嫁的媳妇，不到 60 岁的时候，她的第二任老公也去世了。老人在60 岁后，实在无法耕种土地，加上很多的孙子孙女需要照顾，老人基本上通过在子女家做家务，顺便照看孙子女，当免费的保姆来完成自己的养老生活。她完全依赖自己的子女养老，由于儿子众多，谁都不愿单独承当起赡养老人的义务，于是四个儿子通过开家庭会议的形式达成赡养协议，赡养平分为五等份，由于老人还很年轻，可以帮家里做家务，因此规定老人在哪家，哪家出两份的钱，另外三家各承担一份。那时四个儿子都抢着老人跟自己过，因为她身体好，不但可以下地帮忙干活，而且洗衣做饭带孩子，她都能胜任。然而随着时间的推移，老人的身体越来越差，她基本上不能帮孩子做事了，反而要孩子照顾她，这时候承担养老的小儿媳妇不干了，觉得老人无法给自己带来任何好处，反而要多出一份养老的费用，因此要求重开家庭会议，商讨养老协议；但是另外的三个儿子媳妇由于种地挣不到钱，纷纷到城里打工去了。有的子女几年都没有回来，因为子女的缺席，家庭会议无法召开，小儿媳妇对老人的态度开始变得极其恶劣，打骂和虐待老人时常发生。由于她的四个儿子的环境都不是很好，为了赡养老人，四房儿子媳妇之间争吵时有发生，有的子女干脆到城市打工，回避赡养老人的事情，只是每年定期寄些钱给老人。老人在这样的环境里，养老生活质量非常低下。村庄里的村民对李某三弟媳妇的遭遇司空见惯，因为在农村这样的例子很多，他们除了报以同情外，没有任何舆论，他们认为这是老人家里的事情，外人无法加以干涉。

李某两兄弟和他三弟媳妇的养老状况，反映了这样的一个村庄秩序：养儿可以防老；女儿是外人，是泼出去的水，不能指望养老。李某的遭遇清楚地表明了这样一个秩序，即使李某把很多好处给了小女儿，小女儿也不愿意养老，李某自己也不愿意到女儿家去养老；要想儿子能够养老，就必须要把财产和好处留给儿子，以换取儿子对自己的赡养，李某的二弟的行为符合村庄的养老秩序，他的晚年生活就要比挑战村庄秩序的李某幸福;儿子多是家庭养老幸福的一个必要条件,但是经济还是基础,子女条件越好,老年人的晚年生活就越幸福,李某三弟媳妇的养老不幸的遭遇,就是她的四个儿子的生活状况都不是很好。

"养儿防老"、"继承香火"、"多子多福"等等传统中国的谚语都说明了这样一个事实,虽然种的繁衍是动物的本能,而作为高等动物的人类在养儿女的问题上除了动物的本能,希望种能够繁衍下去外,其实还是他们内心一种理性选择的后果,他们希望年轻的时候抚养小孩,把这种付出积攒下来,希望换来晚年子女对他们的赡养。他们和子女的行为在某种意义上来说都是一种交换行为,也是一种理性选择的行为。人们的行为都是理性的,他们都会在成本和收益之间进行权衡,总是采取收益大于成本的行为。"某人行动的结果对他越有价值,则他越有可能采取该行动"①,李某养老的例子中,由于李某后来还是要依靠自己的儿子媳妇养老,而儿子媳妇认为他们赡养李某是没有价值的,因为他把有价值的资源让渡给了他的小女儿;而在修房事件中,李某也没有拿出让儿子媳妇觉得值得他们赡养李某有价值的金钱,所以,李某在养老过程中经常受到儿子媳妇的白眼。李某三弟媳妇的遭遇也是这样,当她还年轻能够帮子女做些事情的时候,儿子媳妇觉得养她的价值很高,当时都争着进行赡养,而一旦她老了,没有用的时候,所有的儿子和媳妇都希望把她推出去,让别的兄弟来赡养。

"对于人们所采取的所有行动,某人的特定行动越是经常受到奖励,则此人越可能采取该行动。"②"假如过去某一特定的刺激的出现一起伴随着对某人行动的奖励,那么现在的刺激越是与过去的刺激相似,此人现在越是可能采取该行动或相类似的行动"③该命题在李某的二弟身上得到了很好的印证;由于李某二弟能够给自己的儿子一些有用的资源,他的儿子们也愿意养他,因为他们知道如果对自己的父亲好些,父亲会反馈一些比自己付出要多的资源给自己,所以他们争相抢着赡养李某的二弟。

该村庄的养老秩序说明,家庭养老基本上还是老人与子女的一种交换行为,儿子的逻辑很简单,就是老人必须要把自己的经济社会资源给儿子,让他们能在养老的过程中得到一些回报,李某的儿子媳妇在养老过程中,没有从李某那里得到他们希望得到的资源,反而把稀缺的资源——接班的好处让给女儿,因此他们在交换的过程中,觉得自己得不偿失,所以他们拒绝赡养自己的父亲。并且多子的家庭里,老年人给子女支付的资源,必须要平等,而不能有偏私,李某二弟把接班的好处让给小儿子,而在经济上补贴自己的大儿子和二儿子,在女儿的处理上也是严格遵守

①乔治·霍曼斯.社会行为的基本形式[M]. New York:Harcourt Brace and World,1961:16.
②乔治·霍曼斯.社会行为的基本形式[M]. New York:Harcourt Brace and World,1961:16-50.
③乔治·霍曼斯.社会行为的基本形式[M]. New York:Harcourt Brace and World,1961:16-50.

嫁出去的女儿泼出去的水的原则,因此李某二弟得到三个儿子的真心善待。而李某三弟媳妇的遭遇也许是大多数村庄老人共同遇到的,因为像李某和其二弟老了后还有资源的人毕竟很少,由于她不拥有任何对子女有用的社会资源,除了人力外,一旦连仅有的人力资源也丧失,她在自己子女的眼中就没有了任何的价值,他们的子女觉得在赡养老人的行动中,得不到自己想要得到的利益,他们也就不愿意赡养老人了。

也许有人说,老人年轻的时候,辛辛苦苦把自己的孩子拉扯大,付出很多,老的时候,他们需要子女能够回报自己的付出,因此子女赡养老人是天经地义的。据李某讲改革开放前,那时候,到城市打工的年轻人很少,这种无条件赡养老人的美德是村庄的一种既存秩序,如果哪家的子女不孝,拒绝赡养老人,那么村庄里的村民都会集体谴责子女,子女在村民的压力下,也不得不赡养自己的老人。他说那时候他们三兄弟对父母的赡养尽心尽力,生怕父母受到了委屈,现在的情况不一样了,不要说无微不至关心老人,连给老人一口饭吃都要斤斤计较。

随着现代化的发展,特别是邓小平南巡讲话以后,在村庄里建构出了另一种养老的秩序,以前传统的美德在该村已经不存在了,首先是外出打工的年轻人越来越多,绝大多数的老年人都成了村庄的留守老人,他们的养老问题成为了一种隐形问题,因为以前的养老冲突都会通过吵架明显地反映出来,而现在年轻的子女一年回来一次,他们的赡养问题基本上无法明确表现出来。加上改革开放三十年来,我国的大政方针是以经济建设为中心,所有的成功失败、好坏对错都是唯GDP指标来衡量,在这样的大环境下,农村社区建构起了一种经济决定一切的新的村庄秩序。由于当时种地的农业税很高,农资又很贵,种田基本上无利可图,于是青年人大批到城市打工,因为在城里打工挣的钱要比种田多得多。于是人们把自己的老人都遗弃在农村里而成为留守老人,以前村庄里如果有人大半年不闻不问自己的老人,那么就会受到村庄道德的谴责,现在却不同了,年轻人大批外出,他们有的一年回家一次,有的几年也不回家,这些留守老人被他们的子女遗弃在农村里,他们不但要自己照顾自己,还要下地种地,更有老年人不但得不到子女的物质支助,反而要向自己的子女贴钱。这种情况在以前是会受到村庄秩序的谴责,然而此时的村庄里的青年人已经外出一空,以前村庄的养老秩序名存实亡,代之而起的是道德的缺失,文化的缺位,许多老年人在农村过着痛苦的晚年生活。

随着时间的推移,李某的孙子也到城市里打工去了,李某的儿子也成为了老年人,由于李某的儿子没有像他父亲那样的资源,儿子们纷纷到城里打工,李某的儿子媳妇必须继续耕种自家的责任田,因为他的三个儿子对农业生产毫无兴趣,他们中没有一个人会耕种土地,他们在外打工挣的钱很少,因此李某的儿子媳妇必须要自己养活自己。李某的儿子在村庄新的养老秩序下,没有人指责他们的子女遗弃了他,也没有人关心他们家的事情。

新的社会环境,形成了新的村庄养老秩序下。在这种养老秩序下,老年人处于绝对的弱势地位,由于他们的年龄太大,无法在城市里打工;农村老年人老的时候,各种慢性疾病缠身,没有钱看病,没有子女关心,众多的老年人在疾病面前都以自杀的方式结束自己的生命;与子女空间的拉大,使得他们与子女的感情疏离,老人得不到子女精神的慰藉;年老体衰,种地的收入不会很高,他们处于一种艰难的养活自己的状态之中。

李某由于有自己的退休金,虽然自己的老伴已经去世,但是由于自己已经习惯了独住的环境,他每天看看古诗词,即使得不到自己儿子的关心,日子过得也还是非常惬意的。反而是他的儿子媳妇生活得不是很好。他的三个孙子都在外面打工,挣的钱不多,基本上没有人能够拿钱回家。李某能干的儿子和媳妇在帮最后一个儿子建完房和结过婚之后,他们的积蓄基本上没有了,剩下了一身的病痛,他们现在不但得不到子女的照顾,反而还要照顾自己的孙子女。而且像李某儿子媳妇一样的情况在村庄里到处都是,再也没有人会为年轻人的不孝而使用道德的约束,老年人即使再不能接受现代化的后果,在事实面前,也不得不屈从现有的后果。

2002年10月,《中共中央、国务院关于进一步加强农村卫生工作的决定》明确指出:要"逐步建立以大病统筹为主的新型农村合作医疗制度","到2010年,新型农村合作医疗制度要基本覆盖农村居民","从2003年起,中央财政对中西部地区除市区以外的参加新型合作医疗的农民每年按人均10元安排合作医疗补助资金,地方财政对参加新型合作医疗的农民补助每年不低于人均10元","农民为参加合作医疗、抵御疾病风险而履行缴费义务不能视为增加农民负担"。2006年左右的时候,农村新型医疗保障体制开始在村庄实施,李某也买了医保。2009年,我国颁布了新型农村养老保险体制,李某可以领取养老津贴。同时以政府文件的形式规定,全国80岁以上的老人不分民族地区统一享受国家发放的高龄津贴,李某符合政策规定,因此他每月都可以领取高龄津贴。同时我国政府几次提高老年人的养老金的额度,李某的每月收入在当时的农村算是非常高的。

由于一系列政策的实施,李某收入的不断提高,李某发觉自己的儿子媳妇的行为发生了很大的改变,以前对自己不闻不问,时常冷言冷语嘲讽自己的儿子媳妇,经常过来看他,特别是自己的媳妇,过来给他做饭洗衣。有一天他的儿子媳妇干脆过来对李某说:"您现在老了,生活不方便,有什么头疼脑热的事情,我们也不知道,老在外面住着,显得我们都不孝顺。"虽然李某不是很情愿回到自己儿子家里,但是随着年龄的增长,他的日常生活确实很难完成,于是他同意到自己的儿子媳妇家里去养老。李某回到儿子媳妇家养老后,发觉儿子媳妇的生活非常的清苦,加上儿子媳妇对自己还是很孝顺,所以他经常贴一些钱给儿子媳妇用。

李某的儿子说:"以前因为自己的父亲把接班的好事,让给妹妹,加上建房事件,我确实对自己的父亲有意见,这么多年来也没有好好照顾他,心里也很内疚。当我成为老人的时候,儿子整年不在自己的身边,没有人照顾,推己及人,觉得自己做的很不对,把父亲一个人推在外面独住,他肯定也很孤单寂寞,趁我们现在还能动,希望把他接回家,好好孝顺他,让他在我们的身边度过余年。"李某的儿子想到伤心事,眼泪情不自禁地流了下来。

可是村庄的村民却不是这样认为的,他们觉得李某儿子的改变并不是良心的发现,而是看中了他父亲的钱,由于他父亲每月的收入在村庄来说是一笔很大的钱,希望通过和自己父亲改善关系的方式从父亲那里得到一些资助。加上李某的儿子媳妇因为小孩到城里打工,不但很少寄钱回来,有时还要找他们要钱,他们两个人为了三个儿子操碎了心,身体也日渐恶化,他们也老了,透支着自己的体力种的地,每年的收入也很少,他们的生活状态非常的不好。

李某是一个有文化的人,他说:"我知道自己的儿子媳妇接自己回来住的原因,是希望自己能够帮助他们一下。我回来后经常主动拿出钱来给自己的儿子媳妇,自己养的儿子自己疼,虽然前十多年,他们把我当仇人,但是我每天还是非常关心他们的,希望他们能够过得好一些。现在他们说要接我回来住,我当然高兴啦,谁不愿和自己的子女一起生活啊,我也老了,也没有几年能够活了,我希望在临死前,能够解开和儿子媳妇的矛盾,孩子们有再多的不对,毕竟父子没有隔夜仇,我都可以原谅他们。"他说:"其实以前的事情有很多的误会,自己的小女儿能够接自己的班,也不是自己有意为之的,只是当时办接班手续的时候,工作人员随口说了声,你儿子的年龄大了一些,填的表不一定能批下来,他顺口问我还有没有年轻的子女,我随口说了自己还有一个小女儿,最后那个工作人员说为了万无一失,最好还是让自己的小女儿填表。接班风波其实就是这样的,但是自己的儿子媳妇几十年来总是怪我当时不应该让小女儿接班。至于建房风波,是因为他们之前为接班的事情,经常和我吵架,我也担心他们不养自己,只有把钱自己拿着,将来的养老才有保障啊,事实上我也给了一笔钱给他们。"李某说的时候,眼泪随着脸上的沟壑沾湿了衣服,他说话的时候,眼睛经常盯着自己的儿子看,满眼露出关爱的眼神,不管岁月如何流逝,文化如何变迁,父母对子女的爱溢满了他的眼神。

李某自从他的儿子媳妇把自己接回来后,心情好多了,脸上经常有幸福的微笑,对于他这样的一个老人来说,能和自己的子女解开误会,能够和儿子一起生活养老,能够颐养天年,就是一种幸福。李某的儿子媳妇也许是因为良心的发现,也许是因为自己的父亲有一笔不错的收入还能帮助自己,但是不管什么原因,李某的儿子媳妇对他养老生活的态度,在村庄村民的眼中还是很孝顺的。

　　布劳的《生活中的交换与权力》一书中说过,要拥有对别人的权力,必须自己手中拥有别人需要的资源,或者杜绝别人从别的地方获得资源,或者社会有一个结构,而这个结构能为自己拥有权力服务。而一个人不依附某个权力保持自己的独立性必须首先杜绝需要,或者自己的需要有替代来源。李某儿子和媳妇年轻的时候,由于自己年轻力壮,吃苦耐劳,而且两个人的能力非常强,每年可以挣可观的收入,事实上他们也是村庄里的能人,他们靠自己的双手,帮助每一个儿子建了房子,结了婚。因此在与李某交换的过程中,他们处于一种拥有权力的地位。首先,那时李某的退休费很少,他们看不上,加上他们认为李某不愿帮助自己,于是他们从别的地方寻找替代资源。其次,李某年老力衰,拥有的资源越来越少,而且他必须依赖他们养老,因此在李某的儿子媳妇成为老年人之前,一直拒绝照顾自己的父亲,采取一种任其自生自灭的态度。然而随着李某儿子媳妇的年龄进入老年人的时候,他们拥有的资源也越来越少,而李某的资源却越来越多,他们转而依赖自己的父亲,所以他们对自己父亲的态度发生了360度的大转变。

　　李某的二弟随着时间的推移,身体越来越差。虽然他的退休金在不停地上涨,也交了医保,笔者访谈李某的时候,因为他的二弟年龄还没有80岁,没有享受高龄津贴。李某的二弟一年中生了两场大病,他的三子一女因为自己的父亲每月都有退休金以及有医保,因此他们积极把老人送到医院里进行治疗。李某的二弟在这两次住院治疗中花了很多的钱,虽然他的医药费可以报销,但是报销的比例不是很大,他们三子一女在为父亲看病的这件事情上,不但花掉了李某二弟所有的积蓄,而且三家还出了一部分钱。不过他们觉得还是很值得的,因为他们这样做,不仅得到了村庄中所有村民的肯定,而且他们觉得只要自己的父亲能够活够两年,所有的支出都可以挣回来。可是天不从人愿,李某二弟在一年后又生病了,而且比上次还要严重,医生说治愈的希望有,但是花的钱会很多。这件事引起了三子一女内部的分歧,女儿坚决要求治疗父亲的疾病,而三个儿子坚决反对,因为在出医疗费上,她得到父亲的资助最少,所以她出医疗费的比例最少。三个儿子一致认为这次如果治疗,父亲要活好多年才能把付出的医药费挣回来,有点得不偿失,因此坚决反对治疗。最后他们达成一致,对父亲的疾病不予治疗,为了堵住村庄村民的口,他们把自己的父亲还是拉到了医院,打了几天点滴,就拉了回来,他们对外面的人说,他的病无法治疗了,他们已尽力,父亲快80岁了,他的大限要来了。就这样李某的二弟在床上受病痛折磨了几个月后,死去了。

　　李某二弟的三子一女,在决定是否给自己父亲治病的决策中,充分显示了人的理性化,他们在决策中对成本和收益做了充分的论证,在成本和收益之间进行权衡,第一次的全力治疗,是因为他们觉得治疗的收益可以期待,并且收益要高于成本;而第二次的治疗,是因为他们觉得自己父亲的身体越来越差,即使花了很多的钱治疗，并不一定能够把他完全治好，而且即使治好了，收益的期待率太低，收益明显要小于成本，于是他们做出了放弃治疗的决定。

李某二弟的一个儿子在接受访谈的时候，他说："在年轻人和老年人的取舍上，由于老年人是越来越老的，我们即使花很多钱去治疗他，他也会不久于人世，加上那时我有一个弟弟的孩子也生了很严重的病，需要钱给孩子治病，我的弟弟当时极力反对治疗自己的父亲，希望兄弟们能够借钱给他治疗自己的儿子。"他进一步说侄子是年轻人，他的一生还很长，治疗他得到的效益会更多一些，所以他们决定放弃父亲的治疗，而是集中金钱治疗侄子。他讲到自己父亲的时候，脸上流露出了悲伤的情绪，也许是觉得对不起父亲一辈子对自己的付出，也许是为父亲的去世感到内疚。不管怎么说，李某的二弟的遭遇正是村庄里的一个养老的秩序，他的死可能有人会骂他的子女的不孝，但是他的死还不是村庄里最可怜的，他的四个子女还是尽心尽力地赡养着自己的父亲，也曾经尽力地为他治过病，最后他死的时候也是在子女的关怀中去世的，也可以算是一种寿终正寝。

村庄中发生最多的养老悲剧，还是以李某三弟媳妇的遭遇为代表。由于她没有退休金，唯一的人力资源也因为年老而丧失，由于她的小儿子和媳妇一直想把她送到别的兄弟姐妹家里养老，因为他们几家举家到城里打工而无法实现，最后他们让老人另外住在她的一个儿子的空屋中，他们基本不照顾老人的衣食住行，更别说把老人带到医院去治病，老人在一次生病中，由于没有儿子的照顾，她实在不能忍受病痛的折磨，而服农药自杀了。

李某在谈到自己的这个弟媳的时候，眼里充满的泪水，他说："她真的是一个苦命的人，没有享过什么福，年轻的时候嫁给我的三弟的时候，家道已经中落，并且年纪轻轻就死了丈夫，改嫁到邻村，可是不到 60 岁，第二任丈夫也去世了，她辛辛苦苦抚养大几个儿女，老年没有伴侣的相互扶持，子女对她也不孝顺。"

李氏家族两兄弟和弟媳的养老的经历，不仅是一个家庭内，而且是村庄，更是社会养老秩序的一个缩影，改革开放前村庄一般以文化、道德的手段控制老年人的养老，通过舆论督促年轻人养老。改革开放后，特别是邓小平南巡讲话后，以文化和道德控制年轻人养老的秩序已不复存在，人们更多地变成了理性人，而这种理性仅仅只是建立在金钱上的理性，年轻人是否对自己父母进行养老开始变成了一种理性选择的行为，而这种养老秩序的建构，与社会上以经济建设为中心，一切唯经济的标准是分不开的。同时，也与现代化的发展，大批青壮年到城市打工，老年人沦为留守老人的状况也是密不可分的。最后，是否有钱是社会判断一个人成功与否的唯一标准，而不像传统社会，除了钱，人们还会从是否尊老爱老，是否为富不仁等角度来判断一个人是否成功，在这样一个文化环境下，建构出了这种支配村庄的养老秩序——唯经济的理性养老秩序。

这种唯经济的理性养老秩序对村庄的养老状况是致命的,很多老年人都说,现在的子女太不孝了,他们留下自己年老多病的父亲在村庄里劳作,一年到头不回家,老年人生老病死也没有子女的照顾,以前的"父母在,不远游"传统的文化再也见不到了,子女们每天想着的就是如何在城市里挣钱,把生他们养他们的父母忘到九霄云外。而在这种养老秩序下,老年人在年轻人眼中越来越没有用,越来越是一种负担,因为他们不能给自己带来任何的效益,有的只是付出,因此越来越疏离自己的父母,留守老人中非正常死亡的人越来越多。

传统文化对村庄的养老秩序的影响越来越小,年轻人在养老上越来越理性化已经是一个不争的事实,遗失的传统文化,如羊羔跪乳,乌鸦反哺,劝人养老的道德在现代化的语境下,非常难以复兴的。但是老年人作为一个人,他们有生存的权力,然而他们的养老过程在新的村庄养老秩序下举步维艰,因此需要政府的有效介入。

李某三弟的媳妇之所以凄凉地在病痛中自杀,是与她没有任何的社会资源,在与自己子女互动的过程中,她所有的子女都认为养她没有任何回报,有的只是付出。作为理性人,她的子女不养她,可是她作为人有活着的权力,因此需要有社会力量干涉村庄的养老秩序中。2009年新型家庭养老保险体制以及老人津贴的颁布和实施,这一国家政策的出台,对村庄的养老秩序的改变虽然很小,然而事实上正在以水滴石穿的方式,建构着一种新的家庭养老的秩序。李某的养老状况直接受惠于这些政策的实施,他之所以最终能和自己的子女改善关系,子女积极照顾他,与他的社会资源日益增多是密不可分的。如前所述,李某每月的收入在村庄里应该是非常高的,他的儿子媳妇在照顾他的过程中,也得到了一些实惠,因此李某的养老生活在村庄来说,是一种高质量的,没有别的老年人能够和他相提并论。由此可见,新型家庭养老保险体制介入到村庄养老秩序后,或多或少对老年人起了增权赋能的效果,只有增加老年人的资源,那么老年人在与子女的互动中才能提高自己的地位,才能让子女心甘情愿去养老。对于这个新农保来说,由于老年人每月领的钱太少,对一些贫穷多病的老人来说,还远远不够改变他们子女养老的态度,因此提高老年人的养老水平,在村庄这种新型的养老秩序下是至关重要的。李某二弟在病痛中折磨死去,也与国家和社会介入到村庄养老中的资源太少有关,如果新型农村医疗保障体制和新型农村社会养老保障体制能够多报点医药费,能够多领点钱,也许李某的二弟不会那么快地死去。

第四节　结论与思考

　　从李氏家族的这个案例,可以看出,现在农村地区老年人的养老形势是越来越严重。首先,随着计划生育的实施,老年人越来越多,而且随着医疗水平和生活水平的提高,老年人的寿命越来越长,不久的将来,老年人的赡养成本会越来越高,供养比不断增加,完全依赖家庭子女养老已经越来越不现实。其次,传统文化里的尊老爱幼,劝人养老的一些传统美德,随着现代化的发展,慢慢地消失殆尽,人们越来越理性,在家庭养老的问题上越来越从经济成本角度来选择自己行为。而养老,在没有国家和社会投入的前提下,子女很难心甘情愿去赡养自己的父母。最后,现代化、工业化的发展,城市里需要众多的劳动力,而城市挣的钱比农村多,城市的生活比农村优越等众多推拉的因素,把年轻的子女推向城市,老年人成为没有子女照顾、没有收入来源的空巢老人,他们的生老病死需要国家和社会加大介入的力度。

　　一个世纪以来,我国农村的养老秩序从传统中国的"抚养—赡养"秩序——父母抚养子女,子女赡养老人是天经地义的养老秩序到新中国成立以后,变成为一种公平交换模式,俗话说的"男得家当女得漆",即老人财产由儿子继承,交换儿子对老人的赡养;随着改革开放的进行,传统文化的破坏,进城打工的青年人越来越多,一种"唯经济的理性养老秩序"出现在中国的农村;2009 年后新型农村社会保险制度在村庄的养老秩序的建构中正在发挥其应有的作用,虽然这种作用因为国家和社会投入的资源不多而效用不明显,但是这种新型的制度正在悄无声息地改变着原有的村庄养老秩序。随着国家和社会向农村地区投入资源的增加,一种更新的村庄养老秩序将会在中国广大农村地区建构出来,从而提高农村地区老年人的老年期的生活质量。

第四章　新农保体制下,农村老年人家庭养老的代际支持研究[①]

第一节　问题的提出

在我国的二元体制下,广大的中国农村,由于国家和社会投入的社会资源很少,老年人得到国家和社会的帮助少,虽然在我国存在家庭养老、居家养老、社区养老和机构养老模式,但是由于农村养老的社会化程度很低,绝大多数的农村老年人基本上都采用的是家庭养老的方式进行养老的。家庭养老的关键是子女支持,而老人和子女的互动事实上是一种互助的关系,其中也有老年人对子女的支持,但是随着现代化的发展,老年人的社会地位越来越低,他们拥有的社会资源越来越少,在与子女社会支持的社会交换中处于不利的地位。

在这种不对等的社会交换过程中,老年人的代际支持是怎么样的? 哪些因素影响了子女对老年人代际支持的力度? 如何提高老年人的代际支持的力度? 这些问题的解决不但有利于我国老年人的养老质量的提高,而且有利于我国广大农村地区的和谐与稳定。

第二节　文献综述

一、关于代际支持的理论研究

1. 交换主义解释论

社会学中,交换主义的解释可以追溯到美国社会学家霍曼斯和布劳的社会交换理论,它源于经济学中的"经济交换"的概念,并以"给予获得"、"成本报酬"

---

①该部分文献综述得到东莞市党校刘晋飞的大力支持,在此表示万分感谢。

及"奖赏惩罚"等对立性的概念为理论基础。霍曼斯（Homans）等提出的社会交换理论，其假设包括以下几方面：①所有社会化的人都受到成功的希望所驱使；②人类过去的经验减少了为现在行动做选择的不确定性；③人喜欢维持一种对他有回报（奖赏）的关系。而与霍曼斯将交换行为限于两个人之间的双向交换关系不同，布劳（Blau）把经济交换概念引入到人类的社会行为中，他认为，互惠和有限交换是交换理论的两个本质特征，布劳给"社会交换"下的定义是："交换是指一种人们（日常生活中）依赖他人回报的自愿的社会行动，一旦回报中断，这种（交换）活动就停止。"①

交换主义解释论认为代际支持都可以用社会交换理论来解释。从交换主义的角度来看，子女对父母的"照顾"这一行为是子女将父母的养育之恩，以经济、劳务或精神上安慰的形式回报给他们；用经济学的语言来表述，这是一种债务上的"偿还"。父母对子女的帮助或者服务（照顾子孙女）则是为了获得子女的经济支持和生活照料。有的学者则认为父母和子女代际支持的动机并不是纯粹的交换主义动机。

与国外的理论研究相似，国内部分学者的研究证实我国的家庭代际支持同样存在交换主义动机。诸如，王树新认为，父母抚养下一代是对未来进行投资，而赡养老年人实际上是偿还上一代在其未成年时对未来的投资。对未成年人的投资，也就自然产生了其成人后对老年人投资的回报问题。② 王跃生则认为父母与子女之间的交换关系只是发生在一定的生命时期，当子女长大且已婚配，父母尚未年老但摆脱了抚养之劳，他们可以自食其力，用不着子女赡养时，代际之间的交换关系将会体现出来。这种交换关系实际是两代之间相互协作的关系，彼此都感到对方对自己有"用"。③

从国内学者的研究来看，由于家庭代际支持的交换主义解释偏重于经济学的理性解释，功利化色彩浓重，一开始并不被学者们认可，只是到了最近几年才开始有所变化。由此可见，对家庭代际支持的交换主义解释是具有一定的合理性的。

2. 利他主义解释论

利他主义解释更注重代际支持中的贡献和付出，而交换主义解释是指代际之间的支持彼此都带有功利性目的。美国著名的人口经济学家加里·贝克尔就认为利他主义是代际支持的基于动机，且支持接收者的收入水平与利他主义行为有关，收入越低，接受支持的越多。同样，Frank利用HRS（Health and Retirement Stud-

①乔纳森.特纳.社会学理论的结构（第六版）[M].邱泽奇等，译.北京：华夏出版社，2001.1：274-294.

②王树新.人口老龄化过程中的代际关系新走向[J].人口与经济，2002（4）.

③王跃生.中国家庭代际关系的理论分析[J].人口研究，2008（4）.

y)数据及统计学的方法研究英国家庭的代际支持,数据结果证明,经济状况较差的父母之所以会得到子女更多的经济支持,是因为子女具有利他主义的动机。[1] 而Cheolsung 通过对韩国的子女与父母之间代际支持的调查发现,如果父母收入低的话,子女对父母的转移中利他主义是主要动机;反之,如果父母收入高的话,交换主义是主要动机。由此可见,单纯用利他主义动机或者是交换主义动机来解释家庭的代际支持都是不合适的,两种动机是在一定条件才成立的,事实上两种动机一般同时在起作用。

国内的学者很多人对代际支持的利他主义动机做过相关研究。有研究者认为,父母与子女之间的代际支持体现在,在子女最"需要"帮助的时候,父母的资源会流向子女,反之亦然。此处的"需要"被作者定义为由于健康和经济状况不好而产生的需要;进一步认为,如果纯粹的利他主义存在的话,福利系统提供的支持会将子女提供的支持"挤出去"[2]。另外,还有些研究者认为,在传统的中国家庭中,只有在父慈子孝的传统道德约束下以及角色定位明确的情况下,父母与子女的利他主义动机才能体现出来的;该文的作者进一步认为,现代社会变迁中的社会养老所需要的法律约束实质上是一种被动的互惠的法律强制性的利他主义。[3]

比较国内外学者对利他主义动机的研究,可以看出国外学者更侧重于研究利他主义动机存在的主观条件和影响因素,而国内学者更侧重于研究利他主义动机存在的客观条件。而如果客观条件发生变化,那么利他主义动机将如何变化,国内外大多数学者对这一命题并未做出探讨。

3. 代际整合理论

美国学者 Silverstein 和 Bengtson 等人通过对多代扩大家庭的研究,发现存在多代人组成的亲属结构和复合性团结因素,这些亲属结构代表一种潜在的资源束,这些资源可以被用来满足成员的需求,由此维系了整体的家庭结构,促进代际整合,因此他们提出了代际整合理论。后来他们把代际整合模型划分为潜在整合和显在整合两个方面,前者主要指家庭成员之间的情感交流;而后者是指家庭成员之间的工具性支持和物质支持。同时潜在整合可以引发显在整合,但两者之间的具体作用机制还有待于进一步研究。[4] 持生命历程理论的研究者同样认为家庭中的代际整合和代际支持是以潜在整合向显在整合的转变为主要标志;家庭亲属网络

①Frank A Sloan. Upstream intergenerational transfers. Southern Economic Journal,2002(2).

②徐征,齐明珠.代际关系的影响因素及如何建立正向的代际关系[J].人口与经济,2003(3).

③毕文章,马新龙.利他主义视角下的中国传统家庭养老在社会转型情境中的代际关系转变[J].高等教育与学术研究,2009(4).

④Silverstein M,Bengtson V L. Intergenerational solidarity and the structure of adult child-parent relationships in American families. American Journal of Sociology. 1997. 103:429-460.

中的家庭成员既可以成为一个潜在整合的提供者，也可以成为显在整合的提供者。[①] Merrill 等人利用代际整合理论的假设，通过对潜在的子女责任是如何转化为对父母显在支持的行为进行探索，研究结果表明父母的健康状况变量能够使家庭成员从一个潜在整合的提供者转化为显在整合的提供者。[②]

从以上的表述中，可以得出如下一些结论：①代际整合理论具有明显的结构功能论色彩，过分地强调家庭成员对其他成员的权利和义务，而忽略了家庭成员间的相互协商和沟通；②代际整合理论的理论基础来源于角色理论，过于强调静态的角色结构和角色行为期望，而无法对家庭成员的角色转变的动态过程做出合理的解释。

4. 合作群体理论

美国著名的人口经济学家加里·贝克尔认为，家庭成员的行为以个人利益最大化为原则，由一位公正的家庭成员（通常为家庭中的年长者）控制并有效分配家庭资源，资源分配达到帕雷托最优，在此基础上他提出了合作群体理论。[③] 国内外学者大都认为中国代际支持行为最为符合合作群体理论模型，即家庭代际支持以老年人为中心，代际支持主要由子女流向父母；家庭内部成年子女依据互惠原则，根据他们所拥有资源的不同而给父母提供不同的支持。[④] 然而还是有很多学者认为合作群体理论并不适合分析中国家庭的代际支持状况，原因在于合作群体理论所强调代际间家庭利益的一致性，是需要通过家庭责任与义务观念的建立为前提的，当赡养老人不再是明确规定的家庭义务时，子女与父母之间的代际支持关系就会受到影响，甚至消失。[⑤] 也有的学者认为，现代文明淡化了老人在子女心目中的地位，传统权威的衰减导致父母失去资源分配者的角色，但是大多数子女仍然能够照顾父母，是由于传统的家庭观念、法律和道德舆论仍旧对子女具有很强的约束力。[⑥]

合作群体理论面临如此众多的争议，其实质是他们从微观层面解答"个体与群体"二元对立基本命题的学术讨论，该尝试性的讨论在一定程度上是将中国家庭看作一个可以利用的资源网络，通过树立共同的利益目标将成员个体与家庭群体协调起来。但是，运用合作群体理论来阐述目前我国家庭的代际支持行为确实值得

---

①Elder G H. Models of the life course. Contemporary Sociology：A Journal of Reviews. 1992. 21：632-635.

②Merrill Silverstein，Daphna，Gans and Frances M Yang. Intergenerational Support to Aging Parents The Role of Norms and Needs. 2006. 8：1068-1084.

③Becker G S. A theory of Social Interactions. Journal of Political Economy. 1974. 6.

④张文娟，李树苗. 农村老年人家庭代际支持研究[J]. 统计研究，2004(5).

⑤刘爱玉，杨善华. 社会变迁过程中的老年人家庭支持研究[N]. 北京大学学报(哲社版)，2000(3).

⑥张文娟，李树苗. 农村老年人家庭代际支持研究[J]. 统计研究，2004(5).

后来的学者进一步研究和讨论。家庭中的年长者能否担当一个公正的资源控制和分配者的角色;将家庭成员看作追求个体利益最大化的行动者是以经济理性假设为前提的,家庭中理性的个体是否能够达成群体利益的一致性? 如果能达成,需要什么样的条件? 这些问题都值得进一步探讨。

5. 权力与协商理论

美国民俗学家古迪(Goody)认为,伴随着现代化和经济的发展,年长父母对经济、训练与知识等资源的控制下降,丧失了从子女那里获取资源和孝顺的权力,他们从子女或其他家庭成员处可获得的支持也因之减少,而拥有很多资源的父母则能够获得子女的关心和支持,在此基础上他提出了权力与协商理论。[①] Lee 在权力和协商理论的基础上进一步认为父母权力的失控导致了家庭中财富的流向从先前的向上流动转变为向下流动,父母因此会减少拥有孩子的数量,因为孩子已经不能为家庭带来益处,只有少数非常富有的父母会将遗产作为权力来换取子女的关心和支持。后来,他通过对台湾家庭代际支持的考察,Lee 发现结婚夫妇对岳父母的转移受妻子收入的影响大于丈夫收入的影响,原因在于妻子收入的增加提高了她在家庭中的协商权力。[②]

在国内,一些学者在文献综述中对该理论的观点进行过归纳总结和介绍,但并没有学者运用该理论来探讨和分析我国家庭中的代际转移或代际支持,因此对于权力和协商理论能否被用来分析我国的家庭代际支持还有待于学者们的后续努力。

6. 代际财富流理论

澳大利亚人口社会学家 Caldwell 认为在不同的社会条件下,在家庭生产方式的决定下,"代际财富流"流动的方向决定了人们的生育数量。[③] 代际财富流是指在一个家庭内部,长辈和幼辈之间财富流动的关系。传统社会中财富流动的方向是幼辈的财富流向长辈,是一种单向向上的状况,子女对家庭经济建设具有重要的贡献和价值,因此为社会高生育率提供了基础。在传统社会,孩子从幼年开始为家庭财富的创造做出贡献,成为家庭收入的一种重要来源,同时还为长辈晚年的生活提供保障。随着社会化大生产的发展,现代工业化的生产方式取代了传统农业社会自给自足的家庭生产方式,年幼子女不再具有经济生产功能,养育子女成为家庭的负担。另外家庭成员以独立的身份进入劳动力市场,长辈们无法控制家庭成员生产和消费,以及丧失对物质资料再生产和人口再生产的控制,这一系列经济和社

①Goody, William J. World Revolution and Family Patterns. Glencoe. Free Press. 1963.

②Lee Y W L Parish, R J Willis. Sons, Daughters, and Intergenerational Support inTaiwan. American Journal of Sociology. 1994.

③佟新. 人口社会学[M]. 北京:北京大学出版社(第二版),2003.9:173-174.

会的变化使得代际财富流的流向出现了向下的财富流向，生育子女成为一种不经济的行为，这就降低了社会生育率。Caldwell 进一步认为代际财富流发生变化的原因不仅仅在于生产方式的变化，还在于家庭结构和家庭道德文化的变化，核心家庭的出现使得夫妻摆脱了传统大家庭的控制，夫妻之间、父子之间的关系进一步平等化，这些变化使得父母加大了对子女的物质和感情的投入。

在人口社会学领域，代际财富流理论为国内学者研究家庭代际支持提供了一个良好的理论依据。但是，代际财富流理论是在西方社会现代化变迁的历史背景下提出的，虽然在一定程度上能够解释西方的家庭代际支持和人口生育率的变化，但未必能够解释我国农村家庭的代际支持问题。因此，要将西方理论移植到国内研究中来，必须立足于我国的具体国情和历史背景，以批判和继承的学术态度对待西方理论，实现西方理论的中国化和民族化，这样才能推动学术研究的本土化研究和理论适用性的进一步拓展。

7. "抚育—赡养"理论

抚育—赡养理论由我国著名社会学家费孝通先生提出，他认为中国家庭的代际关系属于"抚育—赡养型"，即甲代抚育乙代，乙代赡养甲代；乙代抚育丙代，丙代赡养乙代，简单概括为"反馈模式"①。而在国外，"接力模式"却非常盛行，即甲代抚育乙代，乙代抚育丙代，缺少赡养这一环节。这两种模式的区别就是西方社会不存在子女对父母的赡养义务，老年人的养老问题得到社会的大力支持。"抚育—赡养"理论体现了家庭中"育儿"与"养老"之间代价关系的一致性和平衡性，这种"双向支持模式"构成了我国几千年来"养儿防老"的思想基础。从理论阐述来看，"抚育—赡养"理论是在家庭代际关系的平衡的基础上提出的，它清晰地展现了千百年来我国家庭中的代际支持的普遍性，成为大多数学者分析我国家庭代际关系的理论出发点；随着现代化进程不断地想纵深发展，我国社会结构、经济结构和家庭结构都发生了变化，代际关系呈现不平衡的状态，家庭代际关系从父子关系轴向夫妻关系轴转变，"抚育—赡养"理论所依赖的社会历史背景发生了很大的变化，很难想象"抚育—赡养"理论是否还能够继续解释我国农村家庭代际支持的现实。

"抚育—赡养"理论在我国社会经济环境和家庭代际关系变化的情景下，已经无法圆满地解释我国家庭中的代际关系问题。为了修正和完善该理论，众多学者试图引入新的解释因子。郭于华认为，中国家庭是以"哺育"和"反哺"为表现形式的反馈型代际关系，"反馈"也好，"回报"也罢，都表明代际之间一种交换逻辑的存在。这一交换关系在几千年的传统社会中是宗族制度与文化的重要组成部分，是一套在民间社会运行的规则。它既包含物质、经济的有形交换，也有情感和象征方

---

① 费孝通. 家庭结构变动中的老年赡养问题——再论中国家庭结构的变动[N]. 北京大学学报（哲社版），1983(3).

面的无形交换。① 针对家庭代际关系中交换关系的讨论，陈皆明则认为，父代与子代之间的交换关系体现为父母与子女之间的持久的服务和物质性资源的交换。但是这种代际之间的资源流动不应该为父母和子女间的等价交换，因为老年父母和子女之间并不存在一对一的即时交换，而代际交流的资源也往往不是等价的，这样的代际资源流动仅仅是一种彼此互助、互惠的过程。② 阎云翔通过对黑龙江省下岫村 20 世纪 80 年代以来代际关系的调查分析后认为，代与代之间的互相报答与其他形式的报答一样，必须不断的有来有往才能维持。③ 可见，阎云翔的相互报答体现的也是代际行为主体之间的互助、互惠关系。

那么，我国家庭中的代际关系究竟是否存在交换关系呢？"抚育—赡养"关系和交换关系两者之间有什么样的区别呢？基于上述问题，王跃生认为，我国代际之间的抚育—赡养关系的确有交换关系的表现，但这一交换关系并不存在于抚育和赡养这两种相隔较长时日的行为上，而是在子女长大、具有行为能力之后，特别是子女结婚之后，代际之间才会发生交换关系。他认为，抚养行为发生在父母和未成年子女之间，赡养行为存在于壮年子女与老年父母之间，在成年子女和壮年父母之间还有另一种关系就是交换关系。但"抚养—赡养"关系不能用交换关系去解释，因为它不是严格意义上行为主体之间的交换关系，完整的代际关系既有抚养—赡养关系，又有交换关系，两者具有并存特征。④ 由此，他首次提出"抚育—交换—赡养"理论模式来解释我国的家庭代际关系。

通过分析，可以看出上述对家庭代际关系代际支持的分析隐含着我国传统的"养儿防老"的社会思想基础。然而，针对目前社会上出现的老年父母补贴子女等一系列"啃老族"现象，可以发现，"养儿"是否真正能够"防老"值得怀疑和商榷。在 20 世纪 90 年代，车茂娟通过对城市家庭子女与父母之间的代际支持的调查分析后认为，在城市家庭中，父母对子女的经济补贴远远大于子女对父母的补贴，由此她提出了"逆反哺模式"⑤。其主要表现形式在于：父母定期补贴成年子女的生活费；父母替子女抚养下一代，即隔代抚育；成年子女住父母家里，不交或少交生活费；父母资助子女购置高档消费品；最突出的现象是父母为子女筹备日益膨胀的结婚用品和费用。从目前的家庭代际关系来看，"逆反哺模式"不仅仅存在于城市家

---

①郭于华.代际关系中的公平逻辑及其变迁—对河北农村养老事件的分析[J].中国学术（第八辑），2001:221—251.

②陈皆明.投资与赡养——关于城市居民代际交换的因果分析[J].中国社会科学，1998(6):131—145.

③阎云翔.私人生活的变革：一个中国村庄里的爱情、家庭与亲密关系1949～1999[M].上海：上海书店出版社，2005:197.

④王跃生.中国家庭代际关系的理论分析[J].人口研究，2008(4):13—21.

⑤车茂娟.中国家庭养育关系中的"逆反哺模式"[J].人口学刊，1990(4):25—28.

庭中，而且也成为了农村家庭中的一个普遍现象。

总言之，无论"抚育—交换—赡养"模式还是"逆反哺模式"，都是以"抚育—赡养"理论作为出发点来探讨我国家庭的代际关系，三种模式都是从不同的学术角度来分析我国家庭代际关系，在观察社会事实的基础之上反思性地进行理论总结。虽然上述模式互有优劣，但这些学术成果无疑扩大了我们的学术视野，为本书进一步探讨我国农村的家庭代际支持奠定了良好的基础。

8. 经济供给"填补"理论

该理论认为：子女的净经济供给总金额，并不以子女的数量多少为转移，而是大体相当于"填补"年老父母维持正常生活所需的金额与其各种非子女经济供给金额之间的"缺口"。如果一个老人或老夫妻俩的这种"缺口"比较小，他们的子女在净经济供给上的总金额就少些；相反，如果一个老人或老夫妻俩的这种"缺口"比较大，他们的子女在净经济供给上的总金额就多些。至于老人子女数的多少，往往只是在这种需要"填补""缺口"总量既定的情况下，对每个子女各自负担的经济供给金额的多少产生影响。这一理论重要的前提条件就是子女要愿意并有可能为年老父母"填"满这个"缺口"。如果子女不愿意或不可能向父母提供经济帮助，那么老人在经济供给方面存在的"缺口"便难以"填"满，经济供给"填补"理论的前提条件不成立。这一理论可以用数学公式表示为：

有子女的老人得到的每个子女净经济供给金额＝（老人维持正常生活所需金额－老人非子女经济供给金额）÷存活子女数[1]

经济供给"填补"理论是在"子女对父母的经济资助并不随子女数的增加而增加"的观点基础之上对我国家庭代际支持做出的进一步构建和验证，为本书研究家庭代际支持提供了很好的学术框架和理论基础。但是，还需进一步审慎地看待经济供给"填补"理论。正如郭志刚和张恺悌所言，经济供给"填补"理论是与西方的经济发展水平、社会经济体制和社会保险体制的发展水平紧密联系的，也是与西方社会在家庭和代际关系方面的价值观念和社会规范相辅相成的，是否适用于我国的家庭代际关系研究还需进一步研究。[2]

笔者认为：①"老年人的正常需要"应该如何定义是一个不能解答的问题，因为社会经济不断发展，老年人的需要是不能确定的。②我国传统的伦理观念和道德规范中的"孝"观念往往会突破经济供给"填补"理论中的供养数额的上限。③由于目前我国社会保障体系的不完善，家庭中的老年人还不能够完全经济自立，经济缺

---

① 桂世勋,倪波.老人经济供给"填补"理论研究[J].人口研究,1995(6):1—6.

② 郭志刚,张恺悌.对子女数在老年人家庭供养中作用的再检验——兼评老年经济供给"填补"理论[J].人口研究,1996(2):7—15.

口还是很大的,并且随着年龄的增长这个缺口会越来越大。因此,子女的数量仍旧是一个不可忽视的重要的影响因素。此外,经济供给"填补"理论仅仅讨论了老年父母与子女之间的经济转移,对代际之间的生活照料和情感支持尚未能做出合理的解释。

从对代际支持的理论研究来看,关于代际支持的动机和行为的理论研究主要是以西方的学术理论成果为主,我国本土化的理论研究成果则较少。从目前的学术成果来看,我国大多数学者主要集中于对代际支持行为的理论研究,对代际支持动机的理论探讨相对缺乏;大多数研究侧重于对城市家庭代际支持的研究,对农村家庭的代际支持则较少涉及。

二、代际支持的影响因素研究

在国内外研究中,由于人口的自然属性和社会属性两个方面的差别,代际支持呈现出多方面的差异性。本文主要从性别、年龄、受教育程度、收入水平、健康状况、子女数量、居住方式、文化观念等因素来考察代际支持的差异性。

(一)因性别产生的代际支持差异

性别是人口自然属性的一个基本特征。众多研究成果表明,无论是子女对父母向上转移还是父母对子女的向下转移均存在性别上的差异,性别是影响代际支持的因素之一。

1. 国外研究状况

有研究者认为,血亲关系和姻亲关系在西方国家中是一种平行的家庭关系,结婚后的子女与两个家庭父母的互动处于相似的水平,子女对两家父母的代际支持在规模、数量和水平等方面是相似的。[1] 然而,许多研究表明子女在血亲关系和姻亲关系中的义务和责任存在不对称性,子女对两家父母的代际支持是不同的。在对子女的家庭义务和责任的考察中,Rossi 认为子女在姻亲关系中的义务责任并没有血亲关系中的义务责任水平高。[2] 女儿与自己母亲的联系要比她与婆婆(mothers-in-law)的联系更为强烈和持久,女儿往往被认为是"家庭关系的维持者",是自家与亲家之间的关系纽带,因此,女儿比儿子往往会给父母提供更多的生活照料和帮助。[3] 有的研究者认为,子女更倾向于与妻子的父母发生来往。[4] 女儿对自己父

---

①Kuznesof E A. The house, the street, global society: Latin American families and childhood in the twenty-first century. Journal of Social History. 2005. 38. 4:859-872.

②Rossi A S and P H Rossi. Of human bonding: Parent-child relations across the life course. New York: Aldine de Gruyter. 1990:391-422.

③Journal of marriage and the family. 2003. 65. 4:1055-1072; Stoller, E. P. Parental caregiving by adult children. Journal of Marriage and the Family. 1983. 45. 4:851-858.

④Glick P C. American Families. New York: John Wiley and Sons. 1957.

母的联系与支持要远远多于儿子对自己父母的联系与支持，而儿子对岳父母的联系与支持要多于女儿对公公婆婆的联系与支持。[①] 女儿作为亲属关系的维持者，并没有表现出将帮助延伸至其丈夫的父母，而是局限于自己父母的家庭。由于妻子的影响，丈夫反而较为频繁地与岳父母联系。[②] 由于女儿与自己父母相处的时间要大于与公公婆婆相处的时间，女儿与其自己的父母的亲密性远远大于与公公婆婆的亲密性，所以她们对自己父母的代际支持的可能性更大。[③]

也有许多研究者从一个家庭内部来分析女儿与儿子对父母代际支持的差异。有的研究者认为，与儿子相比，女儿对父母有更强的亲密性，女儿比儿子更有可能向父母提供代际支持。特别是在老年父母的最后十几年中，女儿成为了照顾高龄父母的主要承担者。在对父母的代际支持中存在明显的性别差异，普遍出现"女儿化趋势"[④]。与欧洲和美国的学者的研究结果不同，Sun 在对中国城市家庭的考察中发现，由于中国的传统的"养儿防老"的观念的影响，儿子比女儿更多地向父母提供代际支持，且儿子更可能提供经济帮助，女儿则更可能提供非物质的精神和生活照料。[⑤] I-fen 等人通过对台湾家庭代际支持的考察，认为儿子承担了更多的责任去照顾年老的父母，当儿子靠不上的时候女儿才会成为代际支持的"替补者"角色。[⑥] Edlund 对韩国的研究也表明，由于父母具有传统的男孩偏好，儿子成为了父母老年保障的主要提供者。[⑦]

从上述国外的研究来看，较多的研究集中于子女对父母的代际支持中的性别差异。由于欧美国家与东南亚国家的经济发展水平和文化观念的差异，子女在家庭代际支持中的角色承担呈现相反的研究结论。

2. 国内的研究

许多研究表明，性别是影响子女代际支持的重要变量。从子女对父母的代际支持来看，在我国，传统农村的父系家族制度和婚姻方式，形成了主要依靠儿子的

①Lee E，G Spitze and J R Logan. Social support to parents-in-law：The interplay of gender and kin hierarchies. Journal of Marriage and Family. 2003. 65. 2：396-403.

②Rossi A S and P H Rossi. Of human bonding：Parent-child relations across the life course. New York：Aldine de Gruyter. 1990：391-422.

③Fischer L R. Mothers and mothers-in-law. Journal of marriage and the family. 1983.

④Shuey K and M A Hardy. Assistance to aging parents and parents-in-law：Does lineage affect family allocation decisions? Journal of Marriage and the Family. 2003. 65. 2：418-431.

⑤Sun R. Old Age support in contemporary urban China from both Parents'and Children's perspectives. Research on Aging. 2002. 24：337-359.

⑥I-fen Lin，Noreen Goldman，Maxine Weinstein Etc. Gender Differences in Adult Children's Support of Their Parents in Taiwan. Journal of Marriage and Family. 2003. 2. 65：184-200.

⑦Edlund L. Son preference，sexratios，and marriage patterns. Journal of Political Economy. 1999. 107. 6：1275-1304.

代际支持模式,女儿只需要提供一些情感、日常照料等方面的补充性支持。所以,在家庭代际支持体系中往往是儿子而不是女儿,为父母提供根本性的代际支持。① 也有研究表明,随着劳动分工中社会性别差异的缩小和妇女社会经济地位的提高,妇女的家庭决策权也得以加强,从而有利于增加女儿对父母的代际支持,缩小儿子和女儿在给父母经济支持方面的差异。然而,由于子女性别对提供给配偶父母的经济支持的影响将变得显著,因为父系家族制度仍然在中国农村地区占主导地位,儿子(媳妇)与父母之间的代际交换大于女儿(女婿)。② 可见,由于传统家庭制度的影响,在我国家庭代际支持体系中存在明显的性别差异。这种性别差异不仅仅存在于对自己父母的支持中,还存在于对配偶父母的支持和帮助中。张烨霞等人在探讨劳动力外流的情况下,研究认为性别对子女提供给配偶父母的经济支持量有显著影响,但对给自己父母的实际经济支持量无影响;与男性相比,女性给配偶父母的经济支持量更大。

从父母对子女的转移来看,有研究者认为,老人对子女在经济上支持存在着显著的性别差异。女性老人向子女提供的经济支持少于男性老人,而女性老人与子女的生活照料的交换则多于男性老人;老年男性向子女提供的经济支持的比例明显高于老年女性,而老年女性对子女生活的照料也显著多于男性老人。③ 从上述研究来看,无论是子女对父母(包括配偶父母),还是父母对子女的代际支持均存在明显的性别差异。

(二)年龄因素

年龄也是人口自然属性的基本特征之一。子女和父母的年龄是认识家庭代际支持的一个重要维度,也是家庭代际支持研究中一个重要的影响因素。

1. 国外的研究

有研究者认为,与发达国家相比,发展中国家的老龄化趋势更加明显,但是由于缺乏全面的社会保障和公共健康项目,大约有 1/2 的 65 岁以上的老年人没有正常的健康保险,这就使得父母必须经常性地依赖子女的家庭帮助和支持。随着父母年龄的增长,其身体健康状况逐渐下降,子女会不断地增加对父母的代际支持。④

---

①张烨霞,靳小怡,费尔德曼. 中国城乡迁移对代际经济支持的影响[J]. 中国人口科学,2007(3)。

②张烨霞,靳小怡,费尔德曼. 中国城乡迁移对代际经济支持的影响[J]. 中国人口科学,2007(3)。

③宋璐,李树茁. 代际交换对中国农村老年人健康状况的影响:基于性别差异的纵向研究[J]. 妇女研究论丛,2006(4)。

④Claire Noel-Miller, Rania T. faily. Financial transfers to husbands' and wives' elderly mothers in Mexico: Do couples exhibit preferential treatment by lineage? CDE Working Paper. 2008.4:1-40.

有的研究者则认为，年轻的子女在婚姻的早期阶段会公平地承担照顾父母的责任和义务，但是随着年龄的增加，由于自己家庭责任的增长，他们就会将对父母代际支持的一部分责任转移给其他家庭成员，对父母的代际支持就会减少。[①] 也有的研究者详细探讨了多个子女之间的年龄差距与代际支持的关系，研究认为，子女之间的年龄差距(age spacing)影响了父母对他们的家庭资源分配，导致了子女的受教育程度是不相同的。如果子女之间的年龄差距较大的话，年龄最大的子女获得的代际支持就会很少，父母对他的投资较少，因为他有更多的义务去照顾年龄较小的子女，由此导致年龄较小的子女所得到的家庭资源较多。[②] 与此相似，Suito 通过对不同年龄的子女对父母的代际支持的研究发现，年龄最大的子女往往成为对父母物质和经济转移的主要承担者，年龄最小的子女往往则成为对父母情感支持和时间转移的承担者。[③]

从国外的研究来看，国外的学者对年龄与代际支持的关系研究较为细致，在维度的设定和指标的操作化方面较为新颖，值得借鉴和学习。

2. 国内的研究

在国内学者的研究中，陈皆明认为，父母和子女间存在年龄差别的生物学事实，这就决定了子女在年幼时没有能力在经济上回报父母为他们所做的一切。子女进入成年能够对父母提供帮助的时候，父母年龄越大，子女向父母提供实物的现金价值越高；同时，子女给钱的数量随着父母年龄的增高而减少。[④] 徐勤进一步研究指出，20—24 岁是人的生命周期的一个转折点，就业、结婚、离开父母、经济独立都在这个时期，从这一时期起，无论是儿子还是女儿，均开始尽养老的责任。到 40 岁以后，儿子和女儿的代际支持均降低到很低的程度，这是因为他们的父母逐渐离开人世，对支持的需求量减少。[⑤]

上述两位学者的研究都表明随着父母年龄的增高，子女对父母的代际支持就会增加直至父母去世。然而，这种判断或多或少隐藏了不同年龄段的同一群体的代际支持情况。比如，60 岁以上的老年人可以分为低龄老年人和高龄老年人，这两类群体所得到的代际支持是存在差异的。杜鹏通过对老年人的经济来源的调查

①Gomes C. Intergenerational exchanges in Mexico：Types and intensity of support. Current Sociology. 2007：545-560.

②Wei-Hsin Yu, Kuo-Hsien Su. Gender, Sibship Structure, and Educational Inequality in Taiwan：Son Preference Revisited. Journal of Marriage and Family. 2006. 68：1057-1068.

③J. Jill Suitor, West Lafayette. Mothers'Favoritism in Later Life：The Role of Children's Birth Order. Research on Aging. 2007. 29：32-55.

④陈皆明. 投资与赡养——关于城市居民代际交换的因果分析[J]. 中国社会科学，1998(6)：131。

⑤徐勤. 儿子与女儿对父母支持的比较研究[J]. 人口研究，1996(5)：23—31。

研究认为,与高年龄老年人相比,低年龄老年人主要依靠自身劳动收入和离退休金为经济来源,高龄老年人则越来越多地依靠子女和其他亲属。[①] 与杜鹏的研究结果相似,刘爱玉的研究也表明,相对低龄老人而言,高龄老人在家务料理、金钱支持及情感支持等方面对子女的依赖增加。[②]

从国内的研究来看,主要研究父母的年龄差异对代际支持的影响,较少地涉及子女的年龄对代际支持的影响作用。

(三)因教育水平因素

受教育程度是人口社会属性的基本特征之一。多数研究表明,子女和父母的受教育程度与代际支持存在显著性相关关系。

1. 国外的研究

有研究者通过对马来西亚家庭中代际支持的考察发现,如果子女正在接受高等教育,那么家庭的代际支持就会流向子女,且父母的支持更加偏向于儿子(男孩偏好)。该研究进一步认为,父母的受教育程度对代际支持有正相关的影响作用,父母受教育程度越高,他们就会更多地关注子女的发展,给予子女更多的物质、金钱和精神支持。子女的受教育程度同时对家庭代际支持也产生了额外的影响,与没有受过高等教育的子女相比较,受教育程度越高的子女会更多地增加对父母的代际支持。[③] Lee通过对台湾家庭代际支持的考察认为,可以用"投资—回报"来解释子女与父母之间的代际支持。如果父母对子女的投资越大,子女的受教育程度越高,那么子女就会更多地为父母提供代际支持来作为"回报"[④]。此外,也有研究者对中国家庭代际支持的研究认为,与受教育程度低的子女相比,受教育程度较高的子女与父母的居住距离较远,因此,他们更多的是为父母提供经济支持,情感支持则较少。[⑤]

从上述研究来看,子女和父母的受教育程度与家庭代际支持的相关关系并不是单向的,它们是互相影响的。子女的受教育程度与父母的受教育程度和家庭资源分配策略相关。反过来,子女的受教育程度又会影响其对父母的代际支持。值得注意的是,国外研究将受教育程度往往作为一个中间变量,而不是作为最终的解

---

①杜鹏,武超.中国老年人的主要经济来源分析[J].人口研究,1998(4):51—57。

②刘爱玉,杨善华.社会变迁过程中的老年人家庭支持研究[N].北京大学学报(哲社版),2000(3):59—70。

③Lee A,Lillard Robert,J Willis. Motives for Intergenerational Transfers:Evidence from Malaysia. The Demography of Aging. 1997. 34. 1:115-134.

④Lee Y W L, Parish, R J Willis. Sons,Daughters,and Intergenerational Support inTaiwan. American Journal of Sociology. 1994. 99:1010-1041.

⑤Fuqin John,R Logan , Yanjie Bian. Intergenerations Relations in Urban China:Proximity, Contact,and Help to Parents. Demography. 1998. 35. 1:115-124.

释变量,这在研究方法上值得思考和论证。

2. 国内的研究

张烨霞等人在对外流劳动力人口对父母的代际支持的研究中发现,外出子女的受教育程度与给父母提供的实际经济支持量呈正相关。[①] 徐勤的研究也认为子女的受教育程度是影响对父母代际支持的因素之一。[②] 刘爱玉的研究进一步认为,文化水平低的父母获得的身体照料支持、金钱支持和情感支持要比其他文化水平的人高一倍;文化水平是文盲的父母,其日常家务料理的主要提供者主要是子女,配偶提供这方面支持的权重明显较低;然而,如果父母正在向子女提供家务与孩子照看,其获得代际支持的可能性反而小。[③] 陈皆明的研究则表明,在家庭代际支持中,子女教育水平的效果在统计上不显著,原因在于几十年以前,子女教育的完成并不需要父母大量的经济上的贡献。[④] 此外,那些父母在 60 岁以上的子女,他们的青少年时代基本上是在“文化大革命”期间度过的。“文化大革命”动荡时代教育体制的变动弱化了父母的努力和子女教育水平之间的关系。即使对于同年龄组的人,教育水平之高低可能更多地反映了个人能力和家庭文化熏陶的影响,而并不体现父母的直接努力。因此,父母对子女的教育投资较少,子女相应地对父母的代际支持减少。[⑤]

上述研究都是对城市家庭的代际支持与受教育程度之间的关系的判断。那么,我国农村家庭的代际支持与受教育程度又是什么样的情况呢? 王跃生通过对北方农村家庭代际支持的研究,认为在计划生育政策的约束下,一个儿子的家庭增多,儿子中受中高等教育的比例在上升,进城就业和定居的可能性提高,这就是的父母意识到单纯靠子女养老(生活费用提供、日常照料起居)已不现实,寻求替代方式的意识已经产生,并在行动上有所体现。为子女完婚之后,中年父母开始为改善自己的生活和养老进行必要的储蓄。这些研究带来的启示是,对子女和父母的受教育程度与家庭代际支持之间的关系考察,不仅仅要探讨受教育程度与代际支持之间的静态关系,更要专注于在子女的受教育过程中家庭代际支持的动态变化,这样才可能获得受教育程度与家庭代际支持之间的深层次逻辑关系。

(四)收入水平因素

收入水平是人口社会属性的主要特征之一,家庭代际支持直接与子女和父母

---

①张烨霞,靳小怡,费尔德曼.中国城乡迁移对代际经济支持的影响[J].中国人口科学,2007(3)。

②徐勤.儿子与女儿对父母支持的比较研究[J].人口研究,1996(5):23—31。

③刘爱玉,杨善华.社会变迁过程中的老年人家庭支持研究[N].北京大学学报(哲社版),2000(3)。

④陈皆明.投资与赡养——关于城市居民代际交换的因果分析[J].中国社会科学,1998(6):131。

⑤Frank A Sloan. Upstream intergenerational transfers. Southern Economic Journal. 2002. 2:363-380.

的收入相关,因此收入水平与代际支持的相关关系是国内外研究的重要内容之一。

1. 国外的研究

在国外的研究中,父母和子女的收入水平状况是影响家庭代际支持的关键因素。有研究表明,高收入的子女会为父母提供更多的经济转移,而低收入的子女与父母的日常交往较为频繁,提供了更多的日常生活照料和情感支持。从代际支持的具体内容来看,有研究者认为,经济转移和时间转移之间存在替代效应,子女的收入水平越高,就越可能以经济转移来替代时间转移,因为子女的收入水平高,他们亲自照顾父母的机会成本就很大,所以子女往往会更多地提供经济转移而不是时间转移。[1] Li 通过对中国松滋市农村的调查,也发现家庭收入较高的子女会提供给父母更多的金钱支持。[2] 由此可见,子女的收入水平与家庭代际支持存在正向的相关关系。那么,父母的收入水平与家庭代际支持存在什么样的关系呢?

Frank 的研究表明,低收入的父母会接受到更多的子女的经济转移,而高收入的父母所接受到的子女对他们的经济转移量较少;Sun 对中国家庭代际支持的考察则认为父母的收入水平与子女对父母的代际支持没有明显直接的相关关系,该研究进一步认为,与父母的收入水平相比较,子女的收入水平如果高于父母的收入水平,子女就会对父母提供更多的经济支持和物质支持,而收入水平较低的子女对父母提供经济支持的责任大大减少,反而需要父母的经济支持。[3]

从上述研究来看,子女和父母的收入水平与家庭代际支持之间存在一定的相关关系。然而,由于我国与欧美国家不同的文化道德观念,子女与父母之间的家庭道德观念在一定程度上会削弱收入水平对代际支持的影响作用,因此可能导致研究结果与欧美学者的结果存在差异。

2. 国内的研究

从子女的收入水平来考察,子女的收入水平直接决定了子女向父母代际支持的能力和范围。陈皆明、朱冬梅等学者的调查研究表明,子女的收入水平与父母的代际支持存在正向相关。[4] 王树新对北京市家庭代际养老的调查研究表明,对于

①Claire Noel-Miller, Rania T faily. Financial transfers to husbands' and wives' elderly mothers in Mexico: Do couples exhibit preferential treatment by lineage? CDE Working Paper. 2008.4:1-40.

②Shu Zhou Li, Marcus W Feldman. Children, Marriage Form, and Family Support for the Elderly in ontemporary Rural China: The Case of Songzi. Research on aging. 2004. 26. 3:352-384.

③Sun R. Old Age support in contemporary urban China from both Parents' and Children's perspectives. Research on Aging. 2002. 24:337-359.

④陈皆明. 投资与赡养——关于城市居民代际交换的因果分析[J]. 中国社会科学,1998 年第 6 期。

绝大多数经济不宽裕或有困难（收入水平低）的中青年夫妇来说，供养老人经济负担较重，精神压力也大；由于年轻人经济水平低，供养老人的质量下降，将会影响家庭成员间的和睦关系和家庭生活的稳定。[①] 徐勤的研究认为，子女对父母的支持比例随着与父母相对收入升高而上升。随着个人收入的增加，儿子的支持量略有增加，但十分有限；女儿的支持量有上升趋势，但有较大起伏。[②] 由此可知，对父母的代际支持并不是随着子女的收入水平无限增长，而是保持了一定"度"的范围。

从父母的收入水平来考察，父母的收入水平反映了父母的代际支持需求，从而影响了代际支持的方向和水平。陈皆明的研究表明，父母收入愈高，其获得子女经济帮助的可能性愈小。刘爱玉的调查认为，不同收入水平的老年父母在经济支持的主要提供者没有差异，都是儿子和女儿；但在家务料理与情感支持上，没有收入的老年父母近 80% 的家务料理和近 40% 的情感支持是由子女提供的；而收入水平高的老年父母，子女提供家务料理和情感支持的比例分别为 40.2% 和 13.2%。由此可见，收入较高的老年父母获得的代际支持均低于收入较低的父母。[③]

从国内的研究来看，收入水平对家庭代际支持存在较为重要的影响作用。然而，国内研究的对象主要是城市家庭，对农村家庭研究较少；定量研究较多，定性研究较少。

（五）健康状况因素

子女和父母的健康状况是影响家庭代际支持的一个重要因素，健康状况直接关系到家庭代际支持的可行性和可及性。父母和子女的健康状况均能体现出他们是否对家庭代际支持产生需求和是否有提供家庭代际支持的能力。

1. 国外的研究

父母的身体健康可以用身体功能削弱指标来衡量，进一步可以被操作化为日常生活活动的能力，比如走路、爬楼梯、做饭、做家务等活动。有的研究者认为，与身体无碍的父母相比较，身体有碍的父母会获得子女更多的经济帮助和日常生活照料，特别是对于身体不便的母亲来说；当父母（包括配偶父母）身体健康欠佳且需要帮助时，女儿的父母比儿子的父母更容易获得代际支持和帮助，因此，在夫妻双方的父母中会产生对代际支持资源的相互竞争。[①] 有研究者认为，与父亲相比，大

---

①王树新.论城市中青年人与老年人分而不离的供养关系[J].中国人口科学,1995(3):38—42。

②徐勤.儿子与女儿对父母支持的比较研究[J].人口研究,1996年第5期:23—31。

③刘爱玉,杨善华.社会变迁过程中的老年人家庭支持研究[N].北京大学学报(哲社版),2000(3):59—70。

①Claire Noel-Miller, Rania T Faily. Financial transfers to husbands' and wives' elderly mothers in Mexico: Do couples exhibit preferential treatment by lineage? CDE Working Paper. 2008.4:1-40.

多数母亲更可能面临身体功能的下降,所以母亲获得的代际支持量要高于父亲获得的代际支持量;如果父母都面临身体健康欠佳的情况,由于子女对母亲的孝顺感比父亲强烈,所以子女同样会给母亲提供更多的代际支持,且女儿比儿子更倾向于为母亲提供更多的帮助;如果面临父亲身体健康持续削弱的情况,子女也会提高对父亲的代际帮助水平。[①] 通过对中国家庭代际支持的研究,Sun 认为从父母的角度来看,父母是否需要子女提供一定类型的代际帮助依赖于一些特定的需求,比如父母的经济状况或者身体健康状况,对父母的帮助被看作是子女应尽的自然责任和义务;从子女的角度来看,虽然帮助父母是应该的责任,但是能否提供某种类型的帮助依赖于他们自身的能力和环境。研究进一步发现,年龄较大的父母的身体状况比年龄较小的父母的身体状况要差一些,他们获得的子女帮助更多一些;如果子女的经济能力或健康状况欠佳,他们对父母的代际支持就会少一些,因为他们也需要别人的帮助。[②]

从上述研究结果可知,父母的身体健康状况是影响家庭代际支持的一个重要因素,而子女的健康状况也影响了他们提供代际支持的能力和需求。国外的研究较多地关注与父母的健康状况对代际支持的影响,很少涉及子女的健康状况对代际支持的影响。

2. 国内的研究

徐勤的研究认为,当父母在病危、得重病、住院时,他们更倾向于依靠儿子,而不是女儿。[③] 王跃生在探讨我国农村家庭结构的变动时,认为在多子女分家的情况下,父母虽然跟子女分开居住,但是由于农村社会保障尚未真正建立,父母的养老仍然依赖于子女,特别是父母丧失劳动能力和生活能力的,则由儿子供养,有些地区流行轮流赡养。[④] 可见,在我国,如果父母的健康状况下降甚至出现大的事件时,子女是主要的代际支持者,儿子比女儿承担的责任更多一些。熊跃根的调查研究则表明,父母对成年子女支持主要是在身体健康状况允许的情况下做一些日常家务和照顾孙子女。对那些健康状况不太好的父母来说,子女(尤其是女儿)成为他们最主要的照料者[⑤]。

从国内的研究来看,关于健康状况与代际支持的研究主要集中在当父母健康

①Silverstein M,Yang F M. Intergenerational Support to Aging Parents:The Role of Norms and Needs. Journal of Family Issues. 2006. 27. 8:1068-1084.

②Sun R. Old Age support in contemporary urban China from both Parents' and Children's perspectives. Research on Aging. 2002. 24:337-359.

③徐勤. 儿子与女儿对父母支持的比较研究[J]. 人口研究,1996(5):23—31.

④王跃生. 家庭结构转化和变动的理论分析——以中国农村的历史和现实经验为基础[J]. 社会科学,2008(7).

⑤熊跃根. 中国城市家庭的代际关系与老人照顾[J]. 中国人口科学,1998(6):15—21.

状况下降的时候,子女对父母代际支持的性别差异。对于健康状况是如何影响家庭代际支持的类型、水平和结构等内容则研究较少。

(六)子女数量因素

子女数量直接影响家庭代际支持的数量和规模,子女数越多,家庭代际支持的数量也就越多,规模越大,反之亦然。关于家庭代际支持的相关研究中,子女数量是代际支持研究中的一个重要影响因素。

1. 国外的研究

有研究者认为,子女如果拥有一定数量的兄弟姐妹,就可以减轻这些子女对其父母的帮助压力。由此,子女在给父母提供代际帮助的时候,就会考虑到其他兄弟姐妹所组成的亲属网络。子女数量越多,每一个子女对父母的代际支持的压力就会越少,且在通常的情况下,多个子女之间会互相协商达成一定的协议,根据协议来为父母提供代际支持。对于结婚后的夫妻来说,夫妻各自的兄弟姐妹也只是针对自己的父母才会提供代际支持,并不会向姻亲的父母提供代际支持。[1] 有的研究者通过对台湾多子女家庭的代际支持的考察认为,子女的数量规模会对家庭资源产生负效应;每一个子女的出生都会影响家庭既有的资源配置情况,子女的数量的增加由此影响父母对每一个子女的代际资源分配和转移;研究进一步指出,在台湾由于普遍存在的男孩偏好,父母往往会将资源更多的转移给儿子,通常会牺牲年龄最大的女孩子的受教育机会和相应的家庭资源来使得年龄较小的儿子收益。如果家庭里边的儿子比女儿年龄大,父母一般不会牺牲女儿的资源来使儿子收益,只有女儿是第一胎出生的话才会牺牲女孩的受教育机会和家庭资源。[2] Sun 认为,在合作群体模型中,子女的数量与父母所获得的代际支持是呈正相关的。支持父母被看作是子女的责任和义务,所以当父母有需要帮助的时候,每个子女都是家庭中潜在的可用资源。从数据统计上看,每个子女所提供的转移量要远远小于每一个父母所获得的转移量是由于较多的子女数量,然而所能提供代际支持的子女的绝对数量要远远大于所获得代际支持的父母的数量。平均三个子女来帮助和抚养一个父母,这种现象表明在一些家庭中子女都在帮助父母,而在大多数其他家庭中有一些子女没有对父母提供任何帮助。[3] 由此可以看出,并不是子女数量越多就说

[1]Claire Noel-Miller, Rania T Faily. Financial transfers to husbands' and wives' elderly mothers in Mexico: Do couples exhibit preferential treatment by lineage? CDE Working Paper. 2008. 4:1-40.

[2]C Y Cyrus Chu, Yu Xie, Ruoh-rong Yu. Effects of Sibship Revisited: Evidence from Intra-Family Resource Transfer in Taiwan. Population Studies Center Research Report. 2006. 1: 1-24.

[3]Sun R. Old Age support in contemporary urban China from both Parents' and Children's perspectives. Research on Aging. 2002. 24:337-359.

明子女提供的代际支持数量越多,也就是说多子女的家庭里边,父母所能获得代际支持更可能取决于能够有限地提供代际支持的子女数,同时也取决于子女所能提供的转移的能力和父母所需要的帮助类型。

2. 国内的研究

夏传玲等认为,子女数只是影响到潜在照料者的数量,使子女从一个高度潜在的照料者转变为实际照料者的过程是多种因素相互作用的结果;子女数对家庭老年人的经济供养、生活照料和情感交流的影响甚微,"随着子女数的减少,家庭养老功能将会削弱"这一观点并不成立。① 桂世勋、倪波的研究也表明老年父母所得到的子女代际经济供给量在一般情况下与存活子女数之间没有明显的正相关关系。② 上述学者的研究无疑对家庭代际养老研究提供了一个很好的讨论议题和分析视角,但同时也受到众多学者的质疑。郭志刚、张恺悌采用不同的研究方法对夏传玲等人所用的数据进行了同样的分析,研究认为子女数对于老年父母供养依然起到了很重要的作用,子女数仍然是一个不能忽视的养老因素。③ 徐勤进一步认为,随着子女同胞数量的增加,对父母的支持比例上升,在有五个子女同胞时达到高峰,然后对父母的支持比例随着子女数的增加而下降。④ 徐勤的研究呈现了一个关于子女数与父母代际支持之间关系的曲线图,使人一目了然,然而此论证是否能够真实反映我国家庭代际支持的社会现实还值得进一步探讨。刘爱玉通过对我国家庭子女数与老年人支持的关系的研究认为,子女少的老年父母获得的非家庭支持高于子女多的老年父母,与通常人们认为的子女越多,获得各种支持可能性越大的观念相左,子女数量较少的老年人在感情支持上获得的可能性反而越大。⑤

从上述研究来看,多数研究主要集中于对城市家庭代际支持的阐述,对农村家庭的现实状况分析的很少;且研究结论都是在某一时点对家庭代际支持的"点"效应的考察,对于回答"子女数与家庭代际支持为什么会有这样的关系"类似的深层次问题则略有不足。

(七)居住方式因素

与父母是否共同居住决定了父母与子女之间家庭代际互动的可能性和便捷性,同时也决定了家庭代际支持的有效率和成功率。多数研究表明,居住方式对家庭代际支持的影响作用是不可忽视的。

---

①夏传玲,麻凤利.子女数对家庭养老功能的影响[J].人口研究,1995(1):10—16。

②桂世勋,倪波.老人经济供给"填补"理论研究[J].人口研究,1995(6):1—6。

③郭志刚,张恺悌.对子女数在老年人家庭供养中作用的再检验[J].人口研究,1996(2):7—15。

④徐勤.儿子与女儿对父母支持的比较研究[J].人口研究,1996(5):23—31。

⑤刘爱玉,杨善华.社会变迁过程中的老年人家庭支持研究[N].北京大学学报(哲社版),2000(3):59—70。

1. 国外的研究

日本的学者指出代际之间的共同居住往是一种传统文化规范下的家庭行为，强调亲属成员之间的义务和责任；代际共居使得父母能够更为方便地照顾子女的家庭生活，为他们做一些家务事情，而子女可以有更多的时间来照顾老年父母。[①] 有学者对欧洲多个国家的考察认为，出于经济的考虑和家庭的整合，共居在南部欧洲的家庭中是非常普遍的，北部欧洲的家中父母与子女往往分开居住，但他们居住的都非常近，往往在同一栋楼或者社区；子女与父母的共居并不存在明显的子女对父母的代际支持行为，更多地表现出父母对子女的代际支持和帮助。[②] Frank 的研究认为，富裕的子女很少会和父母一起居住，当父母或者子女有一方比较穷困的时候，共居才可能发生，大多数子女都会从共居中获益。经济收入较低的中年子女更可能与父母住的很近，这样能够更为方便地照顾父母和获得父母的帮助，而居住在养老院的父母则很少和子女联系，也较少获得子女的代际支持和帮助。[③] 也有学者对台湾家庭的研究认为，子女与父母共居在台湾是很普遍的（父母往往与儿子共居），共居促进了家庭经济的快速增长，体现出与市场提供服务相区别的对家庭自我互助的偏好；富裕的子女通常不会和父母共居，对父母的代际支持以金钱给予为主要方式，较为贫穷的子女则选择与父母共居以能够共同享用家庭设施来达到资金积累，他们对父母的代际支持主要以生活照料和情感支持为主要形式。[④]

从国外的研究来看，子女与父母的居住方式、居住距离的远近以及父母是否居住养老院都会影响家庭的代际支持；在家庭代际居住方式中也呈现出明显的性别差异，子女的经济状况是决定是否共居的重要因素，同时也影响了家庭代际支持的类型和数量。

2. 国内的研究

与儿子、儿媳一起住是城市和农村的老年父母的首选居住方式，农村老年父母与自己的儿子、儿媳居住的比例要高于城市老年父母，子女与父母共同居住有利于子女一代在父母需要时及时提供各种帮助。[⑤] 与父母同住的子女对父母的代际支

---

①Emiko Takagi, Merri, Silverstein. Intergenerational Coresidence of the Japanese Elderly: Are Cultural Norms Proactive or Reactive? Research on Aging. 2006. 28, 4:473-492.

②Kohli M, Harald Knermund, Claudia Vogel. Intergenerational family transfers in Europea comparative analysis. the Research Network on Ageing at the 7th European Sociological Association (ESA) Conference. 2005:1-15.

③Frank A Sloan. Upstream intergenerational transfers. Southern Economic Journal. 2002. 2: 363-380.

④Lee Y, W L Parish, R J Willis. Sons, Daughters, and Intergenerational Support inTaiwan. American Journal of Sociology. 1994. 99:1010-1041.

⑤周云. 从调查数据看高龄老人的家庭代际关系[J]. 中国人口科学（增刊），2001(1):32—35。

持比例要高于不同住子女的支持比例。[①] 子女与父母共同居住的亲密度要远远高于子女与父母独立居住的亲密度,而亲密度进一步影响了子女与父母之间的代际支持和帮助。[②] 鄢盛明等认为父母与成年子女间的居住安排对代际支持影响显著,与其他子女相比,和父母同住的子女提供家务帮助的可能性最大,婚后经济和感情支持保持不变甚至增加的可能性也最大。[③] 张文娟、李树茁认为共同居住是一种主要由父母的需要决定的,为其提供代际支持的居住安排。经济资源的缺乏导致老年人与子女同住的可能性增加,满足老年人的需要成为与子女同住的主要原因。[④] 王跃生对我国农村家庭代际关系的调查研究认为,子女与父母分居虽然并不意味着彼此经济联系的减少,但在生活照料上肯定与同爨共居不可相比。[⑤]从国内的研究来看,子女与父母的共同居住不仅是"孝"文化规范的作用,更是出于家庭养老的需求。

(八)文化观念因素

1. 国外的研究

中国家庭的核心价值是"孝"文化,主旨思想是子女应该尊重和照顾自己的父母。在传统的家庭内部,父母在老年时候依赖于自己的子女提供代际支持,这种支持主要来自于儿子而非女儿,特别是女儿出嫁之后尤其如此。在传统的文化系统中,婚姻意味着女儿已经加入了她丈夫所在的家庭内部,相比年幼者和女性成员,家庭中的老年人和男性拥有更大的支配权力。儿子是与其父母保持联系的家庭成员,在他们的生活中,他们往往被期望给予父母良好的经济支持。而女儿仅仅只是出生家庭中的"过客",结婚之后,她们就会去孝敬丈夫家庭的父母。对于女儿来说,她们没有权利去向亲生父母索取任何财产,也没有任何义务去照顾其父母。因此,在传统的家庭代际支持中更多地由儿子来提供代际支持而非女儿。[⑥] 早期的研究也表明,在中国台湾和中国农村地区,结婚后的儿子比结婚后的女儿对其父母提供了更多的代际支持。[⑦] 随着社会的发展和进步以及计划生育政策的实施,中国的出生率和死亡率下降,家庭结构也发生了很大的变化,家庭人口规模也逐渐减

①徐勤.儿子与女儿对父母支持的比较研究[J].人口研究,1996(5):23—31.

②徐征,齐明珠.代际关系的影响因素及如何建立正向的代际关系[J].人口与经济,2003 年第 3 期.

③鄢盛明,陈皆明,杨善华.居住安排对子女赡养行为的影响[J].中国社会科学,2001 年第 1 期.

④王跃生.当代中国城乡家庭结构变动比较[J].社会,2006(3):118—136.

⑤张文娟,李树茁.劳动力外流背景下的农村老年人居住安排[J].中国人口科学,2004 年第 1 期.

⑥Sun R. Old Age support in contemporary urban China from both Parents' and Children's perspectives. Research on Aging . 2002. 24:337-359.

⑦Lin I, Goldman N, Weinstein M, Lin Y, Gorrindo T, Seeman T. Gender differences in adultchildren's support of their parents in Taiwan. Journal of Marriage and Family. 2003. 65: 184-200.

少，自由恋爱取代了安排恋爱，社会经济中的性别不平等的传统文化观念也在逐渐弱化。随之，中国家庭的社会保障也发生了很大的变化，城市地区的家庭普遍享受了国家养老金制度，大大减少了父母对子女的代际支持需求，农村地区的家庭中女儿对父母的代际支持也越来越多，甚至超过了儿子对父母的支持。[①]

国外的研究阐述了我国传统的"孝"文化观念对子女代际支持行为的规范和约束，分析了我国家庭内部代际支持中存在的性别不平等现象。随着社会的进步和发展，我国传统文化观念的弱化进一步影响了子女对父母的代际支持，女儿的家庭贡献越来越重要。然而，上述研究只是笼统的概述，没有具体分析文化观念是怎么样影响子女的家庭代际支持行为的，其影响作用机制是什么，这些问题还有待于详细分析。

2. 国内的研究

孝是我国传统社会的一种道德观念，体现了家族社会的思想认同和责任认同，它确立了古代子女养老的思想基础，也建立了传统家庭养老模式的社会舆论监督体系。在现代家庭中，孝文化仍然具有对父母的物质赡养和精神慰藉两方面的内涵，孝文化仍然是劳动人民敬老养老的家庭传统，敬老养老是报答养育之恩观念的体现，也是老年父母财富、知识和生命的代际延续的形式。[②] "父慈子孝"是中国传统社会理想的家庭关系模式，它不仅反映了父母与子女之间自然、深厚、淳朴的爱，还体现了父母与子女之间"反哺"式的双向义务伦理实质，是父子血缘天性的伦理升华。

然而，随着我国传统伦理道德观念的弱化，父母抚育子女和子女赡养父母之间的权利义务的平衡被打破，父母一辈子都在为子女操心，子女却对父母不满意甚至在将来不赡养父母，在一些地区子女对父母照料不够甚至虐待父母的现象已经司空见惯。[③] 从国内研究来看，"孝"文化在子女与父母的家庭代际支持中仍然发挥了很重要的作用，它时刻规范和约束着人们的日常生活行为，是保障家庭代际支持顺利进行的必要条件。然而，传统文化观念的弱化对家庭代际支持也带来了很大的影响，主要表现在父母对子女的责任远远高于子女对父母的义务，家庭代际关系出现失衡。那么，我国传统的文化观念在目前的农村家庭代际支持中到底在发挥多大程度的作用呢？这一问题有待于进一步深入探讨。

（九）对影响因素研究的述评

从上述对家庭代际支持的差异性研究来看，国外的研究主要采用以定量研

---

①Shu X, Bian Y. Market transition and gender gap in earnings in urban China. Social Forces. 2003. 81:1107-1145.

②蔡洁. 家庭代际关系与家庭养老[J]. 新疆社科论坛, 1998(12):60—62.

③贺雪峰. 农村家庭代际关系的变动及其影响[J]. 江海学刊, 2008(4):108—113.

究为主的研究方法,通过数据分析探讨人口变量以及相关的社会经济变量对家庭代际支持的影响作用,精确地展现出变量与变量之间的相关关系,有利于我们掌握各种影响变量与家庭代际支持之间的发展规律和未来趋势。国内的研究则定量研究和定性研究兼之,一部分学者遵从国外学者的定量研究的方式和路径来验证我国城市家庭中的代际支持情况;另一部分学者则立足于我国具体国情,运用定性研究方法,依据我国家庭中的代际支持的社会现实来分析家庭代际支持的社会基础和价值基础。总之,无论是哪种路径都给我们提供了良好的研究进路和分析视角。

然而,上述研究的不足在于:①集中于对城市家庭代际支持的定量研究,缺乏对我国农村家庭代际支持的定性研究;②对我国农村家庭代际支持的研究并没有形成一个专门的研究领域,只是在家庭代际关系的研究中才被涉及,专门针对农村家庭代际支持的研究成果相对缺乏;③对于各个影响因素是如何,在何种情况下影响家庭代际支持,且对家庭代际支持的影响程度如何等一系列问题仍然缺乏足够的深度解剖和分析;④对我国家庭代际支持的历史变迁和未来发展趋势还没有系统的研究成果。

第三节　新农保体制下,农村老年人在家庭养老中对代际支持的满意度研究

一、问题的提出

随着我国改革开放向纵深方向发展,现代化的水平不断提高,工业化、城市化得到快速发展,几亿的农村人口在农村与城市之间流动,加上计划生育政策几十年来不间断地实施,生活水平和医疗技术的提高,人们的预期寿命越来越长,导致农村人口老龄化进程以惊人的速度发展着,从各个方面严重地影响着我国农村地区的社会生活,特别是对既存的家庭代际关系产生了深刻的影响,影响着农村地区的家庭养老模式。改革开放以来,由于人口大规模的迁移,我国农村地区的大家庭迅速瓦解,适应现代化的核心家庭如雨后春笋一般出现,已经成为农村地区主要的家庭结构模式。由于大多数子女外出务工,留守老人和留守儿童家庭逐渐增多,老年人生活窘迫、家庭地位下降,老年人养老问题日益严重,破坏着中国广大农村既存的乡村秩序。在中国传统文化里,孝文化占据着重要的地位,形成了一个以"孝"文化为家庭秩序准则的国家,自古以来家庭都是提供老年人社会保障和照料的最基本的单位。然而,改革开放以来,农村经济社会结构、人口结构都发生了巨大变化,

年轻一代自主性的提高和老年人口家庭权威地位的下降成为农村家庭代际关系变迁的主要特征。在家庭代际关系变迁的历史背景下，一些农村甚至出现了"啃老族"现象，子女不愿意赡养父母，甚至虐待父母的现象也逐渐增多，这些社会现象引发了众多研究者对我国农村家庭代际关系变迁的关注和思考。①

家庭作为一种社会和经济的组织方式，是人类生产生活的基本单位。马克思、恩格斯认为："每日都在生产自己生命的人们开始生产另外一些人，即繁殖。这就是夫妻之间的关系，父母和子女之间的关系，也就是家庭。"②在传统社会里家庭的功能众多，如生产功能、消费功能、繁衍后代的功能、抚养小孩和赡养老人的功能等，但是随着现代社会的不断发展和进步，许多家庭功能慢慢地外移，家庭的功能越来越少，但是家庭的生育功能、经济功能和满足情感需要的功能依然存在。这些家庭功能主要是在子女与父母两代人甚至多代人之间的互动中实现的，代际之间的互动同时维系了家庭和家族的繁衍与生产。

在实现家庭功能的生活实践中，父母对子女的抚养和子女对父母的赡养是两种主要的代际互动形式，在这两种形式的代际互动中，我国传统的社会道德、家庭伦理和风俗人情等人际规范得以选择性地继承、沿袭和发展。然而，随着现代性对农村生活的不断渗透，农村的传统规范被打破，家庭的人口结构和代际关系发生了转变，父母与子女之间的"抚养—赡养"机制同时也发生了本质性的变化。

著名社会学家米尔斯（Mills）指出："如果我们想理解当代社会结构中的动态变化，就必须尽力洞察它的长期发展，并根据这些发展设问：这些趋势发生的机制是什么，该社会结构变迁的机制是什么？正是在诸如此类的问题中，我们才能深入涉及这些趋势。"③随着我国现代化的继续发展，中国农村的社会、经济和文化结构正在发生深刻的变化，而这些结构的变化对我国农村地区老年人的家庭养老模式起着巨大的影响作用，如何在新农保实施的机制下，构成一种新的家庭养老的秩序，并且不断从纵深方向引导这一趋势向健康并可以持续的方向发展，是妥善解决农村老年人家庭养老问题、保证农村经济快速健康发展和农村社会稳定的需要，也是顺利推进社会主义新农村建设的重大举措。在"老有所养"问题解决后，随之而来的"老有所依"、"老有所乐"、"老有所医"等问题也将给农村老人的子女带来新的压力。因此讨论农村老人正式的支持系统——以亲子支持为主导，邻里、朋友、社区等资源的作用的发挥将对农村老年人家庭养老的顺利开展有着极为重要的意义。从 20 世纪 70 年代末实行计划生育政策以来，我国家庭结构随之发生巨大的

---

①贺雪峰.农村代际关系论：兼论代际关系的价值基础[J].社会科学研究,2009(5).

②马克思,恩格斯.马克思恩格斯选集(第 1 卷)[M].北京：人民出版社,1995：80.

③米尔斯.社会学的想象力[M].陈强等,译.北京：生活·读书·新知三联书店,2005：163.

变化,大家庭被核心家庭所取代,特别是在 21 世纪初我国进入老年化社会之后,农村地区的老年化更显严重。在当今农村地区,每一个家庭里年轻的一代很可能面临四位老人的赡养重担问题,在这样繁重的养老压力下,不要说子女无法承受巨大的养老经济压力,就是精神负担也不是家庭子女能够承担的,事实上农村老年人的晚年生活保障问题也日渐突出,严重地影响到农村地区社会和谐发展以及老年人生活质量的提高。传统的以家庭为主的赡养模式将如何发展,特别是新农保的实施后,家庭养老会面临如何的发展趋势,在我国未富先老的实际情况下,国家和社会无法投入更多的社会资源情况下,农村地区的老年人养老在一个长期的时间内,家庭养老将仍然是他们养老的主要模式,尤其是其中以血缘关系为纽带的家庭代际支持在老人养老的持续性、有效性等方面将继续起着重要的作用。在受到农村劳动力结构变迁的冲击下,农村老年人的生活质量及养老保障何以保证? 子女的经济、生活照料、情感支持对农村老人的晚年养老是如何发生作用的? 子女的代际支持是否对农村老年人的生活满意度产生影响? 在新农保实施后,农村地区家庭养老秩序正在缓慢变化的情况下,优化以代际支持为主导的家庭养老模式,合理配置资源,不仅可以减轻农村子女的负担,而且可以有效提升老年人生活的满意度和幸福感,降低孤独感、寂寞感、无能感。

二、研究设计

(一)核心概念

生活满意度是衡量老年人对自身生活的满足感,即生活称心如意的程度,表示的是个体主观地对生活质量的评价。同时它也是一个良好的间接衡量老年人心理健康的指标。就农村老年人的生活满意度而言,其周围的社会支持网络如配偶、子女、邻里朋友、社区、政府等都对其生活的质量和满意度有较高的影响。特别是传统的以血缘为纽带的子女代际传承,伴随着家庭结构的变迁和核心家庭的扩大,农村老人的能力、健康、社交圈等弱化,此时子女与农村老人的双向互动的质量直接对老人的生活满意度产生影响。

代际支持是子代与父代之间互相帮助,它是通过家庭内部代与代之间的资源分配与共享(如经济资源等)、情感的沟通与交流,并以传统"孝道"文化的权利与义务伦理为支撑,发生双向的互动关系。

代际之间主要围绕两类关系展开:①"抚养"关系,包括父母对子女,祖父母、外祖父母对孙子女、外孙子女的扶助和供养,它是一种由上至下的关系流动;②"赡养"关系,它是一种由下至上的代际流动,包括子女对父母,孙子女、外孙子女对祖父母、外祖父母的扶助和供养。这两种代际流动关系是在时间的跨度中进行的,是一种基于公平原则的双向交流、双向平衡的"哺育"与"反哺"关系,也是一种责任与义务的传承关系。

代际支持主要分为两类：①物质的支持，如经济支持、生活照料；②精神方面的支持，主要是情感方面的支持。

(二)抽　　样

2011 年 7 月，笔者重新来到仙桃市的范湾和汉川市洪北村进行调查，由于两个村庄的户数不是很多，本次调查采用偶遇方便抽样的方式共发送问卷 300 份，回收问卷 236 份，回收率 78.7%。由于老年人的文化素质低，本次的调查基本上采用的是结构式访谈的方式完成的，加上深入访谈老年人个案的时间，共历时两周的时间完成数据资料的收集。

(三)变量测量

自变量主要是通过经济支持、生活照料、情感支持三个大的变量进行测量。具体而言，经济支持包括询问老人的家庭经济状况如何、主要生活来源、每月生活支出用途、家中遇大事花钱由谁做主来获取；生活照料变量通过询问老人生活照料主要由谁负责、老人经常帮助子女做些什么、老人的居住状况、老人生病时谁可以依靠等展开；情感支持则是通过询问老人与子女的关系如何、老人心情不好倾向于找谁倾诉，老人目前最担心的事情是什么来测量。

因变量的研究测量是通过询问"老人对现今生活是否满意"来进行测量的，用二分变量满意和不满意两个取值来测量。

控制变量是为考察子女代际支持对老人生活满意度的独立影响而设置，主要有老人的性别、健康状况和年龄三个变量。

(四)研究假设

在了解当今农村社会结构及社会文化的前提下，注意到农村以血缘为纽带的子女代际支持行为对老人的生活状况有极大的影响，同时不同内容的代际支持皆是影响老年人生活满意度的可能因素。因此本书假设：子女的各种代际支持，主要集中于主观与客观支持两个方面会对农村老人的生活满意度产生作用，具体而言有以下假设：①子女的各种代际支持能显著提高父母的生活满意度；②子女的代际经济支持的力度对农村老人的生活满意度有极大的影响；③子女的生活照料质量对提高老人的生活满意度有显著的影响；④子女与老人的代际情感互动与老人的生活满意度有极大相关性。

三、调查结果

(一)农村老年人代际中，老年人所受支持的现状

本次调查中，全部问卷资料经过检查核实后进行编码，录入计算机，运用SPSS19.0 统计软件包对问卷调查数据进行分析处理。通过对调查数据的分析，这

次调查对象以女性居多,共 154 人,占有效总数的 65.3%;男性 82 人,占有效总数的 34.7%。在调查的 236 人中,家中需要照顾的老人集中在 60—69 岁、70—79 岁年龄段较多,同时家中需要照顾的老人一般集中于 1—2 人。农村老人的婚姻状况方面主要集中于两类:丧偶者 129 人(54.7%)、初婚有偶者 96 人(40.7%),且老人的子女数量一般在 3 人及以上(具体数据见表 4-1)。

表 4-1 调查对象家中老人基本情况

		频数	百分比			频数	百分比
性别	男	82	34.7	年龄	60—69 岁	55	23.3
	女	154	65.3		70—79 岁	135	57.2
					80 岁以上	46	19.5
婚姻状况	初婚有偶	96	40.7	子女数	1 个	7	3.0
	再婚有偶	7	3.0		2 个	22	9.3
	离婚	4	1.7		3 个及以上	207	87.7
	丧偶	129	54.7				

1. 农村老年人生活满意度的总体情况

子女对农村老年人生活满意度的代际支持可以分为物质支持和精神支持两个方面。生活满意度是一个非常抽象的概念,受到多种因素的影响,其本质的含义就是对客观事物的一种主观反映。而农村老年人生活满意度,是指在子女对自己养老支持的一个主观反映,他们的评价一般是通过横向比较得出来的一个结论。由表 4-2 可见,在调查的 236 位对象中,通过他们的反映,家中老人在对生活满意度的测评中,分为五个层次:很满意占 14%,比较满意占 50.4%,一般占 30.9%,不太满意占 3.8%,很不满意占 0.8%。农村人一般都有家丑不可外扬的行为准则,事实上老人所说的"一般",其实是一种不如意的状态,他们可能不愿在外人面前说自己子女如何对自己不孝,因此只能以"一般"取代,如果把"一般"归纳为不满意的状态话,那么农村老年人对自己家庭养老的不满意度达到 35.5%,但是老年人所说的"满意"也只是低生活质量,相对于以往生活的满意,是由于社会生活提高导致的后果。另外还有约 4.6% 的老人对现今生活不太满意和非常不满意,通过观察,这些老人一般都是家庭条件不好或子女不孝。

表 4-2 老年人对自己家庭养老满意度的统计表

	人 数	百分比
很满意	33	14.0
比较满意	119	50.4
一般	73	30.9

续表 4-2

	人　数	百分比
不太满意	9	3.8
很不满意	2	0.8
合计	236	100.0

2. 代际支持中子女对老年人的物质支持

代际支持是子代与父代互相帮助的过程，而子女的代际支持是一个自下而上的支持过程，在物质支持上，主要是子女给老人带来的包括经济、生活照料、居住状况等方面的帮助。具体而言，经济方面通过询问家庭经济状况、子女数量获得，生活照料方面通过老人的饮食起居、健康照料、外出照料、休闲活动、提供重要意见照料由谁负责来反映，而居住状况上主要是调查老人与谁住在一起。通过调查数据分析，子女代际客观支持对农村老年人生活满意度的影响在以下三个方面尤为显著：经济状况、生活照料、老人居住方式，且此三方面的因素都通过了至少 0.05 显著度的检验。

（1）子代对父代经济支持：

经济是基础，"衣食足而礼义兴"，子代赡养父代是需要经济基础的。一般来说，子女的经济条件好，那么对父母赡养提供的经费就要多些，那么老年人的生活满意度就要高些，因此子女的社会经济地位是父母家庭养老满意度的一个典型社会因素。现有的经验研究表明，一个有稳定的和高收入的人，其生活满意度要高。同理，子女的收入高，那么提供给老年人赡养的钱就可以多些，这些老年人的收入就多些，而收入多，那么农村老年人的生活满意度就会高些，两者存在相关性。表 4-3 的数据表明，农村家庭子女经济状况越好，老人的生活满意度越高，其相关系数 $G = 0.230$，并且通过了假设检验。

表 4-3　家经济状况对老人生活满意度影响的交叉表

	家庭目前经济状况				
	较好	有些困难	困难	十分困难	不好说
很满意	19	4	3	2	5
比较满意	29	42	12	10	26
一般	9	34	13	4	13
不太满意	0	4	1	1	3
很不满意	0	1	0	1	0
合计	57	85	29	18	47

（$G = 0.230, p = 0.005$）

"多子多福"、"养儿防老"、"人多好办事"一直以来都是中国传统社会相信的真理,然而随着我国改革开放深入发展,现代化改变着乡村秩序的现代社会,子女的多少是否依然决定老年人家庭养老生活满意度,一般来说,子女多,每个人拿出一点钱,那么老人的收入就会比子女少的老人多,每个子女照顾一段时间,就可以减少子女长期照顾老人的压力。表4-4 的数据显示,子女数目的多少与老年人家庭养老生活满意度成负相关,而且相关系数 $G=-0.107$,也就是说子女数越多,老年人家庭养老生活满意度越低。理论上子女数量越多,老人的经济保障会越高,但是调查结果显示子女数的多少并不与老人现实生活满意度成正向相关。这反映出在当今的中国农村,子女数量多,他们在赡养老人的问题上就会推卸责任,加上子女大规模到城市打工,老人无人赡养,特别是留守、空巢老人的生活无人照料的问题越来越严重。

表4-4 老人子女数对老人生活满意度影响的交叉表

	老人现今子女数		
	1个	2个	3个及以上
很满意	1	0	32
比较满意	5	13	101
一般	1	7	65
不太满意	0	2	7
很不满意	0	0	2
合计	7	22	207

($G=-0.107, p=0.481$)

经济收入决定着一个老年人家庭养老生活满意度的一个主要因素,那么农村老年人的经济收入主要来自哪里呢?而表4-5 的调查数据表明,农村老年人的主要生活来源的排序依次是子女、儿媳、女婿,占总数的 53.8%,劳动收入占 18.2%,退休金占 16.5%,而养老保险和政府救助两项共占 9.8%。这说明在我国新型农村社会保险制度颁布实施后,虽然让老人能够领取一部分退休金,但是退休金的数额太少,只占农村老年人养老总经费的 10% 还不到,可见新型农保制度的支持体系还不够完善,对农村老年人的养老来说还只是杯水车薪。超过半数的养老经费来自子女的代际经济支持,因此当今广大的中国农村,子女对老年人的代际经济支持对老人家庭养老的生活满意度起着直接的影响。而排在第二位的是老年人的劳动收入,这也正是反映中国农村地区老年人养老的一个特殊的地方,子女的外出打工,家里的土地老年人不愿放弃,因为种地不需要税费,而且还有粮食补贴,所以很多老年人继续耕种土地,通过农业劳动获得家庭养老的经费。

表 4-5　老年人主要生活来源

	频数	百分数
子女	127	53.8
劳动收入	43	18.2
退休金	39	16.5
养老保险	15	6.4
政府救助	8	3.4
其他	4	1.7
合计	236	100.0

表 4-6 的数据表明，老年人收入支出，主要是用在日常开支，而很少用在娱乐和人际交往上，由此可以说明农村老年人的家庭养老生活还仅仅停留在物质层面的低等级的养老状态。

表 4-6　老年人主要生活来源

	频数	百分数
给子女、孙子女钱	20	8.5
日常开支	197	83.5
人际交往费用	3	1.3
文化娱乐费用	3	1.3
其他个人开支	13	5.5
合计	236	100.0

(2)子代对父代的生活照料：

在生活照料方面，子女对农村老人的支持状况通过调查农村老人的饮食起居、外出照料、休闲活动、健康照料四个方面由谁主要负责体现出来。调查显示，农村老人的日常生活照料基本上是老人自己或配偶负责，排在第一位的则是子女。如外出照料、健康照料、提供重要意见方面由子女负主要责任的分别占 68.2%、58.5%、66.1%。由表 4-6 可知，在排除老人有配偶的情况下，子女在饮食起居、外出照料、休闲活动、健康照料方面均通过至少 0.05 的显著度检验，这说明子女在以上四个方面给予老人的代际支持越多，相应的农村老人的生活满意度会越高。但在提高重要意见照料方面并没有通过 0.05 的显著度检验。

表 4-7 显示,农村老年人在饮食起居上主要依赖子女,其次是自己及自己的配偶。子女对老人饮食起居照料与老人生活满意度成正相关,通过了 99% 的假设检验,相关系数 $\lambda=0.009$。由此可以说明子女对老人的饮食起居照料状况越好,相应的老人的生活满意度会越高。这与我国国家和社会投入到农村地区家庭养老的社会资源很少有关,老人年养老的经济支持、生活基本所需主要来源于子女。

表 4-7　饮食起居状况与老人生活满意度的交叉表

	谁负责饮食起居			
	自己及配偶	子女	孙子女	保姆
很满意	8	25	0	0
比较满意	41	76	1	1
一般	37	33	2	1
不太满意	5	4	0	0
很不满意	1	0	1	0
合计	92	138	4	2

（$\lambda=0.009, p=0.000$）

表 4-8 显示,在涉及健康照料的时候,自己和配偶照料的老人最多,其次才是子女提供的照料。子女负责老人健康照料与老人生活满意度成正向相关,通过了 99% 的假设检验,相关系数 $\lambda=0.009$。改革开放以后,农村年轻人大规模涌入城市打工,导致农村剩下的都是老弱妇孺,子女对老年人的照料实际上处于一种缺位的状态,他们生病后,照顾的重担只能是自己或者自己的配偶,而子女只能在经济上给予一定的帮助。但是事实上,由于近年来,医疗费用越来越高,医疗费用、生活照料是很多家庭相对贫困的子女所无法承担的,因此老年人的疾病很多都是拖着,但是如果有子女在他们生病的时候,提供一些金钱或照顾的支持,那么老年人的健康照看的质量就会高些,老人的生活满意度也会越高。

表 4-8　健康照料状况与老人生活满意度的交叉表

	谁负责健康照料			
	自己及配偶	子女	孙子女	保姆
很满意	13	19	0	1
比较满意	59	57	0	3
一般	49	22	1	1
不太满意	5	4	0	0
很不满意	1	0	1	0
合计	127	102	2	5

（$\lambda=0.009, p=0.000$）

表 4-9 的数据表明，老年人生病后，他们主要求助的对象还是他们的子女，其次才是配偶。随着求助对象重要性的减弱，他们求助的对象才向除了子女之外的人扩散，这种情况，充分体现了中国社会传统秩序——差序格局的状态。费孝通先生说过，中国人在情感依赖、寻求帮助上严格遵循差序格局，就像把一个块石头丢入水中，水的波纹会一圈圈地向外扩散，越往外走，波纹越淡，最后消失不见。老年人生病的时候，首先想到的还是和自己血缘最近的子女，然后是自己非直系亲属到朋友邻居。这种情况与农村地区社区不完善、组织发育不全有关，因为他们生病的时候，没有社会资源和生活组织去寻求帮助，他们唯一的依赖只有自己的子女和配偶。因此，在生活照料方面，子女、配偶及较亲的人的支持与老人的生活满意度是存在相关性的。

表 4-9 老人生病时依靠谁(N＝236)

	老人生病最依靠		老人生病次依靠		老人生病第三依靠	
	频数	百分比	频数	百分比	频数	百分比
配偶	69	29.2	40	16.9	1	0.4
子女	167	70.8	68	28.8	1	0.4
非直系亲属	0	0	80	33.9	61	25.8
朋友	0	0	18	7.6	42	17.8
邻居	0	0	26	11.0	49	20.8
其他人	0	0	2	0.8	69	29.2
没有人	0	0	2	0.8	13	5.5

（3）居住方式：

中国的传统文化极其看重家庭，而家庭的一个载体——房子是每一个中国人最为魂牵梦绕的，特别是农村地区的居民，一辈子都在为房子奋斗，而能够建起气派的砖瓦房，也是农村居民被评判为能人的标准。农村许多多子的家庭里，父辈一辈子的奋斗目标就是建一栋房子，娶一房儿媳妇，而人生就是在建房的努力中，逐渐步入老年。当他们帮所有的儿子娶妻后，他们就松了一口气，觉得自己的人生任务完成了。随着子女的成长，父辈都步入老年期，他们为自己的子女付出了自己所有的青春年华，有一些孝顺子女会和自己的父母住在一起，给自己的父母一个遮风避雨的家庭，而有些不孝顺的子女住在父母给他们建的房子里，而把自己的父母赶出新房。而这时的父母都已经步入风烛残年，根本没有能力再建房子，只能蜗居在一些残破、狭小的破房子度过余生。

表 4-10 的数据表明，农村老年人最喜欢居住的方式是和子女住在一起，其次是与配偶一起居住，再次就是老人自己一个人独居。因此老年人的居住方式与其生活的满意度存在关联并通过了假设检验。这说明农村地区的老年人事实

上还是喜欢和自己的子女住在一起，而与子女住在一起的老年人的生活满意度就要高些。

表 4-10　老人居住方式对老人生活满意度影响的交叉表

	独　居	与配偶居住	与子女居住	与孙子女等居住	敬老院或其他
很满意	4	8	20	1	0
比较满意	19	27	71	2	0
一般	10	19	44	0	0
不太满意	4	1	2	1	1
很不满意	0	0	1	1	0
合计	37	55	138	5	1

（$\lambda=0.009$，$p=0.000$）

　　调查中，农村老人与子女、儿媳、女婿等一起居住所占比例最大，有58.5%。农村老人与子女等居住距离较近则其在接受子女代际各方面支持的及时性、持续性上较高，相应的，老人生活各方面的照顾会更加方便和快捷，生活质量也会较高一些，因此其生活的满意度也会得到增加。其次所占比例较大的是与配偶居住，有23.3%。不可忽视的是调查中农村独居老人占总数的15.7%，独居老人的居住距离子女较远，特别是针对失能、长期患病的农村老人来说，心理上的孤独感、寂寞感和需要帮助时的无助感相对较强，在需要子女代际支持的及时性和持续性上都较差一些，其生活满意度的质量也会大打折扣。

　　此外，与孙子女等一起居住的也有2.1%，居住于敬老院或其他地方的占0.4%。以上数据可以反映出在广大农村家庭子女与老人居住的比例较大，说明子女的代际资源距离老人越近，老人的生活满意度也相应越高，而独居、与子女居住较远的农村老人的生活满意度会较低一些。由此可见，居住安排将影响到农村老人代际支持的内容和途径。

　　3. 代际支持中子辈对父辈的精神支持

　　代际支持的精神支持主要表现为子女的情感支持和慰藉，通过测量老人与子女的关系、陪老人进行休闲活动的状况、老人有问题时的倾诉对象选择、老人平时与谁聊天最多等变量来测量精神支持。有研究表明子女与老人的情感交流互动的规模、强度、频率均对老年人晚年生活质量和满意度有极大影响。

　　表4-11的数据表明，累计77.9%的子女与老人之间的关系是比较好的，在陪伴农村老人进行休闲活动方面，经常的有20.3%，偶尔的占69.5%，从不陪伴的也占10.2%。因此，子女与农村老人的关系越好，老人的生活满意度也会越高，通过了99%的假设检验，相关系数$G=0.703$，两者形成高度正相关；经常陪老人进行休闲活动、与老人在一起进行交流的频率越高，与老人之间的关系融洽度越高，老人

的生活满意度也相应较高。

表 4-11　子女与老人关系状况对农村老人生活满意度影响的交叉表

	与老人关系如何				
	很好	比较好	一般	不太好	很不好
很满意	32	1	0	0	0
比较满意	51	51	16	1	0
一般	8	34	25	5	1
不太满意	2	4	2	1	0
很不满意	1	0	0	1	0
合计	94	90	43	8	1

$(G = 0.703, p = 0.000)$

在调查中，农村老人在不开心或有矛盾时更倾向于找配偶、子女倾诉。因为矛盾、不开心的根源基本上离不开与农村老人密切相关的生活问题，因此，解决问题的关键点也是子女与老人的双向沟通。表 4-12 反映出老人倾诉对象的选择与老人生活满意度呈相关性，相关系数 $\lambda = 0.026$。代际关系是伴随个体时间最长，代际双方共享时间最久的亲子关系状态。对农村老年父母而言，由于农村地域、文化氛围及老人自身身体客观因素的影响，社会交往范围逐渐缩小，社会联系减少，所以亲情对他们生活的影响更加重要。在情感的维系方面，代际关系的质量与亲子支持息息相关，亲子支持是亲子间亲情联系的一个纽带，也是亲情表达的一种方式。

表 4-12　老人倾诉对象选择对农村老人生活满意度影响的交叉表

	与老人关系如何				
	很好	比较好	一般	不太好	很不好
很满意	32	1	0	0	0
比较满意	51	51	16	1	0
一般	8	34	25	5	1
不太满意	2	4	2	1	0
很不满意	1	0	0	1	0
合计	94	90	43	8	1

$(\lambda = 0.026, p = 0.004)$

表 4-13 还显示，农村老人平常与子女、配偶聊天最多，其次是朋友和邻居。究其原因，农村老人的生活圈较小，禁锢在家人和邻里、朋友间，自然与他们聊天的几率较大。农村老年人奋斗一生，希望老有所养，有子女照顾，与子女在一起安享晚年的心理是可以理解的，他们比较关注身边的人对自己的态度，因此聊天、倾诉的对象也主要集中在子女、配偶身上，这些心理因素与老年人主观幸福感的关系极为明显。尤其是针对生活的满意度这一主观心理感受，情感的支持会对农村老年人

晚年生活质量有直接影响。

表 4-13 老人平时与谁聊天最多 (N=236)

	老人与谁聊天最多		老人与谁聊天多次		老人与谁聊天第三多	
	频数	百分比	频数	百分比	频数	百分比
配偶	78	33.1	16	6.8	6	2.5
子女	96	40.7	92	39.0	33	14.0
非直系亲属	5	2.1	30	12.7	40	16.9
朋友	37	15.7	42	17.8	37	15.7
邻居	20	8.5	55	23.3	60	25.4
其他人	0	0	1	0.4	60	25.4

4. 影响农村老年人生活满意度的其他因素

在农村老年人的自身健康方面,通过表 4-14 数据显示,除代际支持的主客观因素支持之外,农村老人自身的健康状况越好其满意度会越高,其相关系数达到 0.441,并通过了 95% 的假设检验。这是因为健康是老人晚年普遍甚至是最为关心的话题,当老人的健康水平变差时,医疗费用和食品开支显著增加,老人从子女处所获得的代际经济支持也有显著提升,因而其总体的生活满意度也会随之增加。

表 4-14 老人健康状况对老人生活满意度影响的交叉表 (N=236)

	老人当前健康状况				
	很差	较差	一般	较好	很好
很满意	0	4	10	16	3
比较满意	2	11	57	41	8
一般	4	17	39	11	2
不太满意	2	3	3	1	0
很不满意	0	1	0	1	0
合计	8	36	109	70	13

$(G=-0.441, p=0.001)$

在养老方式的选择上,家庭养老在农村老人中所占比例较大,其与老人生活满意度也存在相关性,通过了假设检验,相关系数 $\lambda=0.026$。现今,养老方式呈现多元化趋势,农村地区也不例外,社会化养老也开始逐步实行。但是农村老人家庭养老的观念已经固定,认为自己的子女有赡养的责任,并且是天经地义的,这是子女最起码的道德素养。加之如今农村新型合作医疗等与养老保障相关的制度施行,老人的晚年生活相对有了更有效的保障。因此,如果家庭子女能够更好地在家庭中照顾老人,那么老人也会更容易感觉到自己生活的满足,生活的满意度也会相应地得到提升(见表 4-15)。

表 4-15　老人养老方式的选择对老人生活满意度影响的交叉表（N＝236）

	哪一种养老方式最好			
	家庭养老	政府建立的养老院	社会建立的收费养老院	老人自己独立养老
很满意	30	2	0	1
比较满意	109	4	1	5
一般	61	7	1	4
不太满意	8	1	0	0
很不满意	0	1	0	1
合计	208	15	2	11

（$\lambda=0.026, p=0.043$）

农村老人帮助子女做事、老人遇到大事花钱谁做主与生活满意度相关度不高，都没有通过假设检验（见表 4-16、4-17）。调查中 40.3％ 的老人帮助子女看家，其他的约占 33.5％，而做家务、看孩子的分别占 14.8％、11.4％。这说明，农村老人与子女的代际关系中存在着"哺育"与"反哺育"的利益互惠关系。但是这与农村老人生活的满意度并无直接相关性。

表 4-16　老人帮助子女做什么对生活满意度影响的交叉表

	老人帮助子女做什么			
	看家	做家务	带孩子	其他
很满意	16	4	1	12
比较满意	52	22	13	32
一般	24	9	11	29
不太满意	3	0	2	4
很不满意	0	0	0	2
合计	95	35	27	79

（$\lambda=0.000, p=0.779$）

表 4-17　老人遇大事谁做主对生活满意度影响的交叉表

	老人遇大事花钱谁做主		
	老人自己	老人配偶	子女
很满意	17	2	14
比较满意	52	9	58
一般	32	3	38
不太满意	4	0	5
很不满意	2	0	0
合计	107	14	115

（$\lambda=0.000, p=0.216$）

而在遇到大事谁做主上,农村老人在能够自立的条件下由自己做主,其次就是子女。只要农村老人在遇到大事时有足够的经济支持,其生活也相应是有保障的,与其生活满意度就并无直接相关性。

四、农村老年人对子女代际支持

代际支持的定义是父代与子代的相互帮助,代际支持充分反映在父代对子代的抚养和子代对父代的赡养这两个代际支持过程中,但是这两个过程不是决然分开的。按照交换理论的观点认为,人们的行为一般都是交换的关系,在与他人互动的过程中,付出了行为,总是希望得到一种报酬,不管这种报酬是物质的,还是精神的;是即时的,还是未来的。正如布劳给社会交换下的定义:"交换是指一种人们(日常生活中)依赖他人回报的自愿的社会行动,一旦回报中断,这种(交换)活动就停止。"①父代在抚养子代的过程,就是一种把报酬攒到将来自己老了后的一种行为,希望自己的子女将来能够赡养自己,因此有了传统中国的子代赡养父代是天经地义的说法。而从另外一个角度来讲,子女也希望在赡养老人的过程中,能够得到一些回报,毕竟父辈投入的行为在几十年前,正如霍曼斯的攻击赞同命题所说的那样"如果人们的期望落空,他们就会生气并经常引发攻击性行为;如果人们的期望得到满足或者得到超额满足,他们就会很高兴。"②如果子女付出了很多,却得不到父辈相应的回报,有些子女就会虐待和遗弃老年人。布劳在《生活中的交换与权力》一书中所说的那样,拥有资源的人,能够在交换的过程中,拥有对他人的权力。老年人在家庭养老中,老年人拥有的资源越来越少,而子女拥有的资源越来越多,因此在交互的过程中,老年人处于弱势的地位,因此老人在养老的过程中必须要通过行动对自己的子女进行支持。老人在赡养的时候对子女付出的多一些,那么子女对老年人的赡养也会尽心一些。事实上,中国的老年人,特别是农村的老年人,在接受子女赡养的过程中,总是尽自己的努力为自己的子女提供支持,例如,有的为在城市打工的子女照顾孙子女,有的继续耕种自己家里的责任田。因此在了解子女对老人的代际支持对农村老人生活满意度的影响之后,老人对子女的代际支持也是一个必不可少的因素,因为老人养老的生活满意度本身是一个非常复杂的过程,需要从代际支持的两个过程来共同考虑,因为老人对子女的代际支持越多,子女对老人的支持也会越多,这本身就是一个交换行为的公正原则。

---

①乔纳森·特纳.社会学理论的结构(第六版)[M].邱泽奇等,译.北京:华夏出版社,2001.1:274—294.

②鲁思·华莱士,艾莉森·沃尔夫著.当代社会学理论[M].刘少杰,译.北京:中国人民大学出版社,2008:285.

（一）农村老人对子女的物质支持

代际支持是相互帮助，是一种交换关系，只是交换的双方处于不平等的地位，此时的老人由于身体机能的退化，已经干不了什么重的农活，他们通过自己的劳动获得的经济收入越来越少。但是子女在赡养老人的过程中，如果老年人能够给家人做一些力所能及的活，给予他们一定的物质支持，那么老年人的生活满意度就要高些。

事实上，中国农村的老年人在接受自己子女物质上的赡养的时候，他们还是不忘发挥余热的，为自己的子女进行着物质上的支持。表4-18的数据表明，所有的农村老人事实上都在为子女进行着物质上的支持。

表 4-18　老年人对子女物质支持的分布表

	频数	百分数
看家	95	40.3
做家务	35	14.8
带小孩	27	11.4
耕种土地	79	33.5
合计	236	100.0

农村老年人的经济状况在一定程度上反映出其生活的质量，而农村老年人的经济来源主要来自于子女，因此老人要想生活质量得到提升主要还是取决于子女的经济生活状况，而老年人对子女的物质支持可以让子女免去后顾之忧，一心一意地挣钱。

XTF06与两个儿子居住在一起，但主要还是居住在小儿子家。"我的小儿子自结婚以来就和媳妇到广州打工，我也只能在过年的时候才看得到他们。他们生下孙子不到一年后，就到城里打工去了，一岁不到的孩子，他的爸妈就不在身边，全靠我一个人把他带大，其中的艰辛只有当过爸妈的人才能体会，现在小孩上学了，白天我管的少些了，但是孩子的一日三餐、洗衣、指导孩子读书还是要我做，现在我的身体也越来越差，希望孙子的爸妈能够把孩子接到城里读书，但是自己儿子说城里读书太贵，而且他们打工又不稳定，经常要到处流动，看来我还要继续帮他们看孩子了。我现在最担心是教不好孙子，他的父母不在身边，孩子又不是很听话，我也不知道怎么教这个孙子。"老人说的时候，明显对未来充满着忧郁。她继续说："七年了，儿子和媳妇都是只有快到春节的时候才回来看望我和孩子一次，我和孙子的生活费主要是我的小儿子每月从打工的城市寄回来的，我现在没帮大儿子做事，大儿子很少寄钱给我用。要是没有孩子爸每月寄过来的生活费，我都不知道该如何生存？加上孩子们都不在身边，万一我生个大病该怎么办啊？我现在还能帮儿子们带孩子，可是随着我的身体越来越差，将来我会怎么办啊？"

如今，像 XTF06 这样的家庭在中国农村很普遍，农村青壮年为了维持生计，不得不外出打工，直接导致了农村留守老人的增多，加上小孩很难在城里找到学校读书，留守在农村的老年人就成了这些留守小孩的唯一依靠。留守老人生活的经济来源主要靠外出打工的子女，他们帮自己的子女带小孩。像 XTF06 这样的农村留守老人，生活的重心不在于自己如何生活而是如何抚养自己的孙儿。他们要得到孩子的经济支持，必须要通过帮自己的孩子抚养小孩的方式来换取。

农村最惨的老人当属那些高龄老人或者失能老人，他们生活照料是离不开子女的代际支持的。但是这些老人由于年龄和身体的原因，无法对子女进行物质上的支持，因此在子女的赡养问题上更是处于弱势的地位。

XTM06 和老伴居住，育有一儿三女。三年前，他一次外出干农活摔了一跤，导致中风，现今一直卧床不起。日常的生活照料都是老伴打理。随着老伴身体欠佳，XTM06 和老伴商量着到子女家养老，可是三个女儿以居住较远，还要照顾孩子为由推脱，不愿意自己的父母住在她们家里养老。XTM06 的老伴说："在农村指望女儿养老是指望不上了，唯一可以依赖的就是自己的儿子，但是儿媳觉得我们两个人没有钱，不能帮助他们，经常为了养老的问题和儿子吵架，儿子迫于妻子的压力也不敢做声。我们的命真苦啊，一辈子辛苦把四个孩子养大，临老了他们都不愿养我们。"XTM06 说："我生病了，几个孩子花了一点钱把我的病治得稳定点后，就对我不闻不问，多亏有老伴，要不我早都上天了，哎，我那不争气的儿子，指望他是指望不上了。要是老伴有一天和我一样，你说我们可怎么办啊？我也不求他们什么，只要能够管管饭，多来看我，我也就放心活下去了。"

XTM06 的无奈在中国的农村非常普遍，农村的高龄老人，或者身体状况不好，或者失能，已经不能正常地帮助子女看家或照看孩子了。他们的养老生活就非常令人堪忧，正像有的研究者认为的那样，在农村这样的老人只能自求多福，他们中很少有人是寿终正寝的，很多人都是自杀而非正常死亡。这些老年人，因为无法为子女提供有力的物质支持，如果和儿子、儿媳关系不好，晚年的生活照料是很难有保障的，这对其生活的满意度有直接影响。在农村似乎存在这样一种双向的利益交换关系：在老人年老、子女忙于生计时，家庭的日常事务如看家、做家务、带孩子等全交由老人来承担。而老人的报酬是子女给老人主要的生活费，即晚年的生活基本维持。中国的"孝"文化是责任和义务的复合体，老人早年抚养子女长大，到了晚年生活的照料理应由子女承担。但是由于现代化的发展，农村中传统家庭权力关系的倒转，农村老年人地位的弱势，导致他们的生活处于一种被动的状态。

（二）农村老人对子女的精神支持

这主要集中体现于老人与子女情感支持的维系。而情感的支持具有相互性，子女对老人的关怀，同时也是老人对子女的精神关怀。有作者报道：中国老人由于习惯大家庭的生活，与子女关系和睦的老人其幸福感高于一般者。也有研究者根据数据调查显示：有无亲近关心的子女是影响老人生活满意度的关键因素。在农村大家庭中，老人的生活圈小，文化娱乐生活与城市老人相比更是少，因此，子女陪伴老人的时间自然较少。加之当今农村劳动力的外流，留守老人也增多，老人亲情感的缺失也是值得关注的问题。针对以亲情感为核心的农村老人精神赡养，主要聚焦的是对老人情感的支持与心理需求的满足。有时候一个电话、一句问候、一顿家常便饭也会在平淡中品味出真情。农村老人虽然文化程度不高，但他们并不奢求子女能给予多大的物质支持，只要一家人和睦，相亲相爱，那也是一种平淡的幸福。

XTM07 早年丧偶，再婚已七年。自己带着一个当兵的儿子，老伴带着一个女儿。由于儿子常年在外，回家的次数少，XTM07 都是和老伴共同度过的。谈到自己的儿子，他就是一脸的自豪："儿子小的时候就没了妈，我自己既当爹又当妈将他抚养长大。还好他也争气，现在在海南当兵，每隔一周都打电话问我身体怎么样。有一次听到新闻说海南海啸什么的，急的我呀，儿子刚好打电话回来向我报平安。只要他平安，我就安心了。"但是 XTM07 的老伴就不同了，自己的一个女儿从小不听话，跑到外面七年了都没个影，谈到这 XTM07 都是叹息："七年都没一个电话，老伴心都凉了，现在她摔断了腿，行动也不方便，就是想看看女儿，她这辈子也没什么遗憾了！"

XTM07 和老伴截然相反的情况不禁让人悲叹生活的不容易。可以想象 XTM07 的老伴心中的焦虑和担忧。儿子的电话报平安就可以让爷爷安心，这不仅仅是一种简单的情感告慰，也反映出子女对老人的情感支持是保障其晚年生活得以安慰的"定心丸"，其实子女和老人之间的亲情感力量是强大的。从案例中 XTM07 的老伴的担忧可以反映出老人对子女的需求是简单的、纯粹的，只要他们平安和孝顺，就是对自己的最好宽慰。而这种情感的告慰和精神的慰藉是相互的，他们通过简单的电话联系，就可以从精神上互相告慰彼此在远方的亲人。

表 4-19 的数据显示，农村老人感觉生活很累的占 1.7%，比较累的 21.2%，一般的有 50%，一般及以上的累计 72.9%。可见农村老人由于生理和社会的原因，他们的生活是比较累的。这时子女的情感分担对老人生活满意度的提高是有显著作用的。在文化层面上，精神赡养是一个孝道能否得到继承的问题；在经济层面上，精神赡养是一个养老的时间成本、机会成本和心理成本如何控制在子女能够承受的范围里的事。传统孝道文化的传承会在亲情感的延续下得到继承。因此，子女的情感支持就是一种精神赡养，它为农村老人生活的平淡增添了一份温暖。

表 4-19　老人生活是否累

	人　数	百分比%	累计百分比%
很累	4	1.7	1.7
比较累	50	21.2	22.9
一般	118	50.0	72.9
不太累	53	22.5	95.3
很不累	11	4.7	100.0
合计	236	100.0	

通过调查,三个年龄段的老人均以家庭养老为主要的养老方式选择,这种比例达88.1%。同时随着政府逐渐对农村老人生活状况的重视,农村养老保障也逐步提上日程,也有 15%的老人愿意去政府建立的养老院养老。11%的老人坚持自己独立养老,这也说明当今农村老人在经济水平提高的前提下更愿意依靠自己来生活。

表 4-20 的数据显示,愿意主动接受家庭、子女支持的老人更容易感觉到幸福,比例达到 60.2%。农村老人还是更愿意在子女和自己的双向互动中养老。在19%的其他选项中,大多数调查者反映家中老人在以下情况更容易感到幸福:一家人经常聚在一起,子女孝顺;一家人陪老人吃饭;一家人和睦,子女健康,儿女幸福;有自己的事业,老有所为、老有所乐。这很可能与传统的孝文化相关,在传统家庭形式下,尤其是三代同堂的扩展家庭中,子女对老年父母的情感回报是面对面的。因此,到了晚年,农村老人自己也认为理应得到子女等的支持。

表 4-20　在以下哪种情况更容易感受到幸福

	人　数	百分比%
主动接受家庭支持	142	60.2
主动给予家庭支持	75	31.8
其他	19	8.1
合计	236	100.0

XTF07 早年丧偶,无儿无女。是农村中的典型五保户。一年前,接受村里干部的建议来到县里的养老院。"我真是错了,养老院里的人我都不认识,自己现在身体不好,整天连个说话的人都没有。要是原来在家里,还有几个邻居可以聊天,现在呢,都不知道该怎么办?要是我有儿子女儿也不至于弄成现在这个样子,起码还能和他们在一块。"XTF07 满肚心酸地说到,据了解已经将近一年都没有人来看过她了。

XTF07 作为一个独居老人,也希望自己能够在家养老。她在养老院的孤独感、无能感是不言而喻的。家庭养老是由子女、配偶或者其他亲属等家庭成员提供养老资源，履行对老年人的经济供养、生活照料和精神慰藉职责的养老方式。之所以大多数农村老人愿意选择家庭养老，一方面是源于亲情感的不舍，另一方面也是害怕孤独、寂寞。家人的关怀哪怕是微不足道的也是温暖的。

五、结论与反思

1. 子女代际支持的几个方面

通过对农村老年人代际支持系统的主客观方面的分析，基本得出子女的代际支持越强，老人的生活满意度越高。反之，如果农村子女的代际支持较弱则农村老人的生活满意度会较低。特别是体现在经济、生活照料、情感支持等方面，较为显著。

（1）农村老人与子女代际间的经济与生活照料方面的交往十分普遍，代际之间保持着密切的关系。子女对老人的家庭代际支持与老人的实际需要有密切关系，代际交往依然是以子女支持老人为主，老人帮助子女为辅。日常的生活照料、经济支出、身体健康、疾病治疗是子女照顾老人的主要方面。在日常的生活互动方面，受老人居住状况的影响，代际互动的频率和强度也会发生改变，这必将影响到老人的生活质量。

（2）代际之间的亲情感维系，对农村老年人的养老满意度有极大影响。当前农村家庭养老功能弱化，赡养问题严重。其直接原因在于赡养原则的变化：从传统时代的无条件孝道转变为当代的有条件回报，深层原因则在于代际权力关系的变迁、家庭权力从父辈手上转移到子辈，尤其是媳妇家庭地位的急剧上升。子女的代际情感的互动一方面是保障老人与子女之间的代际关系传承的重要纽带，另一方面也是老人与子女达成各自利益最大化的手段。

（3）子女与老人的代际支持是建立在双向互动的基础上的。在生活照料方面，老人一方面给予家庭、子女帮助，同时另一方面接受子女给予的养老保障。在当今随着农村建立了社会养老保险制度，代际之间经济交往的主导方向虽然没有发生根本改变，但由于加上老人继续从事有收入的劳动，子女供养老人的经济负担虽有减轻，但老人数量的增加，养老的重担还是相对较重的。

（4）随着人口老龄化的发展，高龄老人迅速增长，农村社会结构的变迁，特别是人口流动日益增强，空巢家庭增多，代际之际的空间距离扩大，这些因素无疑会导致农村老年人的照料问题逐渐突出，这也必将影响到农村老人的生活满意度。在经济落后的广大农村地区，如何开展社会化照料服务，是农村现代化建设过程中需要解决的社会问题。

2. 社会支持存在的问题

（1）从目前农村老人的社会支持资源来看，子女的代际支持仍然占主导地位，但真正来自社会的支持参与还比较低,特别是正式的制度性支持较为缺乏。如何整合农村老人的社会资源是值得探讨和思考的。即使是来自家庭、邻里朋友的非正式支持,若是没有情感的维系也是不太乐观的。

(2)农村外出劳动力的大量流动特殊环境下,子女是否外出,其中的距离成本,都一定程度影响老年人生活的满意度。外出子女的代际支持特别是在经济、情感上给农村老人带来的影响也是很重要的考量方向。以上针对子女是否外出的情况调查是本书所未考虑的,因此子女外出打工倾向于经济支持的补偿现实也是反映农村老年人生活满意度的重要角度。不可否认的是,从农村外出子女对父母生活的整体影响来看,他们的生活外出一方面增加了父母可享受的代际支持的危险,但另一方面也在一定程度上改善了农村老人的经济状况。

(3)是否考察老人的男女性别因素的差异与其相对应的生活满意度的不同,特别是农村高龄老人,男女性别老人分别对于子女的代际依赖还是有很大差别的。如在农村帮助子女带孩子、干家务和做农活方面,女性老人是占有多数的,因此其从子女处所获得的代际支持也会与男性老人有略微的差别。

3. 如何提高农村老人的生活满意度

由于农村家庭养老功能和传统孝道伦理道德观念等的弱化,农村社会保障机制不健全,医疗保障不完善,老人情感寄托缺失,农村老人的生活养老保障承受巨大的挑战。如何提高农村老人的生活满意度,什么才是农村老人生活满意的最佳综合指标都是其衍生的问题。农村老年人的生活满意度是衡量一个社会文明程度的重要尺度和指标,也是构建社会主义新农村的重要方面。为此应从以下几个方面来提升农村老年人的生活满意度,提高其生活质量。

(1)代际互动方面,农村老人也是重要的一环,因此关怀老人心理健康,建立和睦代际关系,这需要社会的投入以及成年子女和老年父母双方共同努力。农村老人一方面要增强自我调适能力,特别是代际冲突和矛盾情感是老人心理痛苦的主要来源,老人要增强自我调适能力,学会心理自我安慰,增强自我独立意识。同时,也要理解子女的生活难处,站在各自立场的相互理解是十分重要的。

(2)成年子女应自觉树立养老、敬老、爱老的责任意识,主动履行对农村老人的抚养义务,虽然经济赡养是前提,但不能是只重视物质养老,还必须重视精神慰藉,提高老人幸福感、生活质量和满意度。在老人需求的满足上,要时刻关注老人的变化,及时做出调整。同时,子女应对老人帮助料理家务、照顾家庭表示感谢,要多从老年人的角度和立场考虑问题,多关心父母的心理感受,理解父母感受到衰退的变化和相应的感受。在综合农村子女的数量现实上,子女之间的相互理解和支持、共同赡养老人的意识提升也是十分重要的方面。

(3)培养子女与老人的家庭思维,将各自看成是家庭系统中的一部分,创建守望相助的代际支持氛围，这是一个双向的互动过程。特别要加强亲子沟通与协调，要树立代际平等、互相尊重、互相理解的沟通理念，搭建诚恳、互相信任的沟通机制，同时营造一个代际间互相宽容、接纳的沟通氛围。农村子女可以不定期举行不同年龄层次聚会，避免代际隔阂，通过以亲情来弥补老人的丧失感、孤独感，以关怀理解来消除代际隔阂，以此提高农村老人的生活满意度。

（4）朋友、邻里、社区管理者和老人的关系与老人的生活满意度都有很大关系，他们也是农村老人的亲密社会支持系统的一部分。因此，农村社区要积极开展各项老年活动和讲座，增强老人心理保健意识，建立良好的生活方式，改变对老年人的歧视和对自己老化的消极态度。应鼓励老年人参加各种活动和锻炼，鼓励邻里之间的互动，增强生活的丰富性，减少单调性。

（5）政府应该加强年轻一代对老人赡养的内化机制，培养年轻人的孝道意识。提倡子女责任伦理的构建，走出代际不平等的误区。注重农村养老保障制度的健全和完善，倡导并支持农村地区"因地制宜"的社会养老保险的发展。通过发展乡镇企业、调整农村产业结构等大力发展经济、积极倡导新的社会养老方式，加强代际孝道文化的传承，倡导发挥家庭赡养功能，形成以居家养老为主，社会养老为辅的多元养老模式，从而提高农村老人的生活满意度。

伴随着我国农村人口老龄化进程的不断加快，农村养老保障制度的建立和逐步完善，传统的家庭代际关系也发生了较大改变。特别是子女的代际支持网络的影响甚为巨大。子女的代际资源的充分有效传承和整合直接关系到农村老年人晚年的身心健康和养老质量。妥善解决农村老年人问题也是保证农村经济快速健康发展和农村社会稳定的需要。关注农村老年人生活满意度的研究，是对传统孝道文化的传承。尊老爱老、孝亲敬老是中华民族的传统美德，是中华民族几千年的文化精华，源远流长。加强子女与农村老人的双向沟通和代际情感疏通，帮扶农村老人营造代际融洽、家庭和睦、老少和谐的良好氛围。这些都有利于提高农村老年人身心健康，提高其生活质量，提升生活满意度，进而为促进社会主义新农村建设起到十分重要的作用。

第四节　新农保体制下，农村老年人家庭养老中的代际疏离问题

农村地区的家庭是农村社会的细胞，是农村社会的一个反映，对社会和国家的安定发展都有很重要的作用。而农村家庭关系中的亲子关系作为农村家庭的一个方面对农村家庭和农村社区的和谐发展有着重要的影响，亲子关系是每个人来到

世间的第一个人际关系,它对每个人的心身健康都是十分重要的。在传统的中国农村,中国的传统文化是维系农村稳定和谐秩序的关键因素,而农村中的家庭更是农村秩序能够稳定发展的关键因素。在传统中国的家庭里一般以联合的大家庭为主,实行的是家长制,而家庭的家长一般是老年男性担当,因此老年人在传统家里的地位崇高。传统中国的农村家庭推崇父慈子孝的家庭关系,在"安土重迁"和"父母在不远游"的传统文化的影响下,流动很少,父母子女经常居住一起,形成一种代际融和的农村家庭关系。而农村家庭在传统社会里拥有生产、消费、抚养、赡养、生育、教育等诸多功能。然而随着我国现代化的推进,特别是改革开放以来,农村家庭越来越向小型化发展,并且随着计划生育的实施,人口的减少,再加上农村年轻一代的人大多到城市里打工,而且一般只是一年回来一次,有的几年回来一次,导致众多的老年人成为留守老人,农村的传统秩序发生了翻天覆地的变化,亲子之间的关系由传统社会里的经常互动、父慈子孝、代际和谐的家庭关系,变成了缺乏互动、亲子关系不断疏离的状态。

随着现代化的发展,特别是 20 世纪 80 年代以来,随着改革开放政策的实施,我国农村地区的农民开始向城市大规模转移,他们拥有农村户口,却在城市里从事着非农产业,他们的身份既有别于传统意义上的农民,又有别于拥有城市户口的城市居民,国内学者称呼他们为"农民工",以区分农民和城市居民。据国家统计局的统计数据表明,2010 年我国的农民工总量达到 24 223 万人,他们广泛地参与城市里的经济建设,为我国的现代化、城市化和工业化的发展做出了不可磨灭的贡献。他们大规模外出打工,导致"家庭作为社会的一大细胞,它的功能和特点已在慢慢地消失。"①这在农村家庭里更为突出,传统农村的家庭赡养的功能,在子女流动到城市里打工开始,老年人的家庭照护就处于一种子女缺位的状态。地域的遥远,子女在城市生活的艰辛、交流的缺乏,两代人之间的代际关系显得越来越疏离,农村家庭成员之间原本应该有的很多关系正在慢慢地蜕变。这种状况最大的不好之处就是父母在需要亲子帮忙的时候,亲子不能及时地赶到父母身边,当亲子需要父母的时候,父母也不能赶到亲子的身边,这样深深地损害着一个家庭的完整,不利于家庭功能的正常发挥,从而给社会带来不安定,造成社会流动人口的比例的增加,不利于社会的稳定和良性发展。

随着经济的快速发展以及现代社会的急剧转型,人们的生活方式正在发生巨大的变化,农村的年轻人口大批外出打工,老人和孩子成为留守老人和留守儿童。地域的隔离、长时间不能面对面地互动,导致农村年轻人与其父母一起交流、沟通的机会减少,亲子之间的活动就更少了。很少回家的年轻人亲子回家之后有自己

---

①王思斌.社会学教程(第三版)[M].北京:北京大学出版社,2010:55.

的小家庭，加上和自己父母之间的代沟，缺少共同语言和一起活动的热情而出现家庭亲子之间的关系疏远。所以现代农村社会家庭亲子之间的关系正在渐渐地走向疏远，这对家庭的发展以及家庭正常功能的发挥都是很不利的。

一、农村家庭养老中亲子关系的现状

"亲子关系是指父母与子女之间的关系，它是由夫妻关系而产生的一种最基本、最重要的家庭关系，宽泛地说就是父母子女关系。在法律上是指父母与子女之间的权利、义务关系。同时还有自然血亲的亲子关系和拟制血亲的父母子女关系。自然血亲的父母子女关系：这是基于子女出生的法律事实而发生的，其中包括生父母和婚生子女的关系、生父母和非婚生子女的关系。"[①]关系是需要在不断的交流、见面以及活动中得到加强的，没有相应的交流和一起活动的经历，人与人之间的关系是会逐渐疏远的。

本书的调查数据来自 2011 年对仙桃市范湾村和汉川市洪北村的调查，具体的抽样和调查方法见第一章。通过调查，得出农村老年人和其子女代际关系的一些基本情况。通过对回收的有效问卷分析，得到以下数据：农村老年人没有和自己的子女一起生活的有 173 人，所占的百分比是 73.3％；和自己的子女一起生活的有 90 人，所占百分比是 23.8％。农村中父母没有和子女一起生活的人占到了很大的比例，没有和父母一起生活就充分地证明亲子与父母之间面对面的机会很少，面对面的长时间的交流、沟通的机会很少。如果没有面对面的交流和沟通就只是偶尔的电话问候一下、交流一下，但是由于考虑到通讯费用的问题，电话交流和沟通只是短时间的。而且即使那些和自己子女生活在一起的老人，由于他们的子女在外打工，很少回家，他们住在子女家，帮子女们看家带孙子，而事实上和子女的交往互动的时间也仅仅限于春节一个月的时间。所有的这一切都表明农村老年人和他们的孩子之间的交往互动的时间少，长期缺乏交流的关系最后就会导致关系的疏离。

XTM11 说："自从儿子十年前到城市打工以来，这些年我们之间说的话，还没有以前一年的多。虽然儿子给我买了一个手机，时不时给我打个电话，报报平安，互相了解一下彼此的现状，但是由于电话费贵，很多事情在电话里也讲不清楚。日盼夜盼儿子年底回来了，他要到自己的岳父母家拜年，又要会朋友，要带自己的孩子玩，也没有多少时间和我们交流。"

这两个村庄里像 XTM11 有这样的感觉的老年人很多，他还是和子女住在一起，那些和自己子女分开居住的老人就更惨了，有的老人的子女干脆春节都不回来，老人就更加孤独寂寞了，他们之间的关系就更加疏远了。

---

①董进宇.亲子关系[M].吉林：吉林大学出版社，2002：23.

通过此次调查发现农村家庭里老年人和自己子女的互动很少,子女在一些重大事务上的决策基本上很少询问自己父母的意见和态度。调查数据显示,遇到重要事件和自己父母一起商量和讨论的人只有43人,百分比为18.4%。另外的220位老年人从来没有参与过子女重大事务的商讨,也没有子女询问过他们的意见。这充分地说明现代农村社会家庭里老年人和自己的子女一起互动、活动的时间很少,甚至有的家庭中父母与亲子之间根本没有一起活动过,也是很正常的。没有互动就没有相互了解的机会,对方现在的情况及各方面的信息都不会得到全面的了解。

HCM10说:"我以前是村庄里的干部,自认为见多识广,孩子以前有什么重要的事情总是会征询我的意见,和我一起商谈对策,然而自从他到城市打工以后,做任何事情再也不和我商量了,他觉得我很土,思想观念老化。前年他要在家改建厨房,修建冬天的淋浴设施,我说你们很少在家,装修一次很浪费,也用不了几次,可是他根本就不听我的话,也不和我商量,第二天就开始改造了,花了快2万元钱,看得我心里很疼。几千年来,农村冬天的洗澡问题不都是这样过来的吗?为什么要花这么多的钱装一个自己很少使用的设备,然而儿子对我说,我太土了,现在的人都懂得享受。"

面对面的交流和沟通在农村年轻人大量外出的今天,对农村家庭的亲子之间关系已经造成了巨大的影响,同时由于通讯费用的高昂,年轻子女又不愿写信,老年人又不懂现代的网络技术,导致现代农村社会中老年人和自己子女之间通信联络的频率也在不断地减少。调查数据显示,12个老人,占总人数的4.9%,一年来子女主动和他们联络过一次;23位老年人,占总人数的9.7%,一年来子女主动和他们联络过两次;有7位老年人的子女甚至一两年才主动和父母联络一次。老年人缺少与子女之间的联络,致使亲子双方互不了解对方的情况,老年人与子女之间的关系疏远。

HCM06说:"又有大半年时间了,儿子也不给我打个电话,不知道他在城市里过得怎么样?以前还经常主动和我联系,虽然是向我要钱,可是听到他的声音我也高兴啊,现在他不向我要钱了,可是和我联系的频率也减少了,儿行千里,父担忧,他也不体谅一下我的心情,多和我联系一下啊。"

HCM06的情况具有很大的普遍性,确实,城市里打工的农民工,为了谋生,忽视了和自己父母的情感交流,导致老年人的养老生活显得非常的寂寞,亲子之间联系的频率降低,影响了他们之间的亲密关系。

为了知道老年人内心的想法,在本次调查中笔者加了一个测量老年人内心对子女关系进行评价的问题,而调查结果显示,只有9.7%的老年人觉得与子女之间的关系很亲密；33％老年人觉得和子女的关系较亲密；21.8％老年人觉得和子女的关系一般；有29.1％的老年人觉得和自己的子女关系较疏远。

HCF08说："我现在越来越看不惯自己的儿子了，在城市里不知道学了些什么，带回来一身的坏习惯。譬如，喜欢新的、贵的东西，有些衣服还是好好的，就不穿了，干什么都大手大脚地花钱，每次和他说要节俭一点，总是当我的话为耳边风，该干什么就去干什么，从来不体谅一下我的心情。"

HCF08和自己子女关系的变差，实际上是城市文化和农村文化相互碰撞后导致的后果，也是老年人和他们的子女代沟的一种体现，而这种代沟导致的冲突，会降低父母和子女之间的紧密关系。

从以上几个调查数据中，可以充分说明现代农村社会家庭亲子之间的关系已经渐渐地出现相互疏远的问题。农村老年人和自己的子女由于彼此居住在不同的地方，相互间缺乏面对面的交流互动，沟通的机会在不断地减少；联络的频率由于不同的原因在不断地减少，导致了双方都不了解彼此的需要和想法，亲子之间的关系越来越疏离。这种疏离的亲子关系不仅影响着农村家庭的和谐发展，而且严重地影响着农村老年人的家庭养老的生活质量，限制着家庭赡养功能的发挥。

二、农村老年人家庭养老中，亲子关系疏远的原因分析

传统中国农村的父母和子女在抚养和赡养问题上遵循一种权利平衡的原则，追求一种父慈子孝、儿孙满堂的天伦之乐，那时父母和子女的代际关系普遍要亲密些，村庄的秩序也不容许子女疏远自己的父母，否则会受到道德的谴责。然而现代社会里，由于现代化的影响，农村年轻子女为了生计，纷纷到城里打工，原有的村庄秩序在生存大计面前分崩离析，农村老年人的留守状态被认为是一种理所当然的事情。正如前面所述，老年人的留守、年轻人的外出打工，造成了农村老年人和自己子女代际关系上的疏离，造成老年人的家庭养老没有人照顾的客观事实，严重地影响了农村老年人的家庭养老质量的提高。

(一)代沟的存在

"代沟是指两代人之间在思想观念、价值观、对事物的看法、自己的想法上出现的不一致的现象，以及两代人之间由于缺少共同的语言而少于交流、沟通的现象。"[①]代沟有时候会让双方在对事物的看法上出现争执，产生矛盾。农村中老年人和年轻人由于经历的历史事件不同，他们对社会和事情的看法上有着天壤之别，形成了两代人之间的代沟，在家庭中的两代人不可避免会出现争执、矛盾。在传统的农村，人们流动得少，必须整天生活在一起，很多代沟事实上通过两代人的努力，

---

①王思斌.社会学教程(第三版)[M].北京：北京大学出版社，2010：60.

把它的副作用降低到最小的程度。然而现代的中国农村,由于子女打工,很少有人会和自己留守在老家的老人长期共同居住,许多代沟事实上因为双方没有共同生活无法交流和沟通,而得不到解决,如果代沟得不到有效的解决,势必会造成代际冲突,而代际之间的冲突就会严重影响农村老年人和子女之间的关系。同时农村老年人在家庭养老中地位处于一种依赖地位,如果得不到孩子的体谅,双方关系恶劣疏远,那么他们的养老质量就会受到严重的影响。

表 4-21 的数据表明,子女和父母关系密切的人不是很多,36%的农村老年人认为自己和子女的关系很亲密或较亲密,而 40.7%的农村老年人认为自己和子女的关系较疏远或很疏远。43.2%的老年人认为自己的子女非常理解或比较理解自己,33.5%的老年人认为自己的子女不太理解或很不理解自己。数据显示,子女对父母是否理解和他们之间的代际关系是呈正相关的。

表 4-21　子女是否理解您和与子女关系亲密度的交互分类表

	非常理解	比较理解	一般	不太理解	很不理解
很亲密	4	6	4	5	1
较亲密	6	39	6	12	2
一般	6	16	5	24	4
较疏远	5	11	18	26	0
很疏远	3	6	22	4	1
合计	24	78	55	71	8

($G=0.08$　$p=0.28$)

农村老年人与子女之间相互的不理解导致父母与亲子之间在交流、沟通方面减少,缺乏共同话题。同时由于代沟的存在,农村的青年人和自己父母谈论的话题很少,一般主要集中在老年人孩子的婚姻和各自的个人心情。而在其他方面,比如老年人的子女在工作之余的休闲活动以及他们对未来规划等,由于农村的老年人和他们的子女出生在不同的年代,各自在这些方面的想法不一样,而没有共同的话题,这些都影响着农村老年人和他们子女之间的关系,导致他们关系的疏离。如果父母与亲子之间有很多的话题,不管是在现实的生活中,还是在电话、网络等通讯工具上都有说不完的话题,那么亲子与父母在一起活动会很有乐趣,大家都乐于在这种氛围中了解对方,从而不至于导致双方关系的疏远。

表 4-22 的数据表明,农村老年人与子女谈论的话题越多,老年人和自己子女的关系就越亲密,通过了假设检验,而且相关系数很高达到 0.26。同时本次调查中得到农村老年人和自己子女交谈最多的就是孩子们的婚姻问题,在本次调查中有 98 人,所占的百分比为 40.29%;其次是个人心情,有 70 人,所占的百分比为28.64%;除这些之外,关心其他的有 31 人,所占的百分比为 15.05%。其余的话题老年人想和子女交流但是由于代沟存在,子女不愿交流而作罢。如果平时的交流

和谈话少，交流的话题也少，那么农村老年人和其子女之间的关系自然会疏远。因此在农村老年人的家庭养老中，老年人要处理好与自己子女之间的关系是非常必要的，如果和子女的关系融洽，那么老年人的养老生活的质量就要高很多。

表 4-22　老人与子女谈论话题与老人与子女关系状况的交互分类表

	孩子的将来和发展	彼此的心情	孩子的婚姻问题	工作方面的事情	其他
很亲密	4	11	4	1	3
较亲密	3	35	19	6	15
一般	2	8	30	6	10
较疏远	2	11	44	7	6
很疏远	1	5	2	0	2
合计	12	70	98	20	36

（$\lambda=0.26$　$p=0.002$）

（二）社会转型

在当代社会，全球的社会发展呈现出社会节奏加速倍增化、社会活动方式信息一体化、社会活动性质利害两重化、社会活动群体全球协同化四个大的发展趋势。我国进入 20 世纪 80 年代以来，实行改革开放的政策，一切以经济建设为中心，加快了我国现代化建设的步伐。特别是邓小平南巡讲话以后，我国确立了市场经济体制，从此进入到社会的急剧转型期。我国是在全球经济、信息一体化背景下展开的社会转型，这种社会转型主要体现如下几个特征：在经济上表现为由传统计划经济向现代市场经济的转型；在社会组织形式上表现为由传统共同体社会向现代市民社会的转型；在政治制度上表现为由传统的高度集权的专制政治向现代民主政治的转型；在文化观念上表现为由传统的专制奴性文化向现代的民主自由文化的转型。这种转型对个人与社会的发展带来了极其深刻的影响。

当代中国社会的转型一方面给农村里的青年人带来发展的机会，另一方面又制约着农村家庭里亲子关系的发展。首先，社会急剧转型，出现的新事物、新思想是越来越多，而相对年龄比较大的农村老年人来说，他们的学习能力有限，无法迅速接受快速出现的新鲜事物；同时他们的思想保守，拒绝接受新鲜事物。那些热爱新鲜事物、快速接受新思想的农村青年人在与他们的父母交流时，自然会因为观点的分歧而产生摩擦和误会，拒绝接受新思想的老年人在与自己的子女交流时就会没有共同的话题，这些都会导致两代人之间产生矛盾，导致家庭亲子关系疏远。

同时，社会的急剧转型必然导致社会的分工越来越细，分工的细化会产生不同行业需要不同的专业技术人才，城市现代化、工业化的快速发展需要众多的高质量的劳动力。城乡之间收入的高低差距，城市生活方式更受年轻人喜欢；消费水平的不断增长，家庭的经济负担加重；农村两代人之间的代沟等诸多的推拉因素，迫使担当家庭经济支柱角色的农村家庭中的年轻劳动力，远离父母到遥远的城市里去打工。

在调查中,很多老年人说"在农村种地的收入太少,家中有孩子老人要养,自己的孩子不得不离开农村到城市里工作赚钱"。亲子外出的主要原因是到经济更好的地方去工作,赚取更多的钱以缓解家庭及自己经济上的紧张,亲子之所以能离开父母到外地主要的原因,与中国的社会转型是密不可分的,随着我国改革开放的深入发展,城市需要大量的劳动力,于是农民的流动就没有以前限制得那么严格,再加上城里能够挣到比农村高得多的收入,于是农村里的年轻人纷纷到城市里打工。从表4-23的调查数据现实:有138人是经济很紧张而导致他们外出工作的,所占的百分比为59.22%;比较紧张的有78人,所占的百分比为31.07%;而很富裕的只有4人,所占的百分比仅为1.46%。现代社会的急剧转型导致消费水平的不断提高、行业的不断改变、简单和密集型产业的不断变化等使得在农村家庭当中起支柱作用的年轻人不得不离开家庭外出工作,以赚取更多的供家庭支配的金钱,缓解家庭的经济困难。

表4-23　家庭经济是否紧张与老人和子女关系状况的交互分类表

	很紧张	比较紧张	一般	不紧张	很富裕
很亲密	9	10	5	0	0
较亲密	45	23	4	2	3
一般	25	30	3	0	1
较疏远	55	10	1	0	1
很疏远	4	5	1	0	0
合计	138	78	12	2	4

($G=0.09$　$p=0.38$)

表4-23的数据充分地显示农村家庭的经济状况严重地影响到农村老年人与他们子女之间的关系。同时农村家庭收入增长慢,也是和现代社会的转型密不可分的,当代中国的小农经济在以机械化为典型特征的现代化面前,投入的成本与产出是农村经济发展很慢的主要原因。同时社会的转型,社会分工越来越细,农村的青年人想在家靠种那几亩有限的责任田是无法养活全家的,不得不外出到城里打工。

由于农村家庭的经济紧张,这些家庭中年轻人离开农村,到沿海等经济发达的城市去赚钱养家。他们在城市里的工作一般都是脏乱差和累的工作,他们的工作量繁重,工作忙、累,因此他们很少与家中的父母联系和交流、沟通。本来外出打工让亲子关系疏离的问题,在高强度的工作面前更加雪上加霜。那些在城市里工作的年轻人为了解决经济上的紧张,多挣钱养家,经常主动加班或者是选择工资较高、工作量大、工作时间长的工作。由于这些农村年轻人工作时间长、下班晚等原因,导致他们很少有休闲时间,如果没有空闲时间则利用通讯技术和自己父母交流,沟通的机会就少,这样进一步疏远了亲子关系。

表4-24的数据显示,子女在城市里加班越多的老年人,越觉得和子女关系要

疏离,其相关系数达到 0.15,并且通过了假设检验,这说明农村中青年人在城市里的工作时间严重地影响着他们与自己父母的关系。同时,在本次调查中,子女在城市里正常工作八小时的老年人有 12 人,所占的百分比仅为 4.9%;子女在工作日加班的老人有 81 人,所占的百分比为 33.5%;子女在工作日和周末都加班的老人有 84 人,所占的百分比为 8.3%;经常出差的有 39 人,所占的百分比为 16%。从表4-24 的数据可以看出,农村年轻人在城市里的工作时间都很长,一般情况下都会加班,下班后回到住的地方都非常疲惫,根本没有时间和心情与留守在家的父母通过通讯工具进行联络。

表 4-24　子女的工作时间 * 老年人与自己子女关系的交互分类表

	正常工作时间	工作日加班	周末加班	工作日周末都加班	经常出差
很亲密	1	6	8	1	10
较亲密	1	37	23	6	8
一般	8	15	16	1	12
较疏远	2	17	35	12	2
很疏远	0	6	2	0	7
合计	12	81	84	20	39

($\lambda = 0.15$　$p = 0.06$)

(三)农村老年人与子女之间的互动不便

"互动"指在活动中或者是相互的交流中通过各种身体语言等符号来了解对方,得到对方各方面的信息。现代化的发展,人们之间的通讯变得快捷方便和即时,人们可以用各种通讯工具进行沟通和交流。但是农村地区的老年人大多是出生在 20 世纪四五十年代的人,面对现代社会是高速发展、不断更新的新时代,由于他们受教育的程度低,懂得的知识少,在加上老年人不愿接受新鲜事物,即使接受他们的学习能力低,学习现代知识非常的困难。所以农村老年人很多人不懂得现代科技如电脑(QQ、MSN)、手机发短信等。在现代高速发展的社会,年轻人善于学习,也热衷于现代高科技的通讯工具。以前的家书抵万金的时代一去不复返,访谈中的所有老人都说,最近几年来基本上没有收到过子女的来信,和子女通讯最多的工具就是电话,可是电话的费用很高,每次打电话都是拣重要的话说,很快就挂断了。

再加上农村的年轻人一般都是到离家很远的大城市里打工,由于路费贵,他们一般都不会中途回家,因此有很多老年人说,他们的子女基本上是每年春节回来一次,有的几年都没有回来了。

同时,农村的老年人和子女出生在不同年代,两代人之间有很多的代沟,老年人对现代科技不懂,很多思想和信息滞后,而年轻人却通过网络了解信息,懂的知识比较多,因此在很多事情上无法交流,影响了子女同老年人交流的兴趣,从而加大了亲子之间关系的疏离。

如前所述,农村的青年人基本上不用写信的方式和自己的父母进行交流和互动,他们习惯于使用电脑,利用 QQ、MSN 等网上聊天,并且这相对来说费用不是很贵,而这些农村的老年人都不会使用,因此青年人和自己远在农村的父母沟通交流的通讯工具只能选择电话,但是打电话的话费非常的高,农民工在城市里工作赚钱,不仅要支持自己的生活费,还要按时向家中寄钱,供家中孩子上学和父母在家的消费,因此他们无法承担高昂的话费,所以选择不联系或联系时短时间并挑最重要的东西进行沟通。

表 4-25 的数据显示,农村老年人觉得电话通讯费越贵,那么和自己子女的关系就越疏远,两者的相关强度达到 0.21,并且通过了假设检验,这说明现代的通讯工具的费用严重影响农村老年人和他们子女关系的亲密度。其中调查中有 101 个老年人觉得现代社会的通讯费用很贵,所占的百分比为 39.8%;有 116 人认为有点贵,所占的百分比为 47.1%;认为过得去的有 17 人,所占的百分比为 7.3%。这说明在外地工作的亲子对于现代社会的通讯费用是有负担的,每个月的工资不足以支持经常与父母用电话长时间的交流和沟通。

表 4-25　老人对通讯费用的看法 ＊ 老年人与自己子女关系的交互分类表

	不贵	过得去	有点贵	很贵
很亲密	0	5	14	6
较亲密	1	6	30	40
一般	0	1	33	20
较疏远	0	4	36	33
很疏远	0	1	3	2
合计	1	17	116	101

($\lambda=0.21$　$p=0.03$)

(四)农村老人与自己子女共同居住很困难

在中国,家庭是一个包括未成年、成年甚至已婚的子女,在某种意义上是扩大的家庭,强调父母和子女之间的相互依存。它给那些丧失劳动力的老年人以生活的保障,有利于保证社会的延续和家庭成员之间的合作。[1] 但是在现代的农村社会里,由于社会的快速变迁、农村年轻人的流动、家庭生产功能的弱化等诸多原因导致家庭结构越来越小型化,核心家庭也成为农村的一个主要的家庭结构形式。家庭的小型化,导致两代人之间关系的疏离,并且正弱化着农村家庭对老年人的养老保障。

首先,农村年轻人纷纷到城市里打工,他们在城里租房居住,由于房价和租金

[1]费孝通.江村经济[M].呼和浩特:内蒙古人民出版社,2010:33.

的日益高涨，他们无法承受把自己的父母接到城里和自己共同居住的费用。有110个农村老年人，占总数的46.5％，是居住在农村，而自己的子女在城里租房住。其次，农村老年人习惯了农村的生活，不愿到城市里和自己的孩子一起住，占总数的27.5％。再次，由于两代人之间有代沟，住在一起经常吵架，老年人干脆另过，占总数的24％。最后是考虑到其他原因的而不能和自己的孩子一起居住。

正是以上各种原因导致农村老年人与他们的子女在一起居住存在困难，如果亲子和父母不在一起居住，亲子与父母天天见面时完全不可能的，没有面对面的交流和互动，单纯地只靠一周或一个月、一年的电话或者网络交流亲子与父母之间的关系是完全不会得到加强，只会导致亲子与父母之间的关系渐渐地疏远。

三、农村老年人与其子女关系疏远的对策分析

改善农村社会中老年人与其子女的关系对个人、家庭、社会都是有极大的益处的。相反，如果农村社会中老年人和子女的关系得不到改善，势必严重影响老年人和他们子女的关系，影响老年人在家庭中养老的质量。

从本次调查中发现，农村家庭中老年人和子女关系不断疏离是由于他们不在一起居住，缺乏持续、有效的互动造成的。老年人和自己的子女缺少沟通与交流，相互之间的理解程度不高，老年人需要帮助的时候，他们在第一时间找不到子女帮忙，而子女在需要帮助时也在第一时间找不到父母。

为了改善这一状况，提高老年人的家庭养老质量，可以求助社会学的帮助。社会学作为一门社会科学，对社会的稳定和发展起着重要的作用，同时是建设和谐社会不可缺少的一门指导知识。首先它为社会发展战略的选择和制定提供科学依据，其次为建立健康、文明的生活方式和生活质量做出贡献。从社会学的角度来看，农村社会家庭亲子关系疏远的问题主要是家庭中父母和子女由于各种原因而缺少互动。"社会互动"是指个人与个人或者是群体与群体、个人与群体的交流、交往、活动，从而在交流、交往、活动中增加对彼此的了解，知道对方的需要，了解对方的困难，从而增强彼此的感情，相互帮助。家庭作为社会的一大细胞，家庭成员之间的交流、沟通、互动完全可以看作是一项社会互动，即是一项社会行为。

因此从社会学的角度来看，应该加强亲子与父母面对面的互动与交流，从而改善他们之间的关系，增强彼此之间的感情，在不断的互动中让父母与亲子相互了解，了解对方的需要以及当对方有困难时应该提供什么样的帮助去帮助对方摆脱苦难。其实在互动的过程中不一定非要以父母、孩子的角色去进行活动，活动完全可以以另外的角色去进行，这样可以让亲子和父母通过不同的方式去交流和沟通。就如符号互动理论，让人们根据他们赋予客观事物的意义来决定他们所要采取的行动，同时人们赋予客观事物的意义是社会互动的结果，而不是事物本身，人们在

应付他们所遇到的事物时通过内部解释去修改和运用这些意义。以这样的方法会逐渐地改变渐渐疏远的家庭亲子关系。

其次可以向社会工作的三大工作方法(个案工作、小组工作、社区工作)去学习,从解决农村老年人与其子女之间关系疏离的问题的角度去研究家庭亲子关系疏远的对策。社会工作也是一门社会科学,对解决当前社会中存在的问题起到必不可少的作用。"社会工作"(social work)是指运用专业的知识和方法从事社会服务活动。它是以利他主义为指导,以科学知识为基础,运用科学的方法帮助处于困难中个人、群体和社区解决困难,预防问题的发生,恢复、改善和发展其功能以适应和进行正常社会生活的职业服务活动。家庭亲子关系疏远是属于一个家庭处于困难中,所以需要社会工作来帮助解决,以改善当代社会的家庭亲子与父母之间的关系。

从社会工作的角度来看,社会工作的方法个案工作、小组工作、社区工作等方法有利于解决当前家庭亲子关系疏远的问题。首先,从个案工作的角度来看,应该是以对农村家庭中的成员开展个案服务为主,以单个的形式对家庭成员(亲子或者父母)进行相关的指导,比如在亲子给父母打电话进行交流、沟通的时候,可以对交流、沟通的方式,说话的方式,以及交流、沟通的话题进行一定的指导,同时也可以指出不恰当之处,提出更好的方法来进行沟通和交流。其次,可以以小组的形式来进行相关的活动以增强亲子与父母之间的关系、交流和沟通,如果以小组的形式最好是在春节放假期间,因为这段时间大家都比较有时间,而且大家在这段时间心情也比较高昂,易于进行相关的活动。再次,可以以社区活动的形式,在农村的某个村也是比较可行的,在社区进行相关的活动,邀请社区的家庭参加,在活动中增强父母与亲子的关系以解决不断疏远的家庭亲子关系。

现行的国家政策是由于国家的发展、社会的需要而制定出来的,所以用国家的政策去改善当前疏远的家庭亲子关系的可能性不是很大,如果要争取国家政策的支持去解决当前疏远的家庭亲子关系,笔者认为可以降低通信费用,让孩子定时、按期的给父母打个电话,慰问一下父母,了解一下父母在家的相关情况,当然父母也是可以给孩子打电话的。其次是降低火车费、汽车收费、改善交通等,让孩子可以轻松地回到父母的身边,与父母一起度过几天的生活等。

家庭亲子关系疏远并非一种简单的社会现象,是多种因素纠葛导致而成,其危害性是造成家庭关系不和谐,社会不稳定。因此,必须站在时代的高度,以战略的眼光来认识家庭亲子关系和谐的重要性。鉴于过去的相关研究偏重于对怎样建立家庭亲子关系的探析,一定程度上忽视了对家庭亲子关系疏远的原因的解读。因此,本书从社会工作的视角,借鉴社会学的相关理论对家庭亲子关系深入的研究,力图丰富对家庭亲子关系的研究,为现代社会家庭亲子关系的和谐做出微薄贡献。

第五节　农保体制下，农村老年人家庭养老中的代际冲突问题

一、问题的提出

"留守老人"这个概念由两部分组成，一个是"留守"，另外一个就是"老人"。所谓"留守"是指有户口在本社区的子女每年在外务工时间累计在六个月及以上，自己留在户籍所在地的情况。所谓"老人"是指年龄在 60 岁以上的人。所以笔者在本书中所用到的"留守老人"的概念为：有户口在本社区的子女每年在外务工时间累计在六个月及以上，自己留在户籍所在地的农村年满 60 周岁以上的人。①

20 世纪 80 年代以来，我国的城市化和工业化进程迅速加快，大量的农村剩余劳动力涌向城市务工。由于受到城乡二元结构以及与此相联系的城乡户籍制度、社会保障制度等因素的限制。绝大多数农村青壮年很难将自己的父母、子女带在身边，没有能力为他们提供很好的生活环境和生活条件。只能把父母、子女留在农村。自己则像候鸟一样往返于城市和农村之间。这样的生活格局，必然会影响家庭成员之间的代际关系。

代际关系是一个比较复杂的概念。学者们对代际关系的定义也是丰富多样的。但他们有一个共同特点，就是会把代际关系划分为广义和狭义两个层面。张再云等把"代际关系"定义为："广义上指社会因地缘、业缘和其他关系产生的不同代际之间的交往关系；而狭义上是就家庭内部而言的，指家庭内的因血缘和姻缘产生的交往关系。"②王树新则认为"代际关系"即："在宏观层面上是社会财富和经济资源在代际关系之间的分配、交换、转移和传递的形式以及承担义务与分享权力等方面；在微观层面上是指家庭内成员间的关系，包括由夫妻关系派生出来的最基本的亲子关系，以及与夫妻关系、亲子关系密切相关的婆媳关系或隔代的血缘关系。"③其他学者的定义也大体类似。

鉴于此，笔者把"代际关系"定义为：就家庭内部成员而言的，因血缘和姻缘而产生的交往关系。针对农村留守老人群体而言，这种狭义层面的代际关系主要包括与子代的关系和与孙代的关系两种类型，这两种类型的代际关系都因为子女的

①叶敬忠，贺聪志.静默夕阳：中国农村留守老人[M].北京：社会科学文献出版社,2008:48.

②张再云，魏刚.代际关系、价值观和家庭养老——关于家庭养老的文化解释[J].西北人口,2003(1).

③王树新.社会变革与代际关系研究[M].北京：首都经济贸易大学出版社,2004:50.

外出发生了很大的变化,对留守老人的生活产生了深远的影响。就我国目前的情况而言,农村的老年人还主要依靠家庭养老,在社会保障体系尚未完善的背景下,代际关系与农村留守老人的生活质量存在着密不可分的关系。

代沟是代际关系中一个主要关系,严重影响着农村地区老年人的养老。"代沟"是指两代人之间的差异,或者说代际之间有一条鸿沟,阻碍了老少之间思想、感情和生活上的沟通。"代沟"这个概念最早是由"代群"演进而来的。匈牙利社会学家曼海姆在研究个人与社会的时候,发现每一代人都以自己为中心形成一个同代单位,他把它命名为"代群",即同代的一群人。每代人都因为所处的社会政治、经济、文化背景和经历大致相同而有共同的价值观、共同的兴趣和生活方式,对过去和现在的事物有着相同或相近的看法,所以同代人之间有共同语言,容易沟通。用这个观点来研究代际关系时,就发现代际之间存在着差距、分歧甚至隔阂,于是社会学家就把这种现象称为"代际差距"。后来由于中文名词一般由两个字组成,说起来也简洁,于是这种现象就被称为"代沟",并且流行起来。20世纪以来,代沟是一种在全世界范围较普遍呈现的社会现象,正如米德指出:"整个世界处于一个前所未有的局面之中,年轻人和老年人——青少年和所有比他们年长的人——隔着一条深沟在互相望着。"①

"代沟"的概念最早由美国人类学家米德提出,她认为不同辈分的人,狭义上指家庭成员中的父母和子女;广义上则指社会上的年长一代和年轻一代由于历史时代、社会环境和生活经历的不同,他们的价值观、思想认识、心理状态、生活态度、行为方式以及兴趣爱好等方面存在差异,并且容易引起分歧和冲突。②

在国内学者对"代沟"所做的界定中,有一种观点颇具代表性:由于时代和环境条件的急剧变化,基本社会化的进程发生中断或模式发生转型,而导致不同代人之间在社会的拥有方面以及价值观念、行为取向的选择方面所出现的差异、隔阂及冲突的社会现象。③

代沟问题不是一开始就对社会、家庭和个人有影响的,而是有梯度和层级的,在不同梯度和层级上具有不同的表现和特征。代沟的第一层级表现为"差异",这里的差异不是指个体之间的差别,而是指"代差"。代沟的第二层级表现为"隔阂",差异并不意味着隔阂,如果不能正视差异,隔阂就在所难免,"代际陌生"是隔阂的集中表现,如果两代人,特别是上一辈人漠视青少年的成长、成熟、主体性,就会引起两代人的"心理错位",产生沟通障碍,青少年的"心理闭锁性"不仅仅是一个心理问题,还是涉及两代人关系的综合问题。代沟的第三层级表现为"冲突",当隔阂的

---

①[美]玛格丽特·米德. 代沟[M].曾胡,译.北京:光明日报出版社,1998:23.
②周怡.代沟与代差:形象比喻和性质界定[J].社会科学研究,1993(6).
③周怡.代沟与代差:形象比喻和性质界定[J].社会科学研究,1993(6).

能量积聚到一定程度后，就可能引发冲突。就现在普遍的代际关系来看，代沟主要表现为前两个层级，但冲突现象不可忽视。对于上一代人来说，冲突常常意味着"压制"、"扼杀"；对于下一代而言，冲突可能意味着"叛逆"、"颠覆"。在这一层级上，代沟具有对抗的性质，跨越代沟需要实质性的教育干预。

代沟是如何产生的，众说纷纭，从社会学理论上解释的主要集中在如下几个方面：

库利认为"镜中我"形成有三个阶段：①我们所感觉到我们在他人面前的形象，这是感觉阶段，是我们设想的、他人的感觉；②我们领悟了别人对我们的行为的判断，这是解释或定义的阶段，即我们想象的他人的判断；③基于对他人反应的理解，我们评价我们的行为。① 库利的"镜中我"理论非常形象，有的学者认为代沟就是在"镜中我"产生的三个过程中，由于个人和社会在理解、定义和行动的过程中出现偏差而产生的。

米德认为，代沟是社会高度技术化的产物。现代科技给社会生活中的人们提供了很高的物质享受，这种物质享受导致了传统生活方式的断裂。于是家庭意识淡化，社会流动增加，青年一代经过一段时间的独来独往之后，主体意识觉醒，"他们以全新的眼光对他们的所见所闻进行思考和判断，去审视一个以前从来未有的世界。"去追求并适应新的变化，由此终于出现了不可逾越的代沟。这种解释指出了现象之间的关系，这就是，技术进步和代际陌生之间存在着的决定与被决定的之间的关系，代际陌生而引发的代沟是技术进步作用力的变异带来的副产品，二者在时空上并行不悖。②

塔尔科特·帕森斯认为，世代冲突的直接原因可归结为青年与老年之间的社会地位差别悬殊。青年和老年两个年龄群体，由于处于社会化的不同阶段和位置，居于不同的社会地位，起着不同的社会作用，就必然造成两个年龄群体间的普遍差异，一旦差异和分歧达到无法维持平衡的地步，世代冲突便会产生。

A·汤因比与池田大作曾专门谈论过"代沟与体制"的关系问题。中心议题是，体制加剧了冲突。池田大作认为，新旧两代之间的隔阂，关键在于体制。老年人认为，自己的生存是受体制保护的，所以，如果体制的存在一旦受到威胁，他们就会黠出命来维护它。而对青年人来说，威胁个人自由和生命的最大元凶则恰恰是本该有义务保护他们的体制。原因在体制领导人的特权意识。在汤因比看来，现代国际反体制运动的明显特征，就是在体制以内的青年与中年之间的对抗。

卡斯乔认为，青年一代的社会心理尚未成熟是造成世代冲突的主要原因。埃里克森说，当代青年将长期处于依附状态。这种处境必然造成青年的某些社会要

---

①戴维·波普诺.社会学[M].李强等，译.北京：中国人民大学出版社，1999：148.
②[美]玛格丽特·米德.代沟[M].曾胡，译.北京：光明日报出版社，1998.

求不能及时满足,限制了青年的自立发展,推迟了他们发挥独立的职业活动者的作用,自然就会使他们产生不满并与成年人在心理上造成疏远和冲突。

L·罗森马耶尔认为,青年在能够获得成人的全部权利和义务之前,处于一种"过渡"的地位。这种过渡地位使青年的心理上造成一种压力——社会地位的不稳定性、缺乏保障性,从而产生一种受到社会排斥,尤其受到承认的排斥,和处于"边缘"地位的感觉,机会和权利不平等、不公正的感觉就会使他们或是抗争或是颓废。

舒茨指出,人的行为具有两个方面:一方面可以看作是持续的意识过程,是具有时间性的,而另一方面也可以看作是已经完成的所作所为,是已经冻结的、空间化的。前者舒茨称为"行动"(action),而后者,舒茨称为"行事"(act)。而代沟的形成就是我们有着过多冻结的、空间化的"手头库存知识"来指导我们行为,而不是从意识流的角度来指导我们的行为和思想,由此代沟就出现了。

代沟问题作为一个社会问题广泛地存在于社会之中,对社会造成的影响极其巨大,主要表现在:随着现代化的进程,科学与理性的观念逐渐占据主导地位,并在一切社会领域里不断实现,导致了"代"的社会属性发生变革并促使"代沟"的产生,这样社会就呈现出一种被米德称为"前象征"的社会,在该社会里,老一辈和新一代在各个方面出现了代差、隔阂和冲突;现代化进程中社会分化和变迁造成群体界限的明晰化,新技术的出现层出不穷,掌握新技术与没有掌握新技术的人群被客观地分为两个界限清晰的群体,两个群体在互动的过程中,就会因为两个群体价值观的不同而出现冲突。现代化进程中,为了适合新生事物的出现,社会衍生出了众多的新生制度,这些制度与既存制度之间不可避免地会出现抵制和抗拒,从而导致维护旧制度和推行新制度的人群产生出"代沟",并影响社会运行和发展;现代化进程中社会化方式和内容发生了巨大的变迁,老一代的社会化方式基本上是由自己的长辈向自己传授社会化的知识,而且是通过口授和文本的方式进行,而新一代的社会化的方式除了上一代传授外,同代之间还可以从网络中进行社会化。代与代之间社会的内容也发生了翻天覆地的变化,这些变化导致代沟的严重化并影响社会运行和发展;现代化进程中社会关系和人际关系的演化,老一代的人的社会关系和人际关系基本上是现实的人与人之间的关系,而新一代除了现实的人与人之间的关系外,虚拟的网络关系开始占据他们的主要社会生活,这些区别导致了代沟的严重化并影响社会的运行和发展。

代沟的本质首先表现在代沟是社会发展和变迁的加速在代际关系上的必然反映。社会的发展和变迁使得各个代际之间的价值观差异显著,而价值观是统领人的精神生活的核心,代际差异集中体现为价值观的差异。首先,代际冲突是价值观的冲突。同时社会的发展和变迁导致各代之间的思维方式发生裂变,而思维方式是行为方式的内隐机制,行为方式是思维方式的外显形式,两代人行为特征的差异源于思维方式的分歧，它是引起代沟的重要因素之一。其次，由于传统社会与现代社会在社会化的内容、方式等方面的差异使得现代社会的代沟将长期存在。如前所述青少年一代在社会化的内容、方式上和上一代存在着巨大的差异，在这些差异面前，青少年一代正处在由家庭走向社会的过渡时期，生理的成熟、心理的断乳、对生活的热情和对未来的憧憬使他们有一种"放飞"的渴望，"海阔凭鱼跃，天高任鸟飞"是这一代人共同的追求。然而，在上一代人的心目中，青少年是幼稚的、涉世未深的一代，因此，成人不会轻易地放弃世世代代赋予他们的"教育"、"引导"、"监护"的职责，希望青少年在他们呵护的怀抱中"幸福"成长，不至于出格而成为叛逆之人。一方是"振翅欲飞"，另一方是"唯恐出格"，这就构成了一对矛盾。再次，代沟的差异和冲突的根源就是利益的差异和冲突。随着社会现代化发展及变迁，年轻人在信息、技术、学习能力等上都超过了老一辈，而老一辈的人不甘心地位的衰落，因此他们拼命维持符合自己利益的规章制度，而青年一代却要建立新的符合他们自己利益的社会机制，两者的矛盾和冲突导致了代沟的产生。最后，代沟的存在还有着生理与心理方面的原因。老年人阅历丰富，在自己长时间的社会化过程中筛选出一套自认为比较合适的生活习惯和行为取向等，对社会、对人生拥有较为成熟稳定的认识，态度和观念基本定型，显得固执、保守，难以相信别人。而青年人刚刚进入自己的初步社会化过程，生理上趋于成熟，心理上对生活充满憧憬而又犹豫不决，有放飞的渴望而又困惑迷茫，对于价值观念和行为取向等还处于怀疑、试探和摸索阶段，他们心目中的优劣对错观念相对于老年人则显得淡薄，他们更喜欢用开放多元而不是封闭单一的方式看待社会现象。另一方面有些长辈不能体察青少年的心理需求，或者曲解他们的心理需求，两代人之间缺乏了解、理解和谅解，导致沟通障碍。有时长辈的教育行为的失当可能直接导致冲突的发生，在教育方式上机械刻板，导致教育行为缺乏时代感，引发青少年的逆反心理，长辈爱心、耐心、寻常心的缺失也容易引发代沟的产生。

二、中国农村家庭养老中的代沟问题

家庭作为社会的细胞和基本单位，良好的家庭氛围和亲子关系对社会稳定和发展有着不可忽视的作用！从家庭代际关系看，代沟现象在一定程度上影响着家庭氛围和亲子关系。中国家庭代沟问题正如米德所说的那样是不可避免的，而且他们之间的沟壑越来越宽，彼此遥望，互不理解各自的行为和思想。特别是现代化和城市化不断发展的今天，青年农民不断涌入到城市打工，大批农村老年人沦为留守老人的情况下，代沟的村庄严重影响着农村老年人的家庭养老的质量。

（一）代际之间的代沟日益扩大

代沟是由于社会条件、社会化活动的重点及其在社会中充当的社会角色不同，从而导致人群之间在思想意识、价值观念及行为方式等方面的差异、隔阂甚至冲突的社会现象。老年人的生活经历、成长背景、教育背景等本来就与年轻的一代人会产生很大的差别,代沟是每个家庭不可避免的家庭现象。因为代沟,老年人与年轻人在为人处世、生活习惯等各个方面有可能会出现很大的分歧,甚至会引发亲子矛盾和冲突,从而对家庭内部的代际关系产生负面的影响。

XTF10,女,今年75岁,留守老人,育有三儿三女。子女们大多都在浙江打工。老人说,子女们经常给她打电话,但是每次都只有几分钟,问完身体好不好?干活累不累?之后,基本上就没有别的什么话题了。过年回家,子女们经常自己拿着手机玩,老人自己又不懂高科技,很难插得上话。老人经常说的话都被子女们认为是封建迷信。子女们在城市打工的时候养成了每天都洗澡的习惯,回家过年的时候也仍然保持这种习惯。在调查的这个农村中,有一些家庭还没有安装自来水,生活用水还主要靠挑水,老人看着儿媳妇每天洗澡洗衣服,很是浪费水。家里经常因为这些小的事情引发家庭矛盾,婆媳关系很不好,好好的年有时候都过得不安生。过完年之后也是不欢而散。

通过上述访谈发现,农村青壮年劳动力进城务工之后,受到城市相对开放和现代文化的熏陶,与老人封闭、落后的生活环境存在很大的差异,又因为子女们长期在外务工,离老人的生活圈子比较远,互动频率低,在思想观念和生活习惯方面与留守老人的差异性越来越大,代与代之间的代沟也会日益扩大,家庭因此而出现的代际冲突也日益增多,家庭代际之间的冲突会影响到留守老人与子代之间代际感情,对农村留守老人的晚年生活会产生负面影响。

(二)农村老年人和其子女由于代沟的存在,在众多方面出现隔阂和冲突,导致代际之间的交换关系出现了失衡

在思想方面,农村老年人比较切实、保守;而农村的青壮年却喜欢自由、开放,向往城市里的生活。在工作方面,农村老年人工作踏实,事无巨细都非常认真,原则性强;而农村的青壮年却讲究速度、效率,灵活性比较明显。在行为方面,农村老年人处事冷静、谨慎,认为做事要有准则,稳扎稳打;农村青壮年则喜欢接受新花样,敢作敢为,按自己的意愿行事,有冒险精神。在家庭方面,农村老年人对家庭愿作全部牺牲,主张大家庭制,重视全家成员的感情;农村年轻人则重视个人享受与自由,喜欢小家庭制。正是这些差异,年轻人一般都不愿在农村里生活、做农活,而愿意在城市里生活打工。

"养儿防老"是中国传承几千年的传统文化,父母细心照料、教育子女,一方面是出于天性;另外一方面则是一种长期的投资方式。希望子女长大成人之后也能给自己同样的照料,以便老有所依。从这方面考虑,可以认为父母抚养子女,子女赡养父母是一种代与代之间的交换关系,在中国的传统社会里,这种交换关系是一种平衡的关系，代与代之间在经济支持、生活照料和精神慰藉三个方面是平等的。根据费孝通先生曾经对我国代际关系的总结："我国是父代抚养子代，子代在父代年老时赡养父代，基于公平原则上的双向、互惠、平衡的代际交换模式。"[1]可知，我国传承几千年的代际关系是双向、互惠、平衡的。但是，随着农村青壮年劳动力的大量外出，农村的这种平衡的代际关系状况发生了变化，农村留守老人与外出子女之间的代际关系出现了失衡的现象，即出现了一种老年人付出的多，而年轻人付出的少的状况。

根据调查情况来看，留守老人的经济来源主要还是靠自己劳动。虽然留守老人能够从子女处获得一定的经济收入，但是这并不能够很好地解决留守老人的晚年生活困难问题。在调查的众多案例中都存在类似下列案例的情况：

XTM08，男，今年70岁，老伴已去世三年，留守老人，儿子儿媳长年在广州打工。根据其反映的情况，他的儿子本身也很困难，连建新房的钱都没有存够，外出前后也没有给过老人多少钱。目前自己耕种三亩多地，养着两头年猪，生活来源主要靠自己的劳动收入，生活很艰辛。一日三餐也不会去街上买什么菜，田里的菜长起来了就吃，没有长就吃苞谷饭和土豆，家里的用油主要靠猪油。老人说"家里没有什么值钱的东西，就连小偷都不愿意来"、"现在哪里能完全靠儿子养哦，他们自己都养不活，我也只能自己养自己，只要他们不反过来问我要钱就算祖上有德咯。"

生活照料是老人与子女交换的主要内容之一。随着年龄的增长，老人的身体机能逐渐衰退，在很多方面都需要别人为他们提供帮助。但是，子女们长期在外打工，拉大了子女与留守老人之间的空间距离，降低了留守老人从子女处获得生活照料的可能性，留守老人从子女那里获得的生活照料自然会逐渐减少。留守老人的日常生活照料只能依靠自己或者配偶。

XTF08，女，今年75岁，与老伴一起生活，"帕金森综合征"患者，育有三儿两女，基本都在外面打工。由于老人半身不遂，丧失劳动能力，基本的生活起居都需要老伴帮忙。儿女们只是偶尔能回家探望一下，并且回家探望的时间很短，很仓促。笔者去他们家拜访时，看见老人正站在窗前凝望着子女们回家的方向，眼神中透露这一种渴望，恨不得子女们突然从路上冒出来。听老人的邻居讲，老人每天都会在窗前站很久。在访谈时，老人时常向我抱怨："他爷爷今天做的饭又没有熟，菜连盐都没放够，简直就是吃不下去。""莲娃这么久也不回来看一下我，我的衣服都不知道好久没有洗了"。

像XTF08这种情况很多，子女的长期外出，对父母应有的生活照料缺位，尤其

---

[1]叶敬忠，贺聪志.静默夕阳：中国农村留守老人[M].北京：社会科学文献出版社，2008：178.

是在疾病照料方面,只有当老人真的病危的时候,子女们才会回家照料一下。这样的照料情况很明显地反映出留守老人曾经给予子女们的抚养照料没有得到应有的回报,出现了明显的失衡现象。

农村老人的生活非常简单,平常除了干农活就是跟家人、邻居们聊聊天。他们在精神上的需求主要依靠与家人之间的交流互动得到满足。但是,子女们长期外出,拉大了留守老人与子女之间的空间距离,导致留守老人与子女之间的互动次数和交流时间减少,必然会影响留守老人获得的精神慰藉资源。

XTF09,女,71岁,留守老人,与老伴生活在一起,育有两儿两女,儿女们都在广州打工,每年只有年前年后的五六天才能回家仓促地过个年。平常一两个月才打一次电话,打电话的时间每次都不会很长。"回家过年,不是在这个朋友家玩一天就是在那个亲戚家玩一天,吃饭的时候还要到处找,吃完饭马上又不见人哒,回来几天都没跟我讲几句话,光给我些钱有个屁用,钱又不能陪我说话。"老人向我抱怨说。

从调查的情况来看,上述案例反映的情况非常普遍。子女们在远处打工,回家一次也不容易,因此回家的频率非常低,与父母面对面的情感交流很有限,虽然能够用电话联系,但是毕竟方式不同,效果也就不一样,很难弥补留守老人精神赡养上的缺失。有一些子女长期在外打工,与老人相处的时间短,生活环境不相同,即使过年回家,也很难与其说上什么话。留守老人能够获得的精神慰藉资源因此而受到负面影响。

(三)代沟对原先以长辈单向权威为特点的较为稳定的家庭代际关系格局造成一定的震动,有时甚至表现出一种颠覆或解构,而导致代际之间的权力核心普遍下移

代沟在家庭领域往往表现为年轻一代开始经常以审视和质疑的目光看待甚至公开反抗年长一代,原有的亲子关系格局被打破,父母不再是绝对的权威,不再居支配地位。在一些家庭中,代沟现象不只表现在父母与子女之间的观念和理解方式上存在差异、分歧、隔阂,甚至有的已经转向了彼此之间的尖锐冲突和对立,彼此无法理解和沟通,这种状况正如米德所言"整个世界正处于一个前所未有的局面,年轻人和老年人,青少年和所有的比他们年长的人,隔着一条深沟互相望着,不同代人之间横亘着不可逾越的沟壑。"

随着农村社会的急速变迁,代际冲突在中国农村的家庭中显得更为集中和显著。社会变迁所带来的各式各样的发展冲击着家庭领域,缩小了它的活动范围和功能,造成了代际间的紧张和疏远,其影响程度之大可能是史无前例的,因为伴随着社会变迁的进程,各种年龄群体,被纳入相对共同的框架,或社会的中心领域,由此既增加了他们之间的相互依赖和影响,又加大了他们之间的裂痕和冲突,因此代沟问题如果激化则可能使家庭代际关系处于不稳定、不健康的状态。表现为亲子关系不和谐，趋向紧张，亲和度下降以及亲子冲突，甚至激发家庭内部的矛盾和隔阂，使之产生内耗。

"群体中存在着领导者和追随者，这是群体结构的一个重要特征。所谓群体领导，是指在群体内部关系网络中处于中心位置，并能对群体其他成员进行引导和施加影响的角色。承担这一角色的人，或者具有某些突出的品行，或者对群体活动积极参与并做出积极贡献。他们可以从群体内自发产生，也可以从群体外加以委任。"①家庭属于初级群体，家庭中的潜在领导权就是靠对家庭做出的贡献大小来决定的，例如传统家庭中的"严父"，作为支撑家庭、养家糊口的父亲，在家庭中扮演着领导的角色。

XTM09，男，今年65岁，留守老人，育有两个儿子，与老伴一起生活。在访谈的过程中，老人是这样向我说的："现在的年轻人都不种田了，总认为我们种田没有什么出息。""他们在外头挣的钱多哒，回来我们像祖宗一样供着他们，生怕得罪他们。以后，我们还要靠他们养呢。"

从上述案例可以看出，在家庭这种初级群体中，谁掌握着主要的经济大权，谁的地位就高，说的话、做出的决策就更具有分量，谁对家庭关系的影响力就更大。但是，随着城市化和工业化进程的加快，农村的青壮年劳动力脱离田地，外出务工，获得了在非农业领域取得经济收入的空间，仅靠农业获得的收入已经远不及在外打工获得的经济收入了。子女们的经济收入水平逐渐高于仅靠务农取得收入的父母。父母宝贵的"种地经"对他们也不再具有多少价值，"严父"、"慈母"不能继续在农村家庭中垄断家庭领导者的角色了；子代对家庭的支配权越来越大，代际之间的权利核心开始由父代向子代转移，子代道德水平的高低会直接影响到自己家庭的代际关系，所以这种权利核心的下移是农村家庭代际关系发生转变的一种表现，同时也会反过来对农村家庭的代际关系产生影响。

（四）代沟推动家庭内新的代际关系格局的建构

新的代际关系以亲子双方居于相对平等地位的双向权威为特点，更强调两代人双向互动和对话交流通过协商的方式来解决问题、缓解矛盾、消除分歧，这本身更符合现代社会发展的总体趋势，也有利于代际关系的健康发展。所以说代沟在给家庭代际关系带来一种危机的同时又为代际关系的新发展创造了机遇。

在这场历史和未来的大过渡中，农村老年人感到这个世界变得越来越陌生、动荡和不适应。成长起来的青年一代，在体验到生机勃勃的世界之时出现了价值上的新选择。于是，农村里的青年人和老年人之间在生活态度、思想观念、价值选择方面出现了一条新的鸿沟。代沟冲突更深刻的内涵是现代文明与传统习俗的冲

---

① 郑杭生，李强，李路路，林克雷. 社会学概论新修[M]. 北京：中国人民大学出版社，2008：156.

突。的确,大众传播媒介的扩张和青年人与都市文明接触的频繁,青年人正是体现现代文明、文化的接受和传播者。而作为旧习俗维护者的农村老年人对新东西看不惯,两代人的距离也就被拉大了。在家庭内部,父子之间没有共同语言,婆媳关系比较难处,孙祖两代隔膜,这已成普遍问题。

由于中国农村地区的老年人和年轻人在各个方面都存在着代沟,而城市化和现代化的发展为农村青年人实现自己的理想和自由提供了支持,年轻的子女们纷纷外出务工,他们对自己父母的生活照料处于一种缺位状态;留守老人的劳动负担加重,有的老年人还要对孙辈进行隔代监护,这无疑会让留守老人的劳动负担和精神压力"雪上加霜"。留守老人不仅需要照料自己和配偶的日常生活起居,还要照顾年幼的孙辈的衣食住行,家务负担会比非隔代监护的留守老人更加沉重。再加上是接替子女对孙辈进行监护,在老人子女的客观压力下,留守老人照料孙辈会更加有心理压力。这是祖辈和孙辈共同居住的家庭格局,正是农村老年人和其子女之间代沟的存在,子代脱离家庭造成的。

调查的这两个村庄里有很多一个或两个留守老人带着多个孙辈的情况,老人监护的儿童年龄都不大,主要集中在 1—15 岁。老人们普遍反映,给子女们带孩子,虽然减轻了自己的孤独寂寞感,减轻了孩子的负担,但是更多的是一种责任,现在的小孩子不好管,不能说、不能打,就怕把孩子带坏了,对不起自己的儿子媳妇,而且照顾孙子女额外增加了自己的劳动负担和心理压力。

XTF11,女,今年 60 岁,与 63 岁的老伴一起生活,儿子、儿媳在外打工多年,目前还照顾着三个儿子留下的五个孩子。老人说"光给这些孩子洗衣服、洗澡、哄他们睡觉就要花不少时间,而且每天都要洗",带着这么多孙子孙女,生病了也要扛着,还要起床给他们做饭,还要上山砍柴,老两口还不舍得让农田荒芜,同时种着九口人的地,约七亩。老人说"农忙季节,我每天包括睡觉只有七小时的休息时间,实在是累啊。"

HCF06,女,今年 69 岁,带着 9 岁的孙子、5 岁的孙女一起生活,孙子孙女的父母常年在外打工。老人既要干农活,还要照看两个孩子的生活。既不能让他们饿着,又不能让他们冻着,生怕他们生病,生怕子女们回家会怪她没有照看好孩子,啥事都顺着他们,精神压力非常大,"我一年到头最盼的就是儿子儿媳妇能早点回来,这样我就可以睡几个安稳觉了。"

HCM06,男,今年 65 岁,留守老人,带着一个 5 岁的孙子一起生活。在访谈的过程中,老人对我说:"帮着儿女们带孩子相当担心,生怕孩子出了什么问题,我时时刻刻都要把孩子带在身边,一刻都不敢马虎。听说我们村的有一个老人做农活的时候,就把自己的孙子放在田边上没有管,等老人忙完自己手中的事情后,发现孩子爬到水井边掉入水中淹死了。我听到都觉得可怕,实在是怕得很啊!"监护过程中，老人感受到了很强的劳动负担和心理压力。

上面的这些案例都反映了一个问题，那就是留守老人照顾隔代不仅会对留守老人的生活质量产生影响，还会影响留守老人对儿童的生活照料的质量。

"人的社会化过程会涉及一系列个人、群体和机构。这些个人、群体和机构中最重要和最有影响者被称为社会化的主体。这些主题主要包括家庭、学校、同龄群体、工作单位和大众传播媒介等。对于一个健康、正常的儿童来说，其社会化过程的完成有赖于他所处的环境中是否具备社会化所必需的这些社会条件。如果剥夺了某些必要的社会环境条件或者发生了什么变化，社会化必然出现重大缺陷而无法达到正常的水平。""几乎对每个人来说，家庭都是个体出生后接受社会化的第一个社会化环境，家庭的教育和影响对个人早期社会化甚至一生的社会化都具有重要意义。"①家庭对于一个儿童的健康成长是相当重要的，原本正常的家庭都是由孩子与自己的父母以及爷爷奶奶一起组成。但是，随着农村青壮年劳动力的外出务工，留下自己的孩子和父母一起生活，构成留守家庭。在这种留守家庭中，留守老人则独自承担起了对孙辈的家庭社会化责任。但是，由于祖孙两代人年龄相差太大，"代沟"比较深，并且多数农村留守老人的文化水平都不是很高，完全由留守老人对留守儿童进行教育和监护，一定会对留守儿童的社会化过程产生消极影响，不利于留守儿童的健康成长。

HCF07，女，70岁，老伴已去世多年，留守老人。育有三个儿子，儿子、儿媳妇均在浙江打工。目前需要照看三儿子的孩子，只有10岁，这个孙子让老人又心疼又头疼。据老人讲述，儿子把孙子的零花钱交到老人手里面保管，而孙子花钱大手大脚的，又爱吃零食，每次孙子向老人要零花钱的时候语气都不是很好，手伸着说"拿钱来！"老人怕孙子养成不好的习惯，不想随随便便地给他钱花，就不给，孙子就会说："那钱又不是你的，是我爸爸妈妈给我的钱。"如果老人坚持不给，孙子就会打电话给儿媳妇告状，说老人想"贪"下孙子的零花钱。这样的情况经常发生，儿媳妇也因此对老人的意见越来越大，老人很难做人。

上述案例反映的情况还只是隔代监护产生的问题之一。被留守老人隔代监护的留守儿童都或多或少地存在下列的这些问题。由于留守老人与留守儿童之间还隔着一代，所以留守老人在监护留守儿童的过程中，与父母直接监护留守儿童会存在一定的区别，会对留守儿童的社会化过程产生负面影响。由于留守老人不是很了解社会的具体的物价水平，留守老人要么就在留守儿童生活费方面过分地克扣，要么就过分溺爱，给留守儿童过多的零花钱，养成留守儿童一些不好的习惯。例如，顶撞长辈现

①郑杭生，李强，李路路，林克雷.社会学概论新修[M].北京:中国人民大学出版社,2008:88.

象,乱花钱的现象,迷恋网络游戏的现象;并且由于留守老人本身文化水平有限,家务劳动又很沉重,基本对留守儿童的家庭作业的辅导和监督比较少,留守儿童的学习成绩大都比较差;由于老人的松于管理,留守儿童在家务劳动方面参加的比较少,动手能力没有得到早期的锻炼;这些不良习惯会对留守儿童与留守老人之间的关系产生负面的影响,并且还会恶化留守老人与子女之间的关系,不利于和谐家庭关系的维系,影响到了留守老人的晚年生活幸福,所以应该引起足够的重视。

三、代沟在农村家庭养老中的正面影响

代沟作为一个事实存在,会为农村老年人的家庭养老带来许多问题,导致了两代人之间的矛盾和冲突,不利于社会的稳定和协调发展。在宏观方面,代沟成为一条横亘于两代人之间的一条大河,两代人隔河观望互不理解,不利于社会的稳定和发展;在微观方面,家庭里的代沟会导致家庭里的亲子关系恶劣,家庭矛盾尖锐,不利于社会基本细胞家庭的和谐。

正如结构功能主义认为,任何事物的存在都在发挥着自己特有的功能,来维持社会的和谐稳定与发展,它们在维系整体运行的过程中发挥着自己特有的正功能、负功能、显功能和潜在功能。代沟也是一样,它在农村家庭养老的语境下也发挥着自己特有的正功能。

(一)使终身教育成为现实

从社会学角度看代沟的存在改变了农村地区两代人社会化的途径,拓展了不同代人受教育的渠道,完善基本社会化的形式,增添继续社会化的内容,使终身教育化成为现实,老年人在接受继续社会化的过程中,提高自己的生活质量。

基本社会化,是指社会使新生的生物个体转变为基本合格的社会成员的过程,即从"自然人"转变为"社会人"的过程。"代沟"的出现,使基本社会化的单向被动的方式,转变为双向的甚至是多向的较为主动的方式。在整个过程中,既有"老年代"对"青年代"的各方面知识和制度规则的指引和灌输,又有双方互动之后"青年代"对社会化内容的主动选择;既有"青年代"对"老年代"的反向社会化,又有同辈群体的社会化互动;还有"老年代"整合"青年代"的反向社会化以后,再对"青年代"的再次社会化等等。因此,基本社会化的内容、形式都发生了很大的更新和改善,更有利于基本社会化目标的达成。社会的日新月异,基本社会化的内容已经不能跟上社会发展的步伐,代沟的存在,让老一代的人从青年人的身上看到了许多值得自己学习的地方,于是促进了老一代的人继续社会化,真正做到终身社会化的实现。代沟的存在让老一辈的人感到自己正在脱离社会,不接触社会就会被社会抛弃的压力之中,而自觉主动地、不停地终身社会化。

HCM01,男,68岁,和配偶住在一起,育有二子二女。他说:"以前一家几代同

堂，儿孙绕膝的情境再也没有了。现在的孩子不像以前那样听父母的话，自己的小儿子在家的时候从来不愿跟我学习种田的经验，总是把自己的话当作耳边风，有一天，我实在忍无可忍，打了他一顿，他干脆就到城里打工去了，而且一去几年不回来，回来的时候给我买了一个手机回来，住了一个月，又走了，不在家的时候，经常用手机跟我联系。""手机还真是一个好东西，比以前的通信方便多了，而且非常的迅速。""虽然儿子在外打工，我不是很赞成，但是现在的年轻人都到城市里打工，而且最近几年他挣的钱比我种地的钱多得多，因此我也就默认了，小儿子经常给我带回一些以前农村没有的稀奇的东西，让我了解了许多城里新鲜事情。"

HCM01 的情况就是一种典型的由于老年人和年轻人的代沟而导致他的小儿子外出打工，由于小儿子在外打工的收入高，带回来城市里的一些先进的文化，他也积极主动地学习这些文化，目的是为了能够和自己的子女能够保持联系。

（二）有利于促进社会的变迁和发展

米德曾提出"六十年代出现的代沟是人类历史上两代人之间，第一次公开的痛苦的大决裂"，她还预测"我们的社会正在进入一个新的历史时期，在这个时期青年正在赢得还不为人所知的新的权威，亦即用子女楷模的方式来理解未来"[1]。在这一大决裂中青年将促使传统文化衰落并创造出一种新型的文化——后喻文化，即青年文化，其中一些代表时代发展方向的青年文化，往往融合各种进步的社会变革力量，给陈腐的传统与规范带来新的冲击。

以农村青年人为主体的青年文化与以老年人为主体的社会文化之间一直处于偏离与整合的矛盾运动和双向互动的过程中，这两种文化形态的关系从侧面也反映出其承载的主体即青年一代与成年一代之间的关系，或者说这两种文化形态之间的差别正是代沟现象的具体表现和集中反映，因此从文化更替的角度来看青年文化具有既接受文化传递又反叛文化旧格局的双重倾向。相应的，代际之间矛盾冲突的结果往往会产生两种特殊的社会选择功能，即对传统文化有选择的延续和对新文化有选择的吸收。这是世代延续下去的不可抗拒的力量，代沟现象正是通过这两种特殊的社会选择功能，推动着文化变革的进程，发挥着创新文化的功能并促进世代更替顺利进行。

HCM09，男，75 岁，独住。他说："三十年前，村庄里老人还是处于权威地位，婆媳关系中，婆婆都属于有权一方。子女们都在父母的身边，老年人一般 60 多岁后，都退居二线帮孩子做家务、看孙子，很少有人再下地劳动，老人有什么需要都要子女在身边照顾。""最近村庄已经不同了，年轻人都外出打工，能动的老年人都必须下地耕种自己的责任田，现在的老年人不但得不到子女在身边的照顾，而且对儿子媳妇还要低

---

①［美］玛格丽特·米德.文化与承诺［M］.周晓虹，译.石家庄：河北人民出版社，1988.

声下气。""这个世界变化得太大了,很多事情我都看不惯,但是不管我接受还是不接受,整个村庄都发生了变化。""我也不知道这种变化是好是坏,但是村庄因为青年人外出打工,经济状况普遍要比以前好些,我的孩子还经常寄钱回来给我用。"

HCM09 的遭遇是当今农村所有老人都遇到的一个问题,就是社会变迁得太快,在他们还没有回过神来的时候,一切都发生了变化,但是不管他们接受与否,他们都在接受这种新的村庄秩序。

(三)从社会文化的角度看代沟推动文化创新和文化变革,从而影响农村老年人的家庭养老

当今中国农村的文化出现了一些共同特征。一方面,由在城市里打工的青年把城市文化所包含的内涵在农村地区广泛地传播和扩大。另一方面,青年人带来的先进的城市文化在和传统文化的冲突中,处于胜利者地位。

XTF05 说:"以前农村的人非常不讲卫生,垃圾随便丢。现在不同了,每家都有垃圾桶,生活垃圾自觉主动地放到垃圾桶里。""以前冬天洗澡不方便,现在家家都把厨房进行改造,修了淋浴间,再也不用很久才洗一次澡了。""以前子女自觉主动养老,父母在不远游。现在的年轻人,大多外出打工,老年人养老照顾缺位。"

这些变化是在两代人的代际冲突中不断出现的。这些变化影响着农村老年人的家庭养老。

由此可见,农村家庭养老中,代沟的存在并不是一件坏事,它代表着一种进步,对待它的态度不应是排斥,而应该是认同。代沟的存在对于两代人的交往,对于整个社会的发展,既有有利的一面,也有不利的一面。新的一代总要强过老的一代,只有"长江后浪推前浪",社会才能向前发展。但是老年人的丰富阅历又是一笔财富,年轻人应该汲取。为此,一个能为双方接受的代际交往的和谐之策便是:求同存异。求同存异对于促使代际关系的和谐确实是一个上策,它不仅可以保存青年人自以为"是"的一些优点,也能在两者之间寻找到对双方有利的地方。

农村在城市里打工的青年与一辈子在农村里生活的老年人生活的环境不同,年轻人在特定的环境里形成了自己的态度和行为模式。一个人的思想意识不仅是现时代的反映,而且是整个历史经验的积累,是全部心理感受、心理内容的积淀,是特定的文化背景的产物。他们没有经历过老年人经历的事件和感受,当然就缺乏老年人的某些情感。老年人形成的行为方式和思想感情,即使不适应社会的发展,也不可能马上改变。

由于两代人生活环境不同,社会期望不同,对自身的要求不同所形成的思想、观念、意识、感情、行为方式等的差异是形成代沟的根本原因,并制约着农村老年人的家庭养老的模式。

四、农村家庭养老中，面对代沟问题的应对

俗话说："一日无粮，夫妻不和；三日无粮，父子不亲"，"穷吵饿闹"，沉重的经济压力常常是引发家庭矛盾和赡养纠纷的主要因素。所以，只要采取适当的措施改善了农村留守老人家庭的经济状况，留守老人的代际关系自然也会得到一定程度的缓解。

（一）两代人要进行换位思考、增进沟通、欣赏共建、和而不同，并且要进行终生社会化

农村的青年人和老年人都要站在对方的立场上思考共同面对的问题，是增进理解、化解矛盾的重要举措，心理学上的"移情"是换位思考的集中表达。而且两代人要明白鸿沟的有无、深浅在很大程度上取决于沟通的多寡，青少年时期由于成人感、闭锁性、逆反心理、心理困惑等而变得难以沟通，但并不意味着不可沟通，事实上，在许多方面青少年渴望得到成人的指导。同时两代人要彼此欣赏对方，从内心深处接纳和赏识彼此，如果两代人以欣赏的眼光看待对方，误解就能够转化成谅解，隔阂就能转化为理解。在处理具体养老问题的过程中要坚持"和而不同"的原则，"和而不同"是中国的一句至理名言，"和"就是亲善和谐，"同"就是强求一律。亲子之间在心理状态、价值观念、成长环境、心理特征、社会地位等方面都不同，两者之间的矛盾将是不可调和的矛盾。针对这一矛盾，唯一可以做的就是亲子之间保持各自的不同，接纳各自的不同，用移情的方式来处理双方的代沟，可能更能有利于解决双方的隔阂和冲突。另外，老年人要确立终身学习的理念，不断改变自我、完善自我。人是社会的人，要紧紧跟随孩子的世界和时代并与时俱进。作为老年人要跨越代沟，与孩子顺畅沟通，构建和谐亲子关系，确立终身学习的理念特别重要。

（二）完善农村合作医疗制度，减轻医疗经济负担

农村合作医疗制度是由我国农民自己创造的互助共济的医疗保障制度，在保障农民获得基本卫生服务、缓解农民因病致贫和因病返贫方面发挥了重要作用。这种互助救济式的医疗制度，大大减轻了农民的医疗经济负担，也会在很大程度上减轻留守老人们的生活负担，缩减生活开支，降低留守老人对外出子女的经济依赖，这样会在很大程度上缓解了留守老人与子代之间的代际赡养矛盾和冲突。

HCM07，男，75岁，留守老人，育有两子一女。HCM07十年前不幸患上胆结石，这十年来一直打针吃药，虽然儿女也时常帮他买药，可是医疗负担仍然很重，家里的一点积蓄基本都被花光了。从2002年开始，中央逐步开始在全国范围内推广新型合作医疗制度，给广大农民带来了福音。在笔者调查的很多案例中，老人们都说："新型农村合作医疗好啊，看病吃药的费用减少了一半，比以前的负担减少了好

多,日子比以前好过多了,党和政府还真是为我们老百姓着想啊。儿女们在外也能安心挣钱了,与子女们之间也不再因为药费而伤感情了。"

但是,在访谈过程中,笔者同时深切地感受到了一些制度设置上的问题,农村合作医疗制度还有很多需要改进的地方,这样才能够充分发挥好它的作用。

HCM08,男,今年 75 岁,留守老人,子女们都在外面打工。当笔者问起留守老人的医疗状况的时候,老人说:"本来觉得合作医疗还蛮好的,可是我的儿女们都在外打工,合作医疗的报销程序又很麻烦,我又不认识字,人又老了,没力气到处跑,有时候都不愿投保了,反正投了也是给我添麻烦。并且那些医生看到我们是合作医疗的,每次都开好多药给我,药又贵,就算是报销,负担还是那么重。"

正如 HCM08 说的,农村的某些合作医疗定点医院存在"开大药方,多开药,开贵药"的过度消费医疗服务的现象。如果这种情况经常出现的话,老人的医疗负担不仅没有减轻,反而还会加重,这一定是与合作医疗的初衷相违背的。政府应该尽快完善在监督制度上的不足,才能够充分发挥合作医疗制度的作用,让农民真正能够从中获得好处。这样才能够真正减轻留守老人在医疗费用方面对子女的依赖程度,减少留守老人与子女之间因为经济原因而导致的家庭矛盾纠纷,让留守老人与子女之间的家庭关系更加和谐。

(三)大面积推广新型农村社会养老保险,增加留守老人的经济来源

新型农村社会养老保险是国家近年来推行的又一项重大惠农政策。采取个人缴费、集体补助和政府补贴相结合的筹资方式。对年满 60 周岁以上的农村老人,只要他的子女们按要求参保缴费,中央会直接给予中央财政补助的基础养老金每月 55 元以上,随着年龄的增长会逐渐增加。新型农村社会养老保险的实施,是我国从家庭养老模式向社会养老模式的一个过渡手段,它的大面积实施会很大程度地减轻青壮年的养老负担,增加留守老人的经济收入,这给了农村老年人吃了一颗定心丸。

HCM09,男,75 岁,留守老人,老人在向笔者谈国家政策时,很高兴。认为国家最近推行的农村社会养老保险很好,他现在每个月都可以拿到钱,每次拿到钱的时候非常高兴,并且每个月都有,就算子女们不给钱,老人的生活上还是有一定的保障,在心理上总还是感觉很有安全感。

既然新农保如此受欢迎,笔者认为国家需要大力推广,并且在此基础上增加相应的保险金额,让老人的晚年生活有更多的保障。只要老人的生活有保障,自然子女们在外打工也会更加安心,子女们与老人之间因为经济原因的代际矛盾、代际冲突也会减少,会在很大程度上改善留守老人与子女之间的代际关系。

(四)就近建立农村幼儿园,减轻留守老人的监护负担

因为留守老人需要隔代监护孙辈,劳动负担非常沉重,心理压力非常大,在这种情况下,留守老人对孙辈的照料质量会受到影响,留守老人与孙辈之间的关系会因此而受到影响。因此,如果能够采取一定的措施,减轻留守老人对孙辈的照看负担,留守老人与孙辈之间的关系必然会得到改善。

在笔者调查的众多案例中,很多小孩子上的幼儿园都离家比较远。上学、放学都比较困难。

HCF08,女,65 岁,留守老人,带着两个孙子一起生活,孙子都还小,一个 3 岁,一个 4 岁,老人每天早上六点钟就要起床,给孙子们准备上幼儿园的东西,还要亲自将他们送到十里路之外的乡镇上的幼儿园上学。下午四点钟又要去学校接孩子回家。每天跑来跑去花费很多时间和体力。老人跟我说:"不去接送孩子,学校就不让孩子走!""要是我们村里面也有幼儿园就好了,那样就省事多了。"

针对老人反映的上幼儿园难的问题,笔者认为政府应该加大对农村幼儿园的投入,在各个农村就近建立幼儿园,让农村的孩子也能够就近上幼儿园,从而减轻农村儿童上学难的问题。这样既可以让老人在白天安安心心地做自己的事情,减轻老人对孙辈的照料负担,还可以让孩子晚上回家陪伴留守老人,减轻留守老人的孤独感和寂寞感。这样既可以减轻留守老人的负担,又可以强化对留守儿童的教育,让留守儿童能够健康快乐地成长。在调查的一些案例中,有一部分儿童是在乡镇上的幼儿园上学,据老人反映说,孩子们在学校被老师教得很好,回家之后也很乖,很少顶撞老人,老人与孙子之间的关系更加亲密了。

(五)建立农村社工机构,和谐农村留守老人的代际关系

根据社会工作的定义:"社会工作是指社会(政府和群众团体)以物质、精神和服务等方式对那些因外部、自身和结构性原因不能依靠自己的力量进入正常的社会生活的个人与群体提供帮助,使他们恢复社会生活能力,改善社会互动关系,提高社会生活质量,从而促进社会的良性运行和协调发展。"可知,社会工作也可以在改善农村留守老人代际关系方面充分发挥作用。但是,就目前的农村情况来看,农村基本没有专业的社工机构为有困难的群体提供帮助。所以,笔者认为,国家应该加大在农村这方面的相关投入,将社工机构在农村普及。

农村留守老人与子女之间的代际矛盾有很大一部分原因是经济原因,所以,如果社会工作者能够为农村贫困的留守老人家庭争取更多的捐助的话,留守老人家庭关系会得到很大程度的缓和。社会工作者在为留守老人争取更多的经济支持的同时,还应该适当地指导留守老人采取一些适当的措施增加收入,缩减不必要的开支。例如:教会老人学会一些新的养殖技术,增加农业收入之外的养殖收入;教会老人养成每天记账的习惯,减少不必要的人情开支。

俗话说:"活到老,学到老",留守老人与子女们之间的代沟日益扩大有很大一部分原因是由于老人长期不学习,思想封建守旧,很难与子女们找到共同话题所导致的。代沟的日益扩大影响了留守老人与子女之间的代际关系。所以,如果老人们能够自发地或者有指导地组成老年学习小组,邀请一些有知识的、有影响的人为他们讲解一些现代化的知识,这样既可以增加老人的知识,又可以缩短老人与子女之间的文化差距,从而缩短代沟,增进留守老人与子女之间的感情。社会工作者可以有意识地把有闲暇时间的留守老人组织起来,让他们学习新的社会科技文化知识,这样既可以丰富留守老人的精神文化世界,又可以增加留守老人的知识,缩短留守老人与子女们之间的文化差距,从而缩小代沟,改善两代人之间的关系;并且社会工作者应该教授给老人一些科学的教育孩子的知识,让留守儿童的家庭社会化不至于过于不足。

留守老人对孙辈进行隔代照顾的过程中,劳动负担和精神压力很大,不能很好地处理与孙辈和子代之间的关系。所以,如果社会工作者能够帮助留守老人适当地减轻一些劳动负担的负担,让留守老人有更多的时间与孙辈们轻松地相处,一定会让家庭的代际关系状况更加和谐。例如,社会工作者可以帮助留守老人联系换工对象,组织换工团体,在农业劳动方面相互扶持,充分发挥团体的力量,这样既可以让留守老人能够感受到社区的关爱,也可以很大程度地减轻留守老人的劳动负担。另外社会工作者还可以指导留守老人改变农作物的种植结构,多种一些种植工序比较简单的作物,减轻自己的劳动负担。

综上所述,随着城市化进程的加快,进程务工的农民工的数量在不断增加,他们的父母只能留守在农村成为留守老人。子女的外出务工一定会对留守老人的代际关系产生影响。农村留守老人与子女之间的代沟,影响了留守老人与子女、孙辈之间的感情,影响了留守老人的晚年生活质量。因此,农村留守老人的代际关系非常值得关注,并且应该充分发挥社会各界的力量对留守老人提供各方面的帮助。当然,一切问题的解决仅靠这些外部措施是远远不够的,还需要留守老人自己与留守老人的子女们共同努力,才能为留守老人创造一个温暖和谐的家庭关系环境,从而让留守老人颐养天年。

第五章　新农保体制下,农村老年人家庭养老中的 社会问题研究

第一节　概　　述

米尔斯在其著作《社会学的想象力》中指出:"运用社会学的想象力所做的最有成果的区分是'环境中的个人困扰'和'社会结构中的公众论题'。这个区分是社会学想象力的基本工具,也是所有社会科学经典研究的一个特征。为正确地表述问题和找出可能的解决方法,我们必须考虑社会经济和政治制度,而不仅仅是零星散步的个人处境和品行。'个人麻烦'产生于个人性格,发生在有限的生活领域内,烦恼属于个人的私事,需通过个人的行动加以克服;'公共问题'却是涉及整个社会的问题,与全体社会成员或大部分社会成员生活密切相关,其产生并不是少数人的责任,具有群体性。引起社会问题的现象通常是'公共问题'而非'个人烦恼'。"[①]

米尔斯从社会学想象力的角度区分了个人问题和社会问题的区别,但什么是社会问题,不同的学者有不同的定义。王康教授把"社会问题"定义为,在生活变迁过程中,某些社会活动和社会关系发生了与显示的社会环境失调,并引起人们普遍注意,需要以社会力量来解决的现象。[②]袁方把"社会问题"定义为,社会中的一种综合现象,即社会环境失调,影响社会全体成员的共同生活,破坏社会正常运行,妨碍社会协调发展的社会现象。[③]陆学艺把社会问题定义为凡是影响社会进步与发展,妨碍社会大部分成员的正常生活的公共问题就是社会问题,它是由社会结构本身的缺陷或社会变迁过程中社会结构内出现功能障碍、关系失调和整合错位等原

①米尔斯.社会学的想象力[M].北京:生活·读书·新知三联书店,2001:6—7.

②王康.社会学词典[M].济南:山东人民出版社,1988:117.

③袁方.社会学百科辞典[M].北京:中国广播电视出版社,1990:49.

因造成的;它为社会上相当多的人所共识,需要运用社会力量才能消除和解决。[①]雷洪认为"社会问题"是指在一定时期和一定范围中产生和客观存在的,影响社会生活和社会机能,引起社会普遍关注并期望予以解决,目前需要和只有以社会力量才能解决的社会失调现象。[②]

根据米尔斯的界定和众多社会学家对社会问题的定义,笔者把"社会问题"定义为:社会问题是社会性问题而不是个人困扰问题,它是一种使社会全体或部分成员的共同生活受到不良影响的社会性问题,它妨碍了社会秩序、社会进步和社会的协调发展,需要社会共同努力才能解决的问题。

我国现代化进程的突飞猛进,城市化的快速发展,农村里众多的青壮年纷纷涌入到城市里打工,由于二元体制的存在,城市里高昂的房价和高昂的房租,年轻的打工者无法带着他们年迈的父母在城市里共同居住,农村的老年人只有留守在老家,形成中国农村特有的留守老人现象。在我国社会保障体制不是很健全的今天,我国农村的养老方式主要局限家庭养老模式。但是随着农民工流动增加,计划生育的逐步推进,农村老年化不断增加,老年人的养老问题,成为了我国广大农村一个日益严重的社会问题。

在农村老年人养老的过程中,农村居民普遍认为只要让老年人吃饱穿暖就达到了养老的目的,却在很大程度上忽略了老年人在晚年生活中的内心需求。并且由于现代化的发展,老年人的地位日益下降,在年轻人的养老压力越来越大的情况下,致使当代年轻人养老观念淡漠,对老年人缺乏相应的关怀和照顾。空巢的加剧,老年人子女一年到头只回家一次,有的甚至几年回来一次,老年人缺乏子女的精神慰藉,导致了老年人内心孤独寂寞,在认知、适应等方面出现心理障碍,在疾病的威胁下,在缺乏关心和照顾下,有些老年人用自杀的方式结束了自己的生命。因此中国农村的家庭养老问题,不应只局限于表面的养老客观质量,更要发掘老人在养老过程中的心理需求,即主观上的满足感,从而为提高农村老人的养老质量提供帮助。养老最主要的目的就是能够让老年人安享晚年,真正实现"老有所养、老有所为、老有所乐"的目标。

本书的数据主要来源于在两个村庄的实际研究法中观察和个案访谈得来的资料,鉴于研究对象的现实情况,文化程度普遍不高,年事已高,视力低下等因素,通过与研究对象面对面的交流,做好倾听者的角色,并及时给予相应的回应。因而,在相互作用的过程中可以收集到比较全面的、深入的资料。同时,访问者要注意对比较敏感的问题做出适当的回避,尽量照顾到老年人的情绪变化,这也是访谈所要重视的。个案访谈主要围绕老年人自身的家庭情况(包括年龄、居住状况、健康状

---

①陆学艺.社会学[M].北京:知识出版社,1996:78.
②雷洪.社会问题——社会学的一个中层理论[M].北京:社会科学文献出版社,1999:8.

况、婚姻状况、与子女的关系等）、子女与老人的代际互动对老人养老的影响（如经济支持、生活照料、情感支持三方面）、老人对现今子女的养老支持的满意度如何几个方面展开。在访问的过程中，老人的情绪、情感宣泄状态是十分重要的，这在某些程度上反映出老人对自身养老状况的意见表达。基于笔者在两个村庄生活过一段时间，因此较为了解研究对象的一些基本情况，并通过村委会相关人员的协助，因此选取的研究对象在该村所有老年人中较有代表性，在对研究对象进行了更深入的个案访谈后，获得了较为详实的第一手资料。

一、农村地区老年人家庭养老中出现的新问题

全国老龄工作委员会日前发布《2010 年中国城乡老年人口状况追踪调查主要数据报告》，报告显示，社会养老保障的覆盖率，城镇达到 84.7％，月均退休金1 527元；农村 34.6％，月均养老金 74 元。相关人士表示，我国老年人的保障和收入水平还比较低，抵御风险的能力弱，特别是一些农村老人，已经成为国家扶贫政策照顾的主要群体之一。由此可见虽然我国颁布和实施了新型农村社会保险制度，但是我国农村老年人的整体覆盖率比较低，而且养老金数额很低，根本不够一个老年人一月的生活费用，因此农村老年人的养老问题已经成为一个关系到千家万户的严重社会问题。我国现阶段农村老年人的养老方式，主要是靠家庭养老。但是通过实地调查，笔者发现农村地区老年人家庭养老中出现了很多新的社会问题。

（一）子女不赡养老人的问题

父慈子孝是传统中国人追求的一种人生的境界，父母抚养小孩，子女赡养老人历来是中国的一种传统美德。"二十四孝"的故事中有"乌鸦反哺"、"羔羊跪乳"，何况人乎？传统的中国人一般都会自觉主动地遵守一种简单的交换规则，他们大都认为赡养老人是天经地义的。在传统文化不断势微的情况下，为了能够让老年人实现老有所养，《中华人民共和国婚姻法》（以下简称《婚姻法》）明文规定赡养父母是子女应尽的法定义务。但是随着社会变革的不断进行，农村年轻人的养老观念逐渐淡化，农村老年人的赡养问题成为人们广泛关注的社会问题。

农村老年人得不到有效的赡养，有如下几个原因：①我国农村农民的收入增加的速度过慢，加上物价的上涨，导致农村家庭的经济收入普遍低下，成为农村家庭养老的最大阻碍。②计划生育政策的实施，老年人的子女越来越少，当代年轻人大多数都面临"上有老下有小"的现状，尤其是在农村沉重的生活压力下都会选择顾及自己的小家，如有其他兄弟姐妹，便会将赡养老人的责任推诿到其他人身上。③农村老年人的子女为了谋生，大多到城市里打工，他们每年回去一次，甚至几年回去一次，留守老人的养老问题存在子女严重缺位的问题。④有些老人的子女已经慢慢地步入老年，他们的生活也要子女来提供，根本没有能力赡养老人，而老人

指望孙辈养老更是难上加难。

HCF09,女,76岁,独居。育有五个子女,均已成家立业,且都在外地工作或务农。平时以老伴微薄的退休金及种农田为主要的生活来源,两位老人日子也算过得安逸舒适。但一年前老伴的突然离世,这对她来说是沉重的打击,生活发生了彻底的变化。刚开始子女们都能陪伴在母亲身边安慰及照顾,但由于自身家庭及工作的原因不得不回归到自己原本的生活轨迹当中。两个儿子希望将老人接到自己家中赡养,但老人在尝试过后发现,不论是与儿媳的关系还是生活的适应方面都成问题,因此在几次矛盾之后她还是回到了自己家中,后来儿子们都到城里打工去了,很少回家,只是偶尔寄些钱给她用。虽然三个女儿都希望照顾母亲,但农村传统的养老观念认为,儿子养老是天经地义的,如果老人在儿子都在的情况下去女儿家生活,儿子会被邻居视作不够孝顺,两个儿子们为了顾及面子坚决不同意;事实上女婿们是不愿意的,毕竟他们还有父母亲要养。僵持不下后,她不想家中不得安宁,便提出自己独住,但是毕竟年事已高,生活中有很多的问题无法解决,但也只能自己承受,不愿向子女提起。

XTF03,女,85岁,独居,育有二子六女,老伴在三十年前就已经去世。她把最后一个女儿嫁出后,她就搬到外面另过,60多岁的时候,因为身体很好经常帮别人打工挣钱,在水稻田里捡农民漏掉的稻穗,自己养活自己。可是随着年龄的增加,农民用机械收割水稻,她再也捡不到粮食,她的两个儿子负责提供每月的粮食,但是很少在旁边照顾她,她的六个女儿经常给点钱她用,所有的日常生活都是由她自己负责,最近几年来,她身体越来越不好,自己的两个儿子也纷纷步入老年,也根本没有能力照顾她。

在 HCF09 和 XTF03 的两个案例中,两个老人的处境是很多农村都存在的现实,子女在长大后都纷纷离巢,有了自己的家庭和事业,也不能经常性地回家看望及陪伴父母,家中一般都只有两位老人相互照顾及生活,也都习惯于这种格局的生活方式。而且由于子女现在所面临的社会经济压力逐渐增大,慢慢地就会减少对父母的关注,他们认为只要父母身体健康,其他的就不会是太大的问题。在面临其中一位老人的离世时,他们才会关注老人的赡养问题,尽管会对自己现有的生活产生影响,但养老是必须承担的责任,不可推脱。但是很多现实的因素都使原本理所当然的事情产生很多的问题。老年人习惯了自给自足的生活,一旦换一个环境就会有诸多的不适,并且老人的生活习惯会与年轻人发生冲突,甚至格格不入,因此矛盾就必然产生。在这样的情况下,一般老人会为子女多做打算,为了不给子女带来麻烦便会回到自己家中。这些都是能看到现实当中较为美好的一方面,但也有一些子女在成家立业后甚少关心父母,尤其是家中兄弟姐妹多的家庭中,更是觉得赡养老人是大家共同的责任,生怕自己会多出一点钱,怕自己吃亏。一旦有自己认为不公平的现象出现，就抓住了机会理所当然地认为自己没有义务去付出，推脱自己原本该尽的责任。甚至将老人在几个子女中推来推去，使老人饱受折磨。而且农村老人在面对这样的事情时，由于法律意识的淡薄，知识水平的局限，不会通过正规的渠道去为自己争取该有的利益，在子女都不承担赡养义务的时候只能自己忍受，有些人会认为生活没有希望，甚至会出现老年人自杀等现象。

（二）养老经费缺乏的问题

我国作为农业大国，经济来源基本以务农为主。其中农村老年人的收入来源占第一位的是自身的劳动收入，占第二位的是子女供养，这两项在农村养老的经费来源中占绝大多数。虽然农村老年人只要身体状况允许，无论年龄大小，几乎全部参加生产劳动，自己养活自己。这种"活到老，做到老"的方式使农村老人具有较高的生活自给力。但是这种靠老人自己养活自己的养老方式是以牺牲老年人利益、降低老人生活质量为代价而获得的，而且老年人年龄越大，劳动能力就逐渐减弱，劳动收入自然也就减少，一旦丧失了劳动能力，劳动收入也就停止。与此同时，倘若子女的供给量不增加甚至没有供给，那么他们的生活也就成了严重问题，这种方式不应该被看作是"顺乎天命"的自愿行为，而应当看作是老人"迫于生计"的一种无奈选择。他们大部分人都面临生活困境，生活供养水平不宜乐观。

HCM10，男，70岁，和老伴一起居住，育有一子。老人说："儿子结婚前，他的终身大事一直是我们老两口的心病。在儿子30岁的时候，经人介绍，终于找到了一个愿意嫁给我们儿子的姑娘，原本是值得高兴的事，但随之而来的事让我们颇为烦恼。女方提出的要求是必须在父母家旁边盖几间新房，两位老人一直务农也没有多少积蓄，而且省吃俭用只为自己养老。老人虽然觉得烦恼，但为了儿子早日成家，便耗尽全部积蓄盖了新房。"老人说养个孩子有操不完的心，他继续说："儿子结婚后，我们发现自己媳妇非常懒，不但不愿下地干活，而且也不愿自己煮饭，要求在父母家吃饭，老伴提出让儿子每月交点钱，引起了儿子的极大反感。儿子在外打工期间要求老伴帮助抚养2岁的孙子，但老伴说自己时常身体不适，没办法很好地照料孙子。而且希望儿子能定时寄钱给家中，用于生活中的日常开销和医疗费用。可是儿子也认为自己在外务工，没有多少经济收入，而且还要维持自己的生活，没办法给我们更多的钱。"老人说只要孩子好，自己多吃点苦，受点累也值得。接着老人颤颤巍巍地说："现在年龄大了，身体到处都是病，农活实在干不动了，农资的上涨，每年根本没有什么收入，而儿子媳妇说的是在外打工，每年也没有落几个钱，从来没有给过我们什么钱，前几年还经常向我们要钱，这几年没有向我要过钱，我现在最担心的是我们生病了该怎么办啊。"

农村老年人在较为年轻的时候一般都依靠土地自养，但随着年龄的增加，劳动能力逐渐丧失，土地自养的能力也随之下降，这时候主要依赖子女赡养，但是子女由于自身经济困难或者赡养观念上的不足,有不少对老年人的供养可能达不到温饱水平或仅仅达到温饱水平,令老年人的生活质量处在很低下的水平,物质生活极为匮乏。

XTM01 说:"虽然我有两子两女,但是他们的生活都不是很好,而且我的小儿子好吃懒做,一天到晚想着打麻将,田种得不好,也不出去打工,整天待在家里。他们不但不能给我和我老伴养老钱,反而经常要我资助,特别是小儿子,经常缺衣少吃的时候就到我这里背米回去吃。我和我老伴都快70了,已经没有能力劳动了,老伴还有严重的慢性疾病,也没有钱医,虽然农村现在有合作医疗,可是必须要住院才能报销,我们根本就没有钱住院,所以一直拖着。"

XTM02 和老伴一起住,生有一儿两女,他说:"儿子的身体不是很方便,无法干重的农活,娶了一个弱智的媳妇,生了一个腿有问题的孙子,为了替孙子看腿疾,花了好多钱,后来媳妇因为肾病去世,整个家庭欠债很多,儿子只能在城市打工,收入也不多,两个女儿的家境也不是很好,因此两人把家里的所有地都种着,还要带孙子,经济状况极度的差。"

XTM05 说:"日子真难熬啊,我生养了一儿两女,儿子35岁就死了,留下一个孙子,两个女儿都在外面打工,情况不是很好,现在我们还能够动,种些地,把孙子养着,不知道我们不能动的时候,孙子怎么办?现在年龄大了,种地的收入也不是很好,供孙子读书是一笔很大的收入,每到交学费的时候,就是我们愁白头的时候。"

HCF01 说:"老伴已经死了,生养的一儿一女都不愿养我,也不给钱我用,靠自己种点地养活自己,不知道哪天会饿死在家里。"

这些老年人的问题体现了当今农村家庭养老中最大的一个问题,就是养老经费的不足。农村老年人历来以务农为业,在自己身体状况允许的条件下,都是以生产农作物为主要的经济来源。作为父母最为关心的便是如何将子女抚养长大以及随之而来的成家立业,尽管自己能力不足也愿意倾其所有来帮助子女建立自己的家庭,如此便了却了长久以来的心愿、卸下了此生的重任。完成这些事情后就会更多地为自己打算,在自己力所能及的情况下都会通过自己劳作来照料日常的生活,不用子女过多的操心。但不可避免的是老年人身体机能的逐渐退化,各种病痛的折磨已无法承受繁重的农作,通过自己劳作的这部分收入就会逐渐减少,这时候就需要子女给予经济上的帮助,这也体现了农村老年人从自筹养老经费到子女的供养方式的转变。但不容忽视的是,农村年轻人的现状多数为外出务工,或是在家务农,极少数才能有好的发展。在这样的情况下照料老人也成为他们生活中的一部分负担,而且在遇到父母身体不适时,则需要付出更多。子女在供养老人的同时还要顾及自己的家庭,因此难免在某方面会出现照顾不周的时候,老年人的供养便出现问题,经济上的限制使得老年人的养老质量受到影响,这种现状并不是很快就能解决的,农村的生产力低下、收入来源单一成为根本的问题,要改变这些,需要长时间及各方的努力。

(三)空巢等导致老年人缺乏照顾的问题

随着我国农村在社会生活、经济结构、思想观念等方面发生的变化,城市化进程的加快,我国农村传统的养老模式受到了极大的挑战,大多数年轻人都选择外出务工来改善生活。而且随着我国计划生育的进一步落实,农村家庭的子女数也逐渐减少,空巢老人的养老问题也日渐突出。所谓的"空巢老人"是指那些身边无子女共同生活的老年人,其中包括与子女分开居住的老人,也包括无子女的老人。这些老人有些是与配偶一起生活,还能在生活中互相得到照顾,但有些老人独居,在很大程度上更需要关注。空巢老人在日常的生活照料上或许尚能自己解决,但在遇到生病时无人看管是很大的难题。而且精神慰藉缺乏,大多数的农村老年人没有过多的兴趣爱好,很多时间是在自己家中度过,因此缺少交流,难免会觉得孤独和寂寞,没有子女的老年人在情感慰藉上更加不完善。

照顾,在人们的思维中一般都认为就是在生活上给予一定的照料,满足物质上的需要就可以了,但现实中对于老年人来说,随着年龄的增长,物质上的需求不再是老年人最重视的,他们不再认为"吃饱穿暖"是最大的满足。健康快乐的老年生活,不仅需要物质保障,更需要心理上的慰藉。目前我国农村的现状便是年轻人多半外出务工,寻求生活上更好的发展。家中留下的多为老人和小孩,因此留守老人和留守儿童这些特殊群体的产生就是当今农村的真实写照。农村老年人在日常生活中并不需要子女的照顾,因为他们已经在长期的劳作中形成了吃苦耐劳的习惯,但在生病时就需要子女的关怀,但由于诸多现实因素的限制,这点最基本的需求也无法得到很好的满足,病痛的折磨加上精神慰藉的缺乏更容易使老年人对生活失去希望。

HCF10,女,65岁。育有两子一女,子女均已结婚。两个儿子及儿媳都跟随同村的年轻人外出务工,女儿也嫁到外村很少能回家看望老人。她除了要料理家中的几亩农田,还要照顾两个年幼的孙子。虽然两个儿子会不定时寄钱给母亲,但很多时候繁重的农事让她很是疲惫,而且还要照料两个孙子的衣食住行,长此以往老人患上了严重的风湿病,只能依靠简单的措施勉强地维持。孙子由于年幼有时会不听话,使得HCF10情绪很不稳定,身心俱疲,有时会对自身产生质疑,觉得自己老了就没有用处了,认为生活没有希望,甚至产生了趁早结束生命等念头。

XTM10,男,70岁。无儿无女,是典型的独居老人。以前是村里的书记,现在年纪大了,身体也大不如前,还患上了风湿病,行动又不便。以前在做干部时,每天与村民打交道,忙于公事,很少会想到自己是一个人。但年老退休后,身体每况愈下,加上村民们不再像从前那样对自己很尊敬,之前的"门庭若市"转变为"门可罗雀",这样的转变对他来说产生了很大的心理落差。现如今他多数时间都待在家中,不愿出去与人交流,而且身体上病痛的折磨,以及无人照料使他越发觉得自己没用了,负面的情绪无法排解,有时会产生厌世的心理。

留守老人同留守儿童一样作为特殊的弱势群体,引起了多方的关注。但由于许多现实的原因和阻力,他们的现状并没有得到进一步的改善。在农村留守老人群体占很大一部分,他们不仅要面对劳动负担,而且自身的身体状况也不乐观,生病是缺少照顾,最重要的是缺乏情感支持。子女外出务工很少能回来看望老人,由于经济条件的限制,农村老年人家中很少有电话,因此当老年人遇到烦心事时,考虑到子女在外安心工作挣钱,不能及时与子女沟通,负面情绪长期积蓄,日久有损身心健康。而且目前农村社会保障救助体系尚不完善,也无法使农村老年人得到切实的帮助。最为主要的是留守老人对自我老化的认识不足,认为自己年老了无法将现在的生活很好地维持下去,自身缺少关怀,便会产生一系列消极的影响。而且容易产生空虚感和孤独感,个体进入老年期后,社会环境变化比较明显。因突然遭受丧偶、故有亲朋好友生离死别的强烈刺激而陷入缄默寡言,长期独处,与世隔绝;因子女不在身边而造成无法给予很好照顾的无奈,农村留守老人便是一个典型的例子。

而农村空巢问题的产生有很多原因,但最为主要的因素是社会因素,社会的快速发展使空巢现象的出现成为必然。农村年轻人外出务工热潮的持续,在客观上无法满足老人与子女共同生活的要求,一些老人必须主动或被动地独立生活而空巢。有学者认为,导致老年人空巢的原因包括经济进步和居住条件的改善、计划生育政策的实施、家庭模式的小型化和核心化,而且还包括社保体系和老龄体系落实不完善,这些都影响了当今农村老年人不得不空巢而居的现实。而且案例中的XTM10由于独居,没有人能在其生病时得到相应的照顾,而且随着年龄的增长导致他在周围环境中的地位和权威的逐渐下降,心理落差也随之增大,缺少心理与情感上的纾解,更容易产生消极情绪,如果得不到有效的缓解,便会产生不好的结果。

现在农村仍有不少家庭的老年人拥有多位子女,子女轮流奉养父母也是农村家庭养老的一种模式,但是这种模式也存在其缺憾,往往会使老年人成为一只"皮球"的角色,被多个子女踢来踢去,老年人长期处在这种"皮球"角色中,一方面要看子女的脸色活着,精神压力很大;另一方面生活极为不稳定,缺乏规律性,影响身心的健康和生活质量。

XTM04说:"我一辈子辛辛苦苦养活了三子两女,老伴死后,我也老了,三个儿子都不愿接纳我这个累赘,最后他们商量,我在三个儿子家,每家过一个月。有一次小儿子家要建房子,我提前两天带着行李到大儿子家去住,可是大儿媳就是不让我进门，说什么还没有到日子就是不开门，我站在大儿子的门口万念俱灰，真想死了算了。幸好那天大姑娘回娘家，碰到我，接我到她家过了几天，要不我就自杀了。现在我自己过日子，谁也不靠，自己能做事就养活自己，做不动了就自杀。"

(四)代际冲突问题

老年人与子女的关系属于代际关系。代际关系是指两代人之间的关系，泛指青年与老年人之间的关系。在当今社会，大多数人在 20 多岁开始结婚，生育子女。在子女的幼年时期，他们总是无条件地依恋家长，遵守着"听话的道德"；到少年期，"成人感"的发展使子女开始改变与父母的关系，要求父母重视他们的意见，希望获得更多的独立自主的权利。进入青年期后，儿女们通常都会变得比较关心和体贴父母。但是，成年以后的子女毕竟已经成为成熟的社会成员，他们的意见和处事态度，基本上不再依赖自己的父母，独立性更强，主观性也更大；同时，两代人相距二三十年，生活经历、环境影响和历史传统的制约都相差甚大，使代际关系的处理又有了新的难度。所以，代沟是社会变迁、经济发展、文化演变在不同年龄人口中形成的反差，是无可避免的。

XTM11，男，69 岁。个性固执，作为家中的长者，在家庭中凡事只要是自己认为不认同的事情就不能做，一直以来都在家中务农为生，勤俭节约，而且固守传统思想，对很多现代事物极为反感。他的儿子年少时由于调皮不爱学习，初中便辍学在家，随后便跟着同村的年轻人外出务工，逢年过节才能回家。由于儿子在外务工回到家后，对家中的农活不再像以前那样上心，每次父母出去劳作儿子总是找借口推脱，几次下来让他很是生气，认为儿子忘本，还为此训斥过儿子。而且很看不惯儿子在生活中的一些行为，儿子会经常跟村里的年轻人聚在一起玩牌，用钱作赌注，这让他很是恼火，觉得儿子在外学坏了，赌博是错误的行为。几次劝说儿子都不当回事，最后儿子也被父亲经常的劝说给弄烦了，与父亲发生了很大的争执，双方都不做让步。这样的事情积累下来，儿子认为自己在家中很是郁闷，有时觉得父亲不可理喻，便离开了家外出务工，除非家中有重要的事，不然很不愿意回家，更不愿与父亲做任何的交流。

老年人与年轻人因为生理的、心理的、角色和社会地位以及社会经历的不同，在行为和认识上产生差异。一代人与另一代人的社会化过程、社会经历不同，从而使各自组群中心观(或称群体中心观)较为悬殊。不同代的人各自具有以自身群体为中心的价值观，他们对同一现象或一系列社会现象会有不同的看法。个案中XTM11 的形象为多数农村老年人性格的真实反映，农村老年人由于知识水平的制约及传统思想的根深蒂固，在生活中他们习惯于节约，勤俭持家一直是他们所秉持的生活作风，而现在的年轻人多半追求及时行乐，不会过多地忧虑今后会怎样，老年人对子女在生活中的一些行为意见很大。认为每一分钱都是自己通过努力很不容易才赚来的,不能肆意地挥霍,而案例中儿子与同村人的聚赌行为恰恰违反了老人心中的道德标准,即认为以钱为赌注的行为是不珍惜劳动果实,更加严重的是赌博是一种犯罪行为,因此会与儿子在这件事上发生矛盾。而且农作是农村获得经济收入和食物的最主要来源,也是作为农民的本分,但儿子的行为让老人觉得很难接受,这些问题都体现了农村老年人的传统观念与当代年轻人的行为之间产生代际冲突是必然的。

(五)农村养老保障制度的不完善

随着我国老龄化程度的加剧,而我国又是农业大国,农村社会养老已成为一个重大的社会问题。导致我国农村养老问题存在的最本质原因是我国农村经济发展缓慢,生产力水平低,并且农村贫困老年人人数众多,农村养老保障制度又不健全,无法给予传统的家庭养老模式在一定程度上相应的帮助,因此才会有一系列问题的产生。农村老年人普遍身体状况不容乐观,再加上农村医疗设施条件不足,经济上的拮据使得他们就算生病也会选择忍受。国家出台新的配套政策在一些偏远的农村无法很好地落实,农民也不能得到切实的实惠,这些都会影响农村老年人的养老问题,完善农村养老保障机制也显得尤为重要。

HCM11,男,62岁。年轻时配偶因病去世,无儿无女,也没有再婚,因此一直独居。在一次务工时,由于突发事故右腿致残,逐渐丧失了劳动能力,生活也不能得到很好的保障。村委会考虑到他的现实情况,每月都会发放一定的补助来维持日常的生活。尽管他所在的村加入了新农保的试点,而且他也在村委会的照顾政策及宣传下参加了新型农村牧区社会养老保险,但自身缴纳的部分依然是他生活的负担。并且新农保支付水平低的局限性,使他基本的生活仍然无法得到保证,长期服药也使他的经济更为拮据。

目前我国实施的新型农村社会养老保险,也称为"新农保",是继取消农业税、农业直补、新型农村合作医疗等政策之后的又一项重大惠农政策。采取个人缴费、集体补助和政府补贴相结合,其中中央财政将对地方进行补助,并且会直接补贴到农民头上。建立新型农村社会养老保险制度,是加快建立覆盖城乡居民的社会保障体系的重要组成部分,对确保农村居民基本生活,实现农民基本权利,推动农村减贫和逐步缩小城乡差距,维护农村社会稳定意义重大,推动社会和谐,同时对改善心理预期,促进消费,拉动内需也具有重要意义。尽管新型"农保"不论对于国家、社会还是农民本身都有着切实的好处,但也要看到一项政策的提出也需要一个逐步被大众理解和接受的过程,而且更要注意的是它是否真的使农民得到了切身的利益。新农保不是纯粹的福利补贴,还需要农民交费,在一些农村农民由于文化程度的制约,并非能够深刻地理解它对自己有何种利益,在没有看到新型农保对自身的带来实惠之前是否愿意参保,都是不容忽视的问题。而且新型农村养老保险资金筹集不足、支付水平低、无法保证农村老年人的基本生活等问题也亟待改善和解决,个案中的 HCM11 正是由于自身养老水平过低,即使有村委会的补助但因自己身体等特殊情况的局限,并不能对他的生活现状有大的改观。虽然加入新型农村牧区社会养老保险在长远看来对老年人的养老有所保障,但现在的养老保险制度还存在不完善的地方,支付能力低等问题就是很大的限制。这些问题都需要政府加大财政投入力度,做好新型农村社会养老保险的知识普及工作、加大宣传力度,让农民从根本上了解并支持此项工作的开展,才能使我国的农村养老保障走上一个新的台阶。而且政府相关部门也要做好监督工作,将新型保障制度真正的落到实处,使参保的每个农民都能得到实惠。

农村留守老人在不能充分享受家庭养老的同时,现阶段农村的社会福利和保障机制又非常不健全,这就使得农村留守老人养老的困境难以改善。在计划经济时代,由于城乡政策的不同,城市养老有着较为完善的社会保障机制,而在农村养老更多的是依靠家庭。最近几十年以来,虽然社会不断地向前发展,但是,农村的养老方式依然没有较大的改变,农村养老的保障机制仍未建立健全。此外,农村社区还未充分发挥其作用,为老服务的意识不强,而农村居民也对社区缺乏信任与依赖,两者互相隔阂,还没有形成一个相互支持的互助机制。

在我国农村,"因病致贫"、"因病返贫"的现象时有发生,留守老人的健康问题尤其值得关注。由于年事已高,各项身体机能下降,加上长期辛苦劳作,留守老人特别容易患病。而他们的子女又长期在外务工,难以照料其生活起居,往往使小病拖成大病,那时再给予资金帮助,为时已晚。

HCF02 与老伴一起生活,老伴前几年突发脑溢血后就一直卧病在床,她这几年来都是一个人悉心地照顾,他们俩只有一个儿子,在外打工,已成家。"老伴自从脑溢血以后,年年要吃药,差不都花光了家里的积蓄,儿子还算孝顺,在外边省吃俭用,每个月都寄钱回家。我也知道儿子不容易,不仅要供自己的生活,还要供孙子上学,挺难为他的。照顾老伴的这几年中,我的年纪也大了,毛病也渐渐地多了,也慢慢地开始吃药,这样一来,家里就更入不敷出了。我常常想,万一那天我突发疾病就走了,我的老伴该怎么办啊? 谁来照顾他啊?"紧紧地攥着老伴的手,她的眼泪已经顺着脸颊流了下来。

HCM02 的老伴在他 40 多岁的时候就因为一场车祸死去,现独自一人生活,育有二男二女,都在外面打工。"不知不觉我老伴已经走了二十多年,我也一个人独自生活了二十多年了,让我欣慰的是,四个子女也都成家立业,也算是对地下的老伴有一个交代吧。虽然子女们对我很不错,每个月都给我生活费,可是说心里话,我始终感觉心里空荡荡的。我整天无所事事,经常做的事就是围着我们村溜达,逛了一遍又一遍,顶多也就和村里的老头们老太太们聊聊天、下下棋。看到电视里面城里的老人们时常聚在一起又是唱歌又是跳舞的,我心里怪痒痒的,真是美慕他们啊,我们农村人什么时候也能像那样啊?"指着电视,感慨着说,眼中透露着美慕的目光。

虽然我国的新农村合作医疗已覆盖全国80%以上的农村,但是,像 HCF02 家庭里这种"因病致贫"、"因病返贫"的留守老人依旧很多,留守老人的医疗保障收效甚微。笔者认为,这其中的原因主要有以下三个方面:①留守老人的文化程度偏低,对于新农合意义不能完全理解,可能会对参保有抵触情绪;②新农合制度是以大病统筹为主的农民医疗互助共济制度,主要关注大病给农民带来的经济困扰,而事实上留守老人日常困难更多的来自于小病产生的门诊费、药费等,因此农民的实际受益不如预期中的多;③新农合的医疗登记程序和理赔程序繁琐,医疗费用不能在就诊时直接抵扣,给留守老人带来很多不必要的麻烦。所以,希望国家和政府能够尽快地完善医疗保障政策,给予农村留守老人在医疗保障上更多、更为具体的实惠。

在我国,农村和城市还存在着相当大的差距,城里的老人能够在社区的帮助下聚在一起,组成一个个共同爱好团体,进行各种娱乐活动,可是这些活动在农村老人看来,简直就是奢望,农村所在的社区并没用充分发挥自己的作用,服务留守老人的意识并不强烈,像 HCM02 这种留守老人还有很多。如何健全农村社会保障机制,发挥农村社区的作用,也是一个值得深思的问题。

(六)养老过程中老年人的心理问题

进入老年期后,农村老年人生理机能的老化和健康状况的衰退,也使他们的性格、情绪、需要及自我意识等心理方面发生一定的转变,子女很少能直接地感受到老人在这些方面的变化,而老年人对自身的认同与评价不明确,一旦遇到一些困扰,如果不能及时地做好心理调试工作,便会在养老过程中导致一些问题的产生。在老年期这一阶段,老年人如何认识和体验自己的老化和衰退,并控制由此而产生的情绪反常,构成了老年人自我心理调试的主要内容,由于周围环境的影响,他们在心理方面也呈现出来新的特点:

(1)老年人从"工具"角色转变为情感角色,从劳动角色转变为被供养角色,从父母角色转变为祖父母角色,难免对这种剧烈变动一时适应不了,或者没有及时从旧角色中退出来,或者还没有学会扮演新角色,从而引起角色冲突,产生焦虑感。老年人在漫漫的人生道路上经受过种种坎坷,经历过不同程度的抑郁。他们为身体上的某些不适迟迟不能排除而疑心自己患有不治之症,从而产生抑郁感;他们为得不到子女和周围人的理解和体谅而加重抑郁。

(2)农村老年人由于周围环境的制约,在兴趣爱好等方面较为缺少,交际圈也局限在自己家中及为数不多的邻居之中，因此一旦遇到子女外出务工、逐渐离巢及亲人配偶的突然离世，生活环境的突然变化，都对老年人的情绪等产生巨大的影响，社会交往需求也得不到满足，空虚和孤独便成为了农村老年人生活中的首要障碍。

（3）衰老感使老年人在进入老年期后，身体机能退化、行动迟缓、记忆力下降等现象的发生，老年人对自身的认同和评价随着年龄的增长而发生变化，在自我意识方面容易陷入"老而无用"的误区，认为自己在很多方面都力不能及，更多情况下会产生对自我的否定，不能正视老化的现实，从心理上就对自己缺少认同，这就导致了老年人在诸多方面所引发的一系列问题。不论是在生物性还是社会性方面，都对生活及未来缺乏期待与希望，甚至对机体的衰老感到悲观，觉得离死亡不远了，便会在心理上造成不必要的负担，长期下去更会导致老年人心情抑郁的情况发生。因此正确地看待老化和认识自身对老年人的养老具有重要的作用，从根本上改善老年人在自我意识方面的一些误解，用积极的态度去面对生活，才能在一定程度上避免和预防问题的发生。

HCF11，女，71岁。两年前，丈夫因病医治无效而去世，她悲痛万分。结婚三十五年，夫妻俩和睦相处，感情融洽，家庭生活幸福，子女都已有了自己的小家庭，并与父母分开居住。老伴的突然离世，让她陷入了极大的痛苦与困境之中。她每天看到老伴生前用过的物品，心里就会很难过。起初子女们都会陪伴在母亲身边，尽心尽力地安慰与照料。但母亲反常的举动，有时痛哭不止，有时觉得看什么都不顺眼，情绪很不稳定，甚至会迁怒于子女没有尽心去照顾老伴，使得自己和子女都痛苦不堪。丈夫的离世让她长时间都郁寡欢，不愿出门，害怕见街坊邻居，害怕别人用不一样的眼光看待自己，再者自己一时无法适应独居的生活，空虚感和孤独感也让她心理上承受着巨大的折磨。子女们也劝解母亲到自己家中生活，但她固执地认为丈夫还没有真正地离开自己，不舍得离开自己的家。几次劝说都不见成效，时间一长子女们都对母亲的反常情绪很不理解，也渐渐失去了耐心，有时还会与母亲发生争执，家庭关系紧张。

农村老年人由于各自的人生经历、文化背景、生活环境、心理个性和行为需求等存在较大的差异，因而他们的性格、情绪状态、需要也随着年龄的增长而呈现不同的变化。老年人在身体机能逐渐老化的过程中，相应的心理方面也会产生变化，而这些变化如果能得到正确的引导，便对老年人的生活起到积极的作用，但在某些方面缺乏一定的资源来帮助老年人在衰老过程中获得有效的行动支持，以及老年人自己无法做到适当的心理调试，自身方面会对家庭养老过程中造成一些不可避免的问题。个案中的 HCF11 在丧偶后心理受到冲击，沉浸在失去配偶的痛苦中难以自拔，对子女们的关怀不能理性地对待，以至于亲子关系紧张。在养老过程中老年人难免会由于自身心理调试出现障碍而遇到很多的问题,他们不仅需要周围环境给予相应的支持,子女给予一定的关怀,也需要老年人从自身出发做好自我评价和自我分析,从老年人的主观方面有效地避免其他养老问题的发生,这一点也是不容忽视的。

子女外出打工后,平时接触的是城市的生活气息和现代化的都市,他们的思想、价值观念和习惯等都深深地打上了城市的烙印,这使得外出务工的子女与留守老人之间的代沟扩大了。平时,这些子女与老人聚少离多,即使节假日或农忙时节相聚在一起,也会因为观念与习惯的不同带来老人和子女之间的巨大反差。现在的农村老年人多有数个子女,即使儿子结婚以后大多也要和儿子分开居住。由于农村年轻人的外出尤其是老年人儿子、孙子的外出,使得老年人日常交流的对象减少,又加上一些老年人身体不便,便只能呆在家中感受寂寞。而且,在我国大部分的农村地区,没有专供老年人娱乐、活动的场所和设施,老人常常是一个人四处逛逛,晚上很早就睡,生活十分单调,缺乏精神慰藉。对于农村留守老人而言,子女的精神慰藉是老人身心健康必不可少的条件,但许多子女都忽视了这一点。

HCM03 和老伴一起生活,育有一男四女,四个女儿已经出嫁,儿子已在沈阳买房,结婚生子。"其实,我家在我们村算相当好的了,别人都羡慕我家,儿子经常汇款过来,每个月差不多都有一千多块的养老费,而且过年过节还会增加,我们二老的生活可以说是过得有滋有味。但是啊,儿子和儿媳妇工作忙,一个月才给我们打一次电话,有时候几个月才打一次。我们可真是想念他们啊,特别想看看孙子的样子、听听孙子的声音,可是想到他们在大城市赚钱也不容易,他们忙也就能够理解。每当看到隔壁的老王带着孙子玩耍时,我的心里很不是滋味啊,我多么也想这样啊!"HCM03 说着说着泪水就在眼眶里打转。

XTF02 说,她一个人独居快二十年,虽然有五保金够自己养老,但是她非常希望女儿、女婿和外孙能够经常来看她,一个人实在太孤独了。

XTF05 更是如此,她说:"自从老伴得了肝病去世后,自己一个人独住,现在帮儿子带孙女,但是儿子媳妇和女儿女婿成年在外打工,他们很少关心我内心的想法,只知道给钱。"

由于自己的子女长期在外务工,农村留守老人和他们鲜有情感交流,常年仅仅靠电话与子女联络,这在一定程度上造成了亲情上的疏离和心灵上的煎熬。老年人情感上失去了依靠和寄托,无法享受过去大家庭的天伦之乐,精神世界就会比较空虚,心理上就会显得孤独无助,容易造成其内心的抑郁。正是基于这些原因,部分留守老人在陷入痛苦时,甚至选择轻生。

由于老人年龄增加、丧偶等原因,独居老人数量有所上升。同时,应该看到老人随着年纪的增大,身体和心理不同程度的衰弱老化,同时对家庭的贡献也越来少，在家中的权威地位随之降低，从而失去对财产的支配权。对部分不孝顺的子女来说，他们认为这大大增加他们的家庭负担，他们不愿照顾老人，这就导致高龄老人独居数量上升。

另外，农村中有些家庭所生养孩子全部是女性或者生养的孩子只有一个，在这种情况下，农村老年人有可能采取独居的形式，子女偶尔拜访作为其养老模式，但是这种方法也存在很大问题，老年人年事已高，会发生很多突发问题，发生问题时子女不在身边，不能得到良好解决，甚至会危及生命。

XTF01 就一个儿子，老伴文革的时候就去了。她说："我辛苦把儿子拉扯长大，儿子结婚后，我和我儿媳妇就是合不来，住在一起就吵架，有一次吵架后，我搬出去另过，后来孙子死活要接我回去，回去没多久又吵架，最后我干脆住在外面，再也没有和他们住在一起了，由于我是从农村供销社退休下来的，每月快 1 000 元的退休费，自己一个人也很舒服，但是就是很想孙子、孙女。生病是我最难挨的时候，没有照顾，就想死去。"

XTF02 生养了四个女儿，老伴十年前去世，自己独居。她说："女儿嫁出后，我一个人已经过了十几年了，自己种点地，然后村里每月给点五保的钱，够我花了，就是一个人经常会感到孤单，女儿很少回来看自己，经常想起年轻岁月。"

XTF03 一生养育了二子六女，自己一个人已独居了快二十年。她说："我不习惯和儿子媳妇一起过日子，自己一个人在外面独居自由，我今年都 85 了，可是身体还是很健康的，可以通过自己劳动养活自己，不过现在不行了，但是关心我的，给钱我用的，一般都是我的六个女儿，儿子不但不养我，有时我还把女儿们给我的钱贴补给儿子们用。"

（七）家庭养老功能弱化

"养儿防老"是中国人千百年以来的传统思想，家庭养老模式一直是我国农村养老的不二选择。但是，由于我国城市化与工业化进程不断地加深、加快，东部与西部、城市与农村之间的差距日益地显现出来。因此，为了谋求生计，得到更多的机会，提升自己的生活水平，越来越多的农村青壮年劳动力开始向大中城市转移，其中也有部分农村子女在城市中求学之后，选择在城市工作定居。这些大规模人口和劳动力的转移，势必造成了农村人口结构的变化，加剧了农村人口老龄化的程度。庞大的农村青壮年劳动力向城市转移，从长远意义上来看，的确加速了我国的城市化进程，一定程度上也缩小了城乡之间的差距。但是，从另一方面来说，由于父母与子女的长期分离，农村留守老人的基本日常生活难以得到照顾，随之他们的养老也就得不到保障，这就直接导致了千百年来家庭养老功能的弱化，严重地损害了留守老人的生活质量。

HCM01和老伴一起生活,育有一男一女,都在外面打工。他说:"我的儿子和女儿没文化,很早就去广州打工了,他们一个月赚的钱也就只能养活他们自己,虽然有的时候他们也会寄点钱过来,但是对我们老两口来说那只是杯水车薪,我们老两口也只能依靠着那一亩三分地艰难地维持生活,有时我想,万一哪天我和老伴都老得动不了了,地也种不了了,没了收入来源,那我们该怎么办啊?哎,不过想也没用,我们两个现在是得过且过,过一天是一天,反正我们都是快入土的人了。"

XTM03和老伴一起住,养了三个儿子。他说:"其实这三个儿子都是老伴带过来的孩子,并不是我亲生的,和我的关系还不错,其中两个儿子在外打工,在当地买了房子,基本上每年只回来看我们一次,小儿子在家种地。三个孩子虽然有孝心,但是他们过得都不是很好,他们也不能给钱我养老,只能靠我们两个老的自己种地养活自己。"

在当今的中国农村,像HCM01和XTM03这样的家庭很普遍,很多农村青壮年劳动力为了维持生计,不得不很早就去外面打工,这样就直接导致了农村留守老人家庭养老的缺失,使留守老人不得不选择在地里辛苦的劳作或其他更为艰难的方式来维持生活。家庭养老功能的不断弱化,留守老人的日常生活该怎么办,这是值得我们关注的一个问题。

(八)伦理道德观念弱化

随着从计划经济体制向市场经济体制的转变,我国农村地区出现了道德严重滑坡的现象,"拜金主义"和"个人主义"思潮盛行,"孝道"观念遭受到了猛烈的冲击。于是,有的家庭把老人是否有用、是否有钱作为对待老人的"价值"尺码,而不是把赡养老人看成是自己应尽的义务与责任。现代家庭结构的变化影响了老年人所生存的社会伦理环境,伦理道德的弱化,使得留守老人的生存环境变得更加不利。由于村庄舆论与道德舆论的力量越来越弱,农村家庭中老年人的家长地位正在消失,老年人的处境日渐恶化,儿子外出打工而由儿媳当家的老年人家庭情形可能更加糟糕。

HCF01的老伴于前年因病死去,现独自一人生活,育有一男二女,都在外面打工。"你说我的命怎么这么苦呢?这么多年来,和老伴省吃省穿的好不容易把三个孩子拉扯大,让他们都成家立业了,可是现在老伴走了,他们三个也就不管我了,嫌我脏,嫌我穷,嫌我是个累赘,骂我是个老不死的,都不愿意给我生活费,把我当球踢来踢去。我又没有经济来源,只能每天去在村里捡些可乐瓶啊、玻璃瓶啊、废报纸啊,然后再去卖些钱,哎……我现在是生不如死啊!"她声音哽咽地说。

XTM04说:"自从大儿媳妇关着门不让我提前到他家养老的那天开始,我就自己独自一个人居住,三个儿子很少管我,让我自生自灭,如果不是两个女儿时不时接济一下我,有可能我很早就自杀死了,想着当年含辛茹苦把三个儿子养大,而现在他们三个人彼此猜忌不愿养活我，不禁悲从中来，都说'养儿防老'，我怎么养了三个儿子也不能防老啊，现在的身体一天比一天差，当我不能动的时候，就是我自杀的时候。"

在农村出现像 HCF01 和 XTM04 的老年人，已经不是什么新鲜事了，现在的农村子女由于伦理道德观念的弱化，越来越把金钱作为价值标准，越来越嫌弃自己的父母，嫌他们脏，嫌他们没用，把他们看作是自己的一个负担，尤其是对那些没有经济来源的老人，子女对他们的父母经常打骂乃至遗弃，直接导致了留守老人家庭地位的下降，给老人们的身心带来了严重的损害，直接影响到了老人们的养老质量。

(九)老年人受虐待

老年人虐待是指在家庭养老或机构养老中，负有责任关系的人的作为或不作为，导致对老年人的伤害，包括身体虐待、精神虐待、物质虐待和疏忽照顾。

随着我国快速的社会变迁，文化上出现了如奥格本所说的文化滞后现象，在我国从计划经济向市场经济转型的过程中，我国过度看重经济建设，而忽视了文化建设，导致中国几千年的一些传统道德，在一切向钱看的物欲横流的社会中被吞噬。以前在农村尊老爱幼是良好道德的典范，但是这些典范在物欲面前都瓦解得差不多了。

XTF01 说："我从农村供销社退下来，每月有一定的退休费，儿媳妇巴不得我把所有的钱都给她，然而我自己要留些钱养老啊，儿媳妇的做法也让我不放心把所有的钱给她啊。再说了，我死后这些钱不也是他们的吗，可是他们不干，天天和我吵架，特别是儿媳妇还对我动手动脚，实在是令人伤心啊。最后我一气之下，搬出去独住。"

新时代的农村年轻一辈不能体会到中国古代"孝"的真正定义，或者有心忽略"孝"的全面定义，很多子女在经济上给予父母支持，但是却忽略了老年人心理和精神层次的需求，精神上剥夺、鄙视和不尊重老年人，这对于老年人来说无疑是最不愿意承受的虐待，在物质生活逐渐充裕的今天，比起物质剥夺的虐待，精神虐待对老年人身心的伤害尤为巨大。老人随着年龄的增加，由于丧偶、丧失了劳动能力，同时又得不到子女悉心的照顾，他们内心的孤独寂寞感会更加强烈，他们需要有人给予精神上的慰藉。

XTF03 说："虽然我不愿和两个儿子一起住，但是我还是希望他们能够时不时接我回去和他们住一段时间，但是他们没有接过我。虽然女儿们给钱我，我不愁吃穿，但是我还是希望儿子们能够主动关心一下我，象征性地给点钱，或者问候一下我，但是他们在精神和物质上都极其吝啬。"

二、农村老年人家庭养老出现诸多问题的原因分析

农村家庭养老存在的诸多问题,都有其内在的原因,为了能够改善农村家庭养老的状况,有必要对其原因进行分析。

(一)文化原因

在我国传统文化中,儒家孝悌思想源远流长,如孔子倡导"事父母几谏,见志不从,又敬不违,老而无怨"。《论语》中则有"其为人叶孝悌,而好犯上者鲜矣。不好犯上,而好作乱者,未之有也"。在以前,老年人在家庭中代表着整个家族的过去和现在的连接,也是家的根源所在。因此,如果子女对老年人不尊重或违抗老年人的意志,则显然带有否定整个家族的含义,会被认为是一种忤逆不孝的行为。加上古代农村较少变迁的性质决定了人们大多生活在一个熟悉的环境中,如子女不守"孝道",会受到邻里和亲族的谴责,这种因为道德控制造成的外界压力在一定程度上强化着农村家庭老年人的生活照料功能。但是如今中国社会受到西方基督文化、行为方式等的影响,逐步注重个人的价值,家庭的价值被削弱,这种传统的孝道观念逐渐减弱,中国传统文化对家庭养老的约束力越来越弱,起不到原有的效果。在这种大环境之下,中国原有的家庭养老方式就会衍生很多问题,如老年人精神受虐待、物质缺乏、生活缺少系统的照料等,都是"孝"文化被削弱所带来的负面影响。

伴随着改革开放后市场经济的建立和发展,社会由人治走向法治,计划生育制度的实行导致核心家庭的迅速增加,个人民主、独立意识的增强,家族的法律地位被取消,大家族的功能被不断弱化,家庭可以直接自主地决定自己的生活方式、价值行为以及敬老养老态度。此外,在当今社会中,受西方文化思潮的影响,农村家庭养老开始具有了某种功利性和条件性的特征。如年轻人为了降低赡养老人的费用,通常会让老年人做一些力所能及的家务,又或者想办法获取老人留置的家产等等。

虽然说一些好的传统美德在农村地区的对子女的约束力降低了,但是很多不好的封建文化却被老年人所遵守,导致了现阶段农村老年人在家庭养老中出现诸多问题。如"家丑不可外扬"的文化传统;"老来从子"的顺从和依赖心理;"血浓于水"的血缘关系等封建文化的糟粕。在这种双重文化制约下,老人往往基于亲情,他们不愿意把自己受到的委屈传扬出去,反而相信"子不教,父之过",对自己的遭受往往归因于自己命运不好。

XTF01说:"虽然儿子媳妇虐待我,但是我从来没有想着告他们遗弃,也没有恨他们,他们毕竟是我的儿子媳妇,我希望他们过得好就行,至于我,反正不久将离开人世,只有打落牙齿和血吞。"

（二）社会整合的原因

涂尔干将出现在不发达和古代社会中的那种团结称为"机械团结"。他认为，这种团结建立在个人相似性和社会同质性基础上，当这种团结主宰社会时，个人之间还没有分化，他们具有同样的生活方式、心理情感、道德标准和宗教信仰，人与人之间彼此相近或相似。在这种社会里，人的行动受群体意志支配，个性湮没在集体意识中。集体意识驾驭着大部分个人，左右他们日常生活，表现出强大的社会强制力。

有机团结是建立在社会分工和个人异质性基础上的一种社会联系方式。个人与个人之间有强大的依赖感，集体意识的外延和力量都有所缩小，为个性的发展留下了余地。

中国的改革开放使整个农村团体从机械团结发展为有机团结，社会分工的大环境已经慢慢渗透到农村的方方面面，原有的强大的社会强制力——关于养老的责任和道德观念开始瓦解，传统家庭结构和观念的打破赋予了下一代人更多的人身和精神自由，老年人也失去了他们在传统家庭中对家庭财富的绝对控制，家长权威的弱化使得他们逐渐失去了对子女养老的控制，在农村这一变化在老年人身上就体现得更加明显，农村家庭的财富更多地集中在他们的子女身上，对老年人的赡养更多地只能取决于子女的孝心而非老年人自己。

功能主义理论认为，并非所有的制度化行动模式都具有系统调适的后果，被分析的项目很可能具有减少系统调适的后果，即反功能。社会只是一定时期而非所有时期保持平衡状态，任何项目都可能有连续性的多重后果，应当引进时间的维度对这些后果进行观察。

从调查的 20 个个案中可以发现一个共同的现象，那就是现在的农村老年人，如果子女不愿和他们共住，他们一般会单独另过，不愿和自己的子女绑在一起。他们一般能够自己养活自己就尽量养活自己，不愿意拖累自己的子女。这说明了我国的社会整合，特别是家庭的整合已经非常松散了。

（三）人口的老龄化以及城市化等快速的社会变革影响了农村的家庭养老

在"实用主义"盛行的经济时代，人们看重的是经济利益的得失。由于老年人生理、心理衰老的原因，不能把握经济命脉，对社会的发展、为社会创造的经济利益远远少于年轻人，社会明显地向年轻人倾斜而老年人受到歧视。人们往往看重眼前的功利，忽视老年人过去的贡献，忽视人衰老的自然过程。年轻人常常抱怨老年人占了年轻人的"便宜"，拖了年轻人乃至整个社会发展的"后腿"。老年人退休后，一般从属于社会的次要位置，在家庭中失去了经济的主导地位就失去了"发言权"。一些老人也无意识地受到"人老无用论"思想的影响，自认为是失败者。这种老人无能论思想的泛滥，使得社会或家庭中的非老年人常常忽视老年人的存在，不重视老年人的需要和感受,甚至对其进行物资和精神虐待。

我国社会转型时期出现了浮躁的心理氛围,年轻人和老年人之间的隔阂与代际矛盾无论在家庭还是在社会上都日趋加深。一部分老年人把自己的交往圈子封闭在老年群体而极少同青年与中年人接触,从而加剧了日益强化的"孤独感",青老之间的隔阂和矛盾又进一步导致了家庭中与子女关系的恶化。尽管老年人过去曾经为国家建设、社会发展、抚养子女做出过很大的贡献,但是老年人的地位和作用却越来越被忽视,养老敬老的传统日渐淡薄。有些人在精神上抛弃了老人,不仅没有对上一辈人的贡献和父母的养育之恩深怀感激,相反抱怨老年人没有为自己留下可供继承的财富。从而导致对老人精神、经济、生理需求的忽略。

人口流动对农村家庭养老也产生了巨大的影响。在工业化、现代化过程中,人口流动是一个必然的社会现象,也是社会进步的表现。但是农村劳动力单向地从农村向城市的流动,虽然一方面为农村的老人增加了潜在的收入来源,却也无法消除它的消极作用,它使得农村老人的生活照料和精神慰藉的需求大大增加了。尤其是这些流动人口中包含了老人的配偶、成年子女和儿媳。特别是妇女就业为老人的生活照料形成了很大的影响,所以年龄没有那么大的老年人在自己承担繁重的农业劳作之外,还得自己承担起照料自己生活的任务。

以上 20 个案例中,很多人的家庭养老问题都是因为子女外出打工导致的。这说明急速的社会变迁导致了我国农村家庭养老出现了许多新的问题。

(四)社会交换的原因

社会学家霍曼斯指出,利己主义、趋利避害是人类行为的基本原则,由于每个人都想在交换中获取最大利益,结果使交换行为本身变成一种相对的得与失。对个人来说,投资的大小与利益的多少基本上是公平分布的。他认为个人之间存在一种互惠的交换模式,即在双方互换中,双方都得到自己需要的东西,只有对等互惠,交换才能进行下去。

"霍曼斯继承了洛克和亚当·斯密的一些经济学观点,认为社会中的个人都是理性的经济人,个人之间存在着一种互惠的交换模式,即在人们的交换中,双方都得到自己需要的东西,只有对等,互惠/交换才能持续下去。霍曼斯把它归结为一个价值命题,即某种行为的后果对人越有价值,他就越有可能采取该行动,反之,如果某种行为的后果对人没有价值,他就要避免这种行为。当然,一个人视之为有价值的东西或在交换中看重的东西并非全是物质的,也有非物质。如感激、赞赏。"[①]

我们可以认为在父母和子女之间,也存在着这样一种交换。父母抚养子女,期

①　陈彩霞.经济独立才是农村老年人晚年幸福的首要条件——应用霍曼斯交换理论对农村老年人供养方式的分析和建议[J].人口研究,2002(2).

待年老时能够得到子女的帮助和支持。子女从父母处得到关怀和抚爱，等自己成年后以赡养老年人作为报答。但前者是容易的，因为父母生养子女，更多是出于生物学的本能，并不会考虑到自己年老时可能得不到子女的帮助就不生养子女；而子女赡养父母则是一种社会行为，更多是出于道德压力和责任感，当然其中有血缘亲情的力量，这使交换双方的行为动机和出发点大不相同，因此就出现"痴心父母多，孝顺儿孙少"的局面。在这里，亲子关系的不对称造成了交换的不对等，在中国文化下这一点尤其突出。这种交换时间跨度上也使老年人处于很不利的地位。从子女出世开始，父母就在付出，抚养子女，使其受教育。当子女成家立业后，父母毕生的积蓄甚至借来的债务都转化为年轻夫妇的财产。老人由于年老经济收入不乐观，在最需要帮助的年龄经济上处于不利地位。

父母的付出在中国的文化习惯中是天经地义的，子代和亲代都觉得这是再正常不过的事。但是这种过早的财产代际转嫁却使中国的老年人在经济上处于非常不利的地位，甚至使他们的基本物质需要都难以得到保障。特别是在农村，老人年老了失去了劳动能力，需要子女照顾的时候，自己却没有了可交换的有利条件。换言之，在新一轮的交换中，老人因没有可交换的资源而处于被动的地位，这使他们的利益常常不能得到保障，子女也常常忽视他们的需要。

交换还可以做另一种解释：由于老年期的到来，许多老年都有情绪上、人际关系上、人格上的障碍。主要表现为老年人易怒、固执、敏感、多疑、疑病。这些老人面对子女好心的关照，他们往往会打上一个问号。一些老人本来身体没有病，但由于对死亡的恐惧，使他们患上疑病症。这时如果子女忽于安慰照顾，老人就会固执地认为是子女不够关心自己，自己的心情没有谁能理解。在这样的状况下，老人会对子女有一种抵触情绪，比如我们常常见闻的老人装病事件。而对子女这方来说，他们也是充满不满情绪的，一方面是他们对老人的关照得不到肯定；另一方面是老人的"无理取闹"使他们失去照顾老人的耐心。本来是子女尽心地对老人照顾，却得不到老人充分的肯定，这就出现了交换的不平等。久而久之，照顾者就会觉得这种交换是没有价值的，是不对等的。所以以后他们就会改变自己的行为，对老人不管不问，真正的虐待就形成了。

XTF04 说："我生育了两子两女，小儿子在城市里打工早，购买了房子，他们生小孩后，我在他家待了五年，帮助他们带孩子、做饭，小儿子和儿媳对我还很好。随着他们的孩子长大，我的身体越来越糟，他们对我越来越差，最后我实在受不了了，就回到了农村，希望大儿子能够养我，但是大儿媳妇说，我们需要你帮助的时候，你去小儿子家，那你就要小儿子给你养老啊，我是不会养你的。我听了后，很难受，最后就自己另过，靠自己的劳动养活自己，幸好小儿子的家庭情况还好，每年能够寄点钱给我用。"

由 XTF04 的经历可以明显感到,在老人和两个儿子之间的互动过程中,交换的成分很浓厚,小儿子在需要帮助的时候,母亲帮助了自己,觉得付出有回报,随着孩子长大,母亲的老化,小儿媳的态度就发生了变化。特别是大儿媳妇就是赤裸裸的交换,因为她养老,不能从老年人那里得到任何好处,也就拒绝了养老。

(五)社会资源网络的原因

罗纳德伯特指出:"关系强弱与社会资本、社会资源的多寡没有必然的联系。无论主题是个人还是组织,其社会网络均表现为两种关系:一是网络中的任何主题与其他每一主体都发生联系,不存在关系间断现象,从整个网络来看就是'无洞'结构。这种形式只有在小群体中才会存在。二是社会网络中的任何主题与其他每一主体发生联系,但与其他个体不发生直接联系。这种无止境联系或关系间断的现象,从网络整体来看好像网络结构中出现了洞穴,因而被称作'结构洞'。"①

在中国农村家庭养老里面,老年人自身、所在家庭、社区和政府等几个层面的养老支持网表面上已经建立,但事实上各方的支持力量并不强,使老年人处于"结构洞"中孤立无援,相反,各方却因此被免责了。或者说老年人的养老从表面上来看,来自各方的支持确实加强了,但没有形成一张相互支撑、互为依补的网络,老年人最后获得的养老支持(包括生活照料、精神慰藉和物质给予)可能相反减少了。

"结构洞"理论是从比较宏观的角度反映了整个社会各个层面可能会共同造成家庭养老问题,其可以解释的面很广,不仅可以包括精神、物质、生活照料三个方面,而且独居养老和子女轮流养老问题,现在所知道的是表面的对老年人的支持力量,但实质上原有的家庭养老仍然存在许多问题。

XTM02、XTM03、XTM05、XTF02、HCF01 等等都是处于一种结构洞之中,他们的子女在外打工,不愿意养老,而社会保障制度不完善,使得他们的养老问题出现了严重危机。

(六)社会心理的原因

美国心理学家亚当斯提出了公平理论的观点。公平理论是指,人们总是要将自己所做的贡献和所得的报酬,与一个和自己条件相等的人的贡献与报酬进行比较,如果这两者之间的比值相等,人们就会产生公平感。

当一个人感觉自己在老年人的养老关系中所做出的贡献与他们从养老关系中所得到的报酬不相等时,就会觉得苦恼。这些感觉主要表现在养老关系中得到报酬过高的人,会由衷地感到内疚,相反,得到报酬过低的人会觉得极为不满。报酬过高的人会增加对老年人养老资金和感情的投入,报酬过低的相反,会减少甚至完全不投入资金和感情。

---

① 周长城.经济社会学[M].北京:中国人民大学出版社,2005:102.

农村青年人会与一起负有养老责任的同龄人比较，在国内多子女供养老人的家庭中，由于人们普遍具有高估他人所得和低估他人投入的心理，从而产生报酬很低的感觉。例如，一个家庭只有一个儿子，如果儿子与父母同住，由于照顾老人的责任全部落在这一家身上而无其他人分担，这个老人的儿子或媳妇便会认为自己的投入比别人多，从而产生报酬低感觉。其在生活照料、精神以及物质的投入上觉得有不公平感，从而有可能迁怒于其他兄弟姐妹或者父母，在这种情况下，老年人有可能面临被当成"皮球"踢的危险。

农村青年人还会与被供养的老年人做比较，农村的儿媳妇，她们往往不会把婚事的花费和房屋的建设列为老年人对赡养人的投入，在她们眼里结婚时，男方准备彩礼和住房是理所当然的事情。当农村老人膝下有众多儿女时，一旦将家庭财产平分——也就意味着老人的投入被平均分成若干份，自然会使老年人的养老关系中的投入减少若干倍，从而使唯一的供养人感到不公平，再加上儿媳妇在大多数情况下与公婆生活时间很短，感情不深厚，如果分家时不但没有得到好处，反而分到到一笔债务或几乎没有分到财产，她们更会深感心理不平衡而视老人为负担。这种负担可能令她们疏忽与回避老年人的身心需求，甚至会要求老年人对家庭做更多的家务，更加恶劣的，会直接终止赡养。公平理论充分解释了为什么老年人会受到物质上的限制和虐待，这些物质上的限制往往是产生于人的公平感的衡量。

XTM04就是一个典型的例子，他的儿子有三个，但是谁都不愿养他，把他当皮球踢来踢去。XTF04的大儿媳妇就是一个典型的不公平的心理在作祟，导致她不愿养老。

（七）我国现行各项制度不完善

1. 法律制度不完善

虽然《中华人民共和国宪法》（以下简称《宪法》）明文规定："中华人民共和国公民在年老、疾病或丧失劳动能力的情况下，有从国家获得物质帮助的权利，国家发展为公民享受这些权利所需要的社会保险、社会救济和医疗卫生事业。"但是我国没有给"遗弃老人行为"、"虐待老人行为"做清晰的定义，这样使得司法部门在处理老人投诉问题时没有法律依据，导致我国老年人家庭养老质量低的情况。如住在济南一家老年公寓85岁高龄的张大爷以儿女两年不来看望他、感到十分孤独、精神难以得到慰藉为由将儿女告上法庭，讨要"探望权"，但法院日前判决驳回了老人讨要"探望权"的诉讼请求。究其原因，却是因法律无据。自己想要的也是自己应该得到的却没要到和得到。法律无据，老人的正常请求被驳回，从一定意义上讲，说明法律在保障老年人合法权益方面的缺损。

XTF01说："我虽然对儿子媳妇的不养老具有很多的看法，但是我不会去告他们虐待我。首先，我不知道怎么去告。其次，我不想家里的事情让所有的人知道，毕竟家丑不可外扬。"

2. 各项社会保障制度不完善

我国虽然颁布了新型农村医疗保障制度和《新型农村社会保障条例》，但是这两个保障制度，颁布时日很短，很多地方很不完善，如，农村老年人投保低，导致覆盖率低，而且回报很少。又如，农村医保要在指定的医院，要在住院的情况下，才能报销。很多老年人看着这样苛刻的条件，他们不愿意投保，他们觉得自己没有钱住院治疗，交钱不划算。另外我国虽然有老年人的社会保险，年满60岁的老人，只要子女缴纳了社会保险的，可以每个月领取养老保障金，但是保障金却很低，根本无法自己养活自己，必须要依靠子女的养老。

XTM01和HCF02就是我国养老保障体制不健全的受害者，前者是子女不养自己，而自己又得不到社会的保障。后者是子女帮助自己治疗但是拖垮了家庭经济，医疗保障无法覆盖到她的身上。

3. 各项社会政策缺乏

在中国广大的农村，很少有老年人的社会组织，也很少有慈善组织的存在，严重影响了他们的家庭养老的生活满意度。

(八)青年子女的原因

1. 青年子女养老存在着压力

从心理学角度分析，当人们在生活、工作或人际关系中遭受压力或挫败时，他们就会寻找途径发泄。老人是处于比他们弱的地位，所以子女就会无意识中就会把不满的矛头指向老人，从对老人的命令、呵斥、侮骂中找到唯我独尊的满足感。当家庭中有老人需要日常照顾时，照顾老人本身就会使照顾者产生压力。子女更容易把这种由照料产生的压力归结于老人的存在，所以时常会见闻到照顾老人者在照料过程中的虐待事件。

照顾者大部分是年轻人，对老年人的身心状况认识不足，在面对老年人的疾病时，往往会感到焦虑、害怕或挫折。如老年痴呆症等，大多数照料者不能理解患病老人的行为，通常会认为是老人在故意作对，进而形成很多的摩擦。照料者的经济负担加重。通常照顾者因为照顾病人经常向单位请假，甚至丢掉了工作，导致收入下降；或者请保姆代为护理，再加上医疗费用支出，会给照料者家庭带来计划外的开支，造成经济负担。照料者的心理压力增大。照料者由于长期照顾病人，打乱了自己原有的生活规律，如因照料老人而没有时间做自己喜欢的事情，不能参加社交活动，或者因为病人长期卧床不见好转，甚至每况愈下，使照料者觉得他们的护理工作得不到肯定。照料者自身的身体状况下降，照料者在照顾病人的过程中，常会导致自己心力交瘁，出现精神紧张、睡眠不足、头痛等现象，甚至影响家庭和工作，长此以往，照顾者变得脾气暴躁，身体出现疾病。照料者家庭关系趋向紧张，无论老人是长期与家人住一起还是因为生病而与照料者同住，都会对家庭原来的生活习惯造成一定的影响。尤其是老年人思想观念与后代之间的代际差异，老年人身体衰老行动不便等原因容易造成代际误解、代际冲突。

2. 很多的行为都是由于社会的风气而相互模仿学习得来的

在某些成年子女存在较明显和较严重的虐待老人行为倾向的家庭，这些成年子女的下一代由于长期生活在这种环境中，再加上父母的行为是孩子最容易模仿的。所以当孩子成人后，也会模仿自己的父母而虐待他们。这样虐待暴力行为就会代代相传下去。在被虐待的老人看来，这是自己年轻时虐待父母遭到的报应。其实究其原因，由于是一种学习行为，这种行为一代又一代地传承下去，所以在有虐待老人的家庭里，当家庭出现人际关系紧张或冲突的时候，由于承担照顾老人责任的成员没有学习采用其他方法进行反应，他们便往往习惯性地产生虐待老人的行为。

3. 很多年轻人的行为是心理缺陷导致的

"研究发现，较之没有有虐待行为的成年人，虐待老人者多数有酗酒吸毒，精神或心理不健康等个人行为问题，这些有行为越轨倾向的成年子女平时对其父母有一定的依赖性，一旦年老的父母不能向他们提供支持，或不能满足他们的要求时，以老年父母为施暴对象的虐待行为就会频繁发生。"这种有关个人行为越轨的解释，明显地强调了虐待者的心理因素，由于他们本身的精神或心理不健康且容易产生急躁的心理。当他们的某种需求一时得不到满足时，就会采取虐待老人这种极端行为来发泄自己的情绪。有充分的资料显示，性格温和、善解人意的人，即使在家庭中居于支配地位，也较少有虐待老人的行为。

XTM01 的儿子是个典型的有性格缺陷的人，他每天好吃懒做，一门心思想打牌赌博，让处于家庭养老中的 XTM01 感到非常难受，不但他的儿子不能养自己，反而自己一把年纪还要养活小儿子的一家，让自己不胜负担。

(九)老年人自身的原因

人们往往只关注子女的不孝顺，子女道德问题，其实在出现虐待老人问题上，老年人本身也需要负一部分责任，很多问题的出现，是由于这部分老年人素质问题或处理问题的方式不对导致与子女关系紧张。

1. 部分老年人具有一些不良品质，导致子女反感

老年人中有一部分人本身具有不良品质，如嘴碎，经常对外人谈论子女的若干问题，窥探子女隐私并向别人提起，过分干涉子女的生活并在子女决策中影响过大与子女引发冲突；特别是感情失控，会因很琐碎的小事就生气发脾气甚至骂人摔东西，遇到小事会不明不白地乱喊乱叫，这样有时会让子女受不了！

2. 部分老年人处理事情的方式不对，引起子女不满

现在人们的生活水平提高了，绝大部分家庭有了积蓄以及一定的产业，但怎么

样处置这些钱财,就成了一个新课题。有的老人由于对儿女的偏爱,或是出于认识的局限,以及没有经验,致使财产处理不当,由此就引发了问题。

HCF04,含辛茹苦拉扯大了三个儿女,可自己患脑血栓瘫痪在床时却没一个儿女在身边照顾。卧床不起的老人被孤零零地锁在一间旧房子里,儿女不送饭时就啃点干馍馍,身下的布垫子被尿浸透,臀部、背部片片褥疮,不时地对着空屋子喊冷喊痛,显得很是凄凉。这是因为他们老两口在有劳动能力时偏爱大女儿,出钱帮大女儿家两个外孙跑运输,引起其他儿女的不满,于是就和大女儿签协议,明确手头的万余元钱由大女儿掌管,赡养老人的责任也由大女儿一家承担。可大女儿家有生意忙不过来,由此就出现了老太太卧病在床无人照料的情况。这种情况极易导致子女间非正常攀比,使老人生活无着落。

三、家庭养老的对策

上述的调查和访谈的结果表明了我国农村留守老人的生活状况不是很令人满意的,应该采取相应的措施提高老年人的生活满意度。

(一)应该在物质、精神和心理三个方面全面关怀老年人

农村留守老人的日常生活状况及生活照料情况由于成年子女的外流,留守老人往往既要承担繁重的农活、家务劳动,又要承担照看孙辈的重任,并且据调查发现还并不能得到很好的经济照料。事实上,在某种程度上留守老人可能正由过去的照料接受者向照料提供者转变。这种变化对老年人的生活有很大影响。另外,根据 Reed 研究结果:经济收入高的老人幸福度高于低收入者。经济收入的高低虽然不是晚年幸福生活的充分条件,但却是必要条件。农村留守老人的经济收入主要来自于自己的农业生产收入及在外务工的子女的供给。但从调查结果来看,老人的两方面收入都不是很高,由于经济的拮据严重影响了老人的生活居住条件和医疗卫生服务。艰辛的日常劳作加上经济收入水平的低下,共同导致了农村留守老人的生活质量低。

心理健康是反映老年人健康的一个重要方向。农村留守老人的另一个突出问题是精神、心理需求的满足问题。根据艾里克森的生命周期发展理论,人处在老年阶段时的发展任务是自我整合、自我调整,需要老年人去适应老年期发生的各种人生大事,若不能适应则可能影响老人的心理健康。据此理论,子女对老年人情感的慰藉和支持对老年人的心理健康是至关重要的。然而此次调查发现,成年子女一代与老年父母一代在空间上的分离,导致两代人观念上的差异加大,淡化了照料中精神慰藉的内容,子女的外出务工使得留守老人更容易感受到精神上的孤独和缺乏慰藉。这种由于缺乏与子辈的情感交流而产生的寂寞感会严重影响老人的生活质量和身体健康,使得他们的主观幸福感偏低,精神生活质量不高。

（二）倡导家庭养老传统

尊老爱老是中华民族几千年以来的传统美德，尤其对于当前因外出务工而使得亲情疏离的农村家庭来说，更加需要倡导对留守老人的关爱。一直以来，家庭养老都是农村主导的养老方式，可是，我国农村社会正处于城市化起步阶段，传统养老方式必然受到挑战。虽然在当前社会养老保障尚不完善的情况下，家庭养老仍然是农村养老的支柱，这一点是不容置疑的，但是地方政府可以制定出相关的、切实可行的优惠政策，以吸引和鼓励外出务工、求学的农村青年回乡创业、工作。推行这些优惠政策，一方面可以将大量人才留在农村，推动农村经济的繁荣发展，为建设新农村添砖加瓦；另一方面也可以使外出青年回乡，方便其照料留守老人的日常起居，促进其与老人之间的情感交流，有助于一定程度上解决农村留守老人的养老问题。

HCM04与老伴一起生活，育有一男一女。他的两个孩子前几年就外出打工去了，家里只有两个老人独自的生活。可是近几年，汉川市政府积极地招商引资，大力发展乡镇企业，为农村外出打工青年返乡就业提供了良好的机会。于是，他的两个孩子今年都没有出去打工，而是选择了到离家近的企业去工作。"政府的政策越来越好，我们村旁边的厂房越来越多，儿子和女儿也不出去了，我们二老也有人照顾了，哈哈！"他笑呵呵地说。

汉川市政府招商引资、大力发展乡镇企业等这些政策，既为企业提供了充足的劳动力，促进了当地经济的发展，又使得在外打工的青壮年能够返乡照顾父母，提高了农村留守老人的养老水平，一举两得，非常值得我国其他地区借鉴。

（三）增强农村道德的约束力

可以在农村地区大力弘扬尊老、养老、敬老的优良传统，在道德教育中突出尊老、养老、敬老的内容，教育农村青年人孝敬老人、尊敬老人。为了尽最大限度发挥道德的约束力，可以积极开展多种形式的道德建设活动，比如评选"好儿媳"、"文明家庭"等活动，鼓励农村青年主动的赡养老人，尽孝心孝道。同时，也可以树立一些典型，作为其他农民青年学习的榜样，通过这些榜样的先进事迹来激励农村青年。同时，可以告知在外打工的子女"常回家看看"，对他们进行适当的物质奖励或政策奖励。另外，可以建立有效的宣传机制，强化传统美德的教育功能。

HCF03与老伴一起生活，育有一子。可是自从前几年她的儿子在外地成家以后，儿子就以嫌弃二老不中用为由，不给二老生活费，于是，HCF03和老伴只能靠着种地来艰难地维持生活。但是，自从去年以来，当地乡政府为了提高农村留守老人的养老水平，颁布了一项新政策：凡是在外打工的青年如果能够回乡工作、照料自己的父母，青年所在的家庭每个月就能够得到一定数量的资金奖励和物质奖励。

于是,在这两年里,在外打工的青年陆陆续续地返乡工作,一方面享受到了乡镇府的奖励,另一方面也照顾了自己的父母。"自从乡政府的政策实施以来,我儿子去年年中就从外地回来啦,他也不嫌弃我们二老了,不仅给我们两个生活费,还悉心地照顾我们,乡政府的这个政策太好了啊。"HCF03的脸上洋溢着幸福的笑容。

增强农村道德的约束力并不是要通过简简单单的说教方式来进行,而是要通过其他方面来积极地引导在外打工青年,就像上述例子一样,当地乡政府可以制定一系列奖励措施,让打工青年们的切身利益能够得到保障,这样才能够有效地吸引他们返乡,从而间接地增强了农村道德的约束力。

(四)加快完善农村养老保障体系

当前,我国的农村养老保障体系主要包括以下几个方面的内容:①社会养老保险体系;②老年生活照料体系;③老年医疗保健体系;④老年生活救济体系;⑤老年精神生活体系。可以先在某几个农村地区实施社会养老保险试点,将社会保险事业渗透到农村地区,保证农村老年人在晚年得到社会的照顾和帮助,然后汲取其中的优秀经验,逐步推广到全国各地农村,使农村老年人得到普遍保障。同时,也应该不断完善老年生活照料体系和老年医疗保健体系,特别是对于农村留守老人来说,建立农村养老保障体系,对于他们来说有着极为重要的意义。

HCF04独自一人生活,育有二男一女。她于十年前不幸患上糖尿病,这十年来一直打针吃药,虽然儿女也时常帮她买药,可还是几乎花光了家里所有的积蓄。自从几年前,湖北省在全省农村范围内实施了新型农村合作医疗政策,给农村广大"因病致贫"、"因病返贫"的患者带来了福音。"自从我加入了新型农村合作医疗以来,看病吃药的费用就能够报销一半左右了,家里的开支少了好多,日子也没以前那么艰难了,党和政府还真是为我们老百姓着想啊。"HCF04如是说,布满皱纹的脸上透露出一丝丝的喜悦。

新型农村合作医疗的实施让我国像HCF04这种家庭得到了实实在在的好处,使留守老人能够看得起病、治得了病,使他们能够老有所医,这样就极大地减轻了留守老人的经济负担,提高了他们的健康水平,进而改善了他们的养老状况。

(五)充分发挥社区服务的功能

社区服务,就是指在政府的倡导下,发动社全成员开展互助性的社会服务活动,就地解决本社区的社会问题。我国农村留守老人的家庭养老问题多是因为子女外出打工形成的,从这个角度上讲,如何完善农村老年人社区服务,建成以农村老年人为主体,调动社会各团体和成员共同参与,自觉主动地为农村老年人献爱心,就成了农村老人家庭养老的关键。有关民政部门人员要深入农村.走进养老家庭,了解他们所需与所求,摸清老年人的生活状况,知道他们的冷暖痛痒与生老病灾，协助各级政府发动社区服务，为他们排此解难，尽量提高他们的生活质量。

HCM05 与老伴一起生活，育有一男二女，儿子于三年前因突发疾病而意外身亡，女儿则在外地打工。村委会的干部看到他家如此的困境，于是每逢过年过节就带着柴米油盐来到他家，对 HCM05 和其老伴嘘寒问暖，了解他们的困难与所需，尽最大努力为他们排忧解难，提高他们的生活质量。"虽然我们的儿子不幸死了，可村委会的这一系列关心与照顾还是让我二老感到欣慰，感谢党，感谢国家，感谢政府啊……"一提到儿子，HCM05 就情不自禁地哽咽了。

从某种意义上来说，农村也是一个重要的社区，其社区的服务功能在帮助留守老人的过程中也发挥着十分重要的作用，就像上面例子里所描述的一样，村干部要时常地拜访留守老人，想老人之所想，急老人之所急，最大限度地保证留守老人的基本生活水平。

(六)建立和完善农村老年人组织

由于子女长期在外务工、求学，农村留守老人长期得不到家人的关怀，缺乏与家人的情感交流，长期下去不利于其身心健康。事实上，老年人在精神上、心理上更渴望被关怀，更期望得到帮助，而实现这一点最有效的方式就是建立和完善农村老年人组织。一方面为老年人提供一个情感释放的平台，避免抑郁情绪的堆积；另一方面也丰富了老年人的娱乐生活，找到家庭之外的感情寄托。目前，我国农村大多数并没有建立真正意义上的老年人组织，很多农村的老年人组织只是流于形式，空有一个名号，没有实质上的内容，难以发挥真正的作用。因此，各级政府尤其是乡镇政府要把建立和完善老年人组织工作纳入到本地区新农村建设的整体规划之中，充分发挥老年人工作委员会、老年人协会、老年人互助会等老年人组织的作用，让老年人重新找到归属感，真正地能够让老年人老有所养，老有所乐。

HCF05 的老伴五年前就因病去世，育有一男四女。她的五个儿女都已成家，儿女们都在外打工，目前她带着一个孙子在家里生活。早上 9 点多的光景，她就领着自己的孙子快步地向村东头走去，那里正是村老年人协会的所在地。从去年五月份开始，这个村的留守老人们就自发地建立起了这个老年人协会，老人们一有空都会去那儿，在那里看碟、打牌、聊天，其乐融融。"老年人协会里面说的有，看的有，玩的有，笑的也有，就算是儿女不在身边，我好歹也有了一个去处，不用整天闲得慌，我还有什么不满意的呢？"她说着说着，眼睛就眯成了一条线。的的确确，老年人协会的成立，不仅使全村老年人的精神变好了，而且使全村的气氛也变得活跃起来。老年人的幸福生活，也让村庄中的中青年人看到了未来的希望，觉得人生有奔头。从这个意义上讲，老年人协会建设不仅仅是老年人的事情，而且事关农村的稳定与发展。

在我国,很多农村的老年人组织只是流于形式,空有一个名号,没有实质上的内容,难以发挥其真正的作用。所以,无论是各级乡镇府建立起来的老年人组织,还是留守老人们自发建立的老年人组织,都要像上述例子里面所说的那样,重视其实质的内容,实实在在地关注老年人的切身利益,切实地丰富他们的精神生活。

(七)结　　语

伴随着我国农村人口老龄化进程的不断加快,农村留守老人的养老问题能否解决,直接关系到我国能否成功应对老龄化问题、新农村建设的成败以及和谐社会的构建,甚至会影响到整个社会的和谐与稳定。虽然近些年来,我国在解决农村留守老人养老问题这一领域取得了一些成就,但是我们不能掉以轻心,应继续予以重视,帮助农村留守老人更好地解决养老问题。

四、针对农村老年人家庭养老问题的策略分析

(一)老年人个人层面

农村老年人由于文化水平的制约和生活习惯的局限,因此在日常生活中很少有兴趣爱好,这些外部的客观因素也就影响了他们的心理环境,这些心理环境直接影响老年人的情绪状态,影响他们的健康。良好的心理环境同良好的自然环境一样,对老年人的身心健康会产生积极的影响。维持心理上的适度紧张。农村老年人可以通过在自己身体允许的情况下,做力所能及的工作和建立合理充实的生活节奏来维持心理上的适度紧张;自我调节,创造愉快心情。老年人在生活中要努力培养积极情绪,尽量减少消极情绪。同时加强自我积极暗示,克服消极暗示。自我积极暗示可以使人精神振奋,心情愉快,富有朝气;家庭和睦,互相尊重。家庭是老年人生活的主要场所,家庭关系、家庭氛围与老年人精神状态息息相关。因此,家庭成员之间应该相互关心、相互帮助、相互尊重、相互体谅,创造和睦的家庭氛围。

正确地处理与子女之间的关系:在父母眼中子女永远是长不大的孩子,在与子女相处时会更多地去教育子女一些处事原则,但也将自己的情绪与价值观灌输给了子女,一旦子女做出与之相违背的事,就容易在家庭中产生矛盾。因此,老年人也应该理解和尊重子女,在很多事情上不必要去横加干涉。不偏袒任何一个子女,凡事要学会一视同仁;对子女的行为或兴趣爱好,如果不能苟同,也不要一味地挑剔与指责,允许子女持有独立的见解和处世态度;不能只要求子女尊重自己,而自己视子女为私有财产而不尊重子女。处理好与子女之间的关系,对于老年人的身心发展都能起到积极的作用,能够建立一个良好的养老环境,不论是对子女还是老年人都是十分有益的。

(二)家庭层面

1. 灌输敬老观念

我国是一个很重视家庭的国家,对老年人的赡养都是以家庭为主。但不可否

认的是,近年来年轻人对老年人的尊重大不如前。有些子女在成人后在生活上还过分依赖老年人,有时还需要在经济上得到帮助,"啃老"现象就是一个典型。更有甚者,年老的父母将子女抚养长大,付出了自己的一切,但有些子女却不履行赡养老人的义务,推卸责任。这些都是不尊重老年人的表现,因此,要在家庭中灌输敬老的观念。不仅要在生活上无微不至地照顾老年人,更要尊重老年人的基本权利,更要注重老年人在心理上的需求。

2. 关注父母的需求

作为子女,要了解老年人的生理特点和心理特点。在日常生活中,要与他们和睦相处,在精神上、生活上多关心、多体贴他们。发生矛盾、意见不合时,尽可能缓解老人的情绪,切记不要对老年人发脾气,恶化家庭环境,增加老年人的心理压力。另外,还要从精神上赡养慰藉老年人,经常回家陪伴父母,多与他们交流沟通,缓解老年人的寂寞感和孤独感。

3. 加强代际交流

子女应该多与父母进行沟通,耐心听取父母对自己的期许与要求,在有些事情上可以与他们商量,获得父母的支持,从而使老年人认可自己,消除"自己老了就没多大用处"的想法。现代老年人在追求同辈之间的沟通以及情感交流的同时,也希望能和晚辈达成某种情感的慰藉。有时老年人的唠叨或者抱怨就是一种寻求沟通的信号,子女在很多时候不仅对此没有注意,相反还漠视老年人这种需求,这点是需要子女加强关注的。

(三)社会层面

加强农村老年人社会保障救助体系建构,加快建立、健全农村社会养老保障体系。近年来,我国已把农村老年人养老问题纳入社会事业范畴,改善了农村老年人的生活,支持了农业发展。但现有的农村社会保障体系还不健全。我国财政支出中社会保障的支出比重远低于人均 GDP 水平相近的其他国家,而社会保障支出中的绝大部分又用于城镇居民,这使得城乡居民实际收入差距进一步拉大。因此,需要对社会保障体系加强整合、予以完善,加快实现社会保障的公平、普惠。加大财政投入力度,拓宽农村养老保障的投资渠道,加快提高农村低保待遇标准,实现新型农村养老保险全覆盖,提高基本养老、大病医疗的筹资水平和给付水平,为农村老年人提供切实的实惠。不仅仅依靠行政力量来推动我国农村社会保障的发展,更要为其提供良好的法制环境保护,明确责任,为农村养老保障制度树立权威性,以此来提高农民的积极性。

(四)结　语

从古至今,家庭养老的赡养方式得到大众的普遍认同,由于社会环境、经济发展的程度不同,农村老年人的家庭养老呈现出不同的特点,而且在心理层面上需要关注的问题也略有不同。但目的都是为了老年人能有一个舒适的养老环境,能够安享晚年。通过研究农村老年人在家庭养老中出现的问题,并简要分析出现问题的原因,以及从老年人自身、家庭、社会三个层面来提出相应的对策,进一步了解农村老年人在顺应社会的发展和变革期间,真正需要的是什么。不仅要注重农村老年人的生理需求,而且要在精神层面上给予老年人更多的关怀和重视,注重农村老年人的心理变化和心理调试。这关系到一个家庭的和睦,从宏观角度来说,鉴于我国老龄化程度的加深,更会影响整个社会的和谐,对新型农村建设有着至关重要的作用。

第二节　新农保体制下,农村老年人家庭养老中的老年人再婚问题

婚姻生活是影响农村老年人生活幸福与否的一个重要因素,俗话说"少年夫妻老来伴"。老年夫妻之间互相帮助、体贴、谅解、支持,相依为命、相濡以沫的感情,是老年人晚年幸福生活的重要支柱。但是随着年龄的增长,老年人各个器官老化,因此产生了许多疾病,人有生老病死,死亡是每一个人都必须要面对的问题,因此很多的老年夫妻因为一方的死亡而形单影孤地生活在世界上倍感孤独和寂寞。这些"白头鸳鸯失伴飞"的老人需要人去关心和照顾,而现在农村的年轻人大多外出打工,无暇关注他们。

老年夫妻中如果一个人因病离开了人世,活下来的另一半会在死别的痛苦中煎熬,很多老年人不能承受这份失去灵魂伴侣的痛苦,患上了"丧偶综合征",即突然失去休戚与共、风雨同舟的终身伴侣所产生的适应性障碍。他们在失去伴侣后悲伤轮中不停地循环,有的人心情压抑,终日哀伤,以泪洗面;有的甚至精神恍惚;有的老人无法忍受悲伤轮①的折磨而死去。受到丧偶综合征和悲伤轮双重打击的老年人的内心是最脆弱的,因此特别希望在有生之年里再找一个伴侣,相扶走完人生剩下的道路,但是再婚对于农村的失偶的老年人来说,需要很大的勇气,而且并非会一帆风顺,往往受到来自家庭、子女、社会等方面的干预和压力。

我国《宪法》在第二章中就说明公民在法律面前一律平等,国家尊重和保障人权,而公民都享有结婚和自由恋爱的权利,丧偶老年人也不例外。同时社会老年学界普遍认为老年人享有发展的权利,发展的权利是指精神和心理需求的满足。然

---

①西方心理学家针对那些面对死别的人进行心理实证后,得出这样的结论,人在自己的配偶死去后,会陷入震惊阶段、抗议阶段、解体阶段、重组功能阶段等,他们的心理会在这五个阶段中,循环往复,不能自拔,需要有专业人士介入,把他们从循环中拉出来,才能回复正常的心理状态。

而现实社会中老年人的权利常常无法得以实现,其合法权益也时常受到侵害。农村老年人拥有自己的权利,包括发展权、被照料的权利、被尊重的权利、结婚的权利等等,其权利得到满足,生活质量才能够提高,老年人才能够健康快乐地度过晚年。丧偶再婚问题是老年人的一项权利,但是在中国的农村,这项权利经常被侵犯,因此希望国家、社会、家庭以及老年人自身从各个方面去努力,维护他们的正当权利,保障他们的再婚能够顺利进行,让他们重新获得幸福美满的婚姻生活。同时,要在全社会倡导尊老敬老爱老的优良品德,传承我国几千年来的"孝道"传统,推动中国农村地区的精神文明建设的发展。

"老年学研究人类老龄化的现状和过程,研究人类个体老龄化和群体老龄化的规律性,研究人类老龄化与人类生活的社会环境与生态环境的本质联系,以及人类社会和个人如何适应老龄化。"①老年学理论研究的一个重要内容就是老年人的权利,因为人只要生存于这个社会之中就会拥有其基本权利,老年人的基本权利包括:生存权利、发展权利、健康权利和被照料的权利。具体到发展权利来说,是指老年人的精神和心理需求,主要包括受尊重的需求、自我价值实现的需求和精神慰藉的需求等。农村老年人丧偶再婚与老年人基本权利是否被满足有着重要的关系。因为精神慰藉对于丧偶老年人来说是非常重要的,而能带给老年人精神慰藉的主要是配偶、子女、亲属、社会。老年人处于高龄且大多脱离社会,加上农村社区社会组织不发达,因此他们很难从社会中获得自己的需要;来自亲属的精神慰藉因为各自有自己的家庭,亲属不能每天呆在老人身边,最多也只是通过偶尔的串门聊天来完成;而农村老年人的子女大多都已经成家,他们绝大部分都在城里打工和生活,与老人交流逐渐减少;配偶是农村地区老年人精神慰藉的最主要的来源,然而并不是所有的农村老年人都会有配偶,因此农村丧偶老年人需要配偶的精神慰藉,而再婚是他们需要得到满足的唯一途径,再婚后的老年人有了精神支柱,孤独感就会离他们远去,心情舒畅之后身体也会随之健壮,能够快乐健康地安度晚年。

一、文献综述

中外对老年人的婚姻进行研究的文章非常的多,外国专家主要从以下几个方面对老年人的再婚进行过研究:①对丧偶老年人心理问题的研究。美国有学者认为丧偶老年人存在很多的心理问题,有 13%—27% 的老年人存在不同程度的抑郁障碍,85 岁以上老人的抑郁症年发病率为 13.4%;②老年人在失去伴侣后,常常会

---

①邬沧萍.社会老年学[M].北京:中国人民大学出版社,1999:13.

②Stek M L,Vinkers D J,Gussekloo J,etal. Is depression in old age fatalonly when people feel lonely[J]. Am J Psychiatry,2005(162).

感到孤独。孤独分为社会性孤独感和情绪性孤独感两类,而再婚会缓解和摆脱孤独。①在国外的许多研究中,都把老年人的生活满意度看成是影响以及衡量老年人心理健康的重要指标,并作为一个社会生活变量在有关老年学方面的研究中被广泛应用,而婚姻状况无疑是关乎老年人生活满意度的重要方面。②对老年人丧偶情况的研究。世界上老年人口丧偶情况是相当普遍的,随着年龄增长,丧偶比例提高,其中女性丧偶率直线上升,在 80 岁及以上妇女中达 75%,丧偶率最低的斯堪的纳维亚也达到 65%,在远东国家中,日本达到 81%,新加坡达到 83%,②但是由于东西方婚姻制度和家庭结构有很大不同,西方国家的丧偶老年人也有很多选择不婚或同居。③对老年人丧偶再婚问题的研究。西方国家不仅注重老年人的物质需求,同时也重视老年人的精神需求,比如西方国家通常以经济价值作为衡量一切社会现象的标准,使老年人以经济人面貌出现,提出了"三 M"理论,即 Money,也就是钱、物质需求也为经济保障或收入保障;Medical,也就是医疗保障,也称为"医疗保险";而 Mental 就是精神需求,包括精神慰藉和心理满足等,而精神需求重要的来源之一就是配偶。但是无论精神需求在"三 M"中的比重,还是在西方国家的实施过程中,脱离钱的精神需求也是一纸空谈。③

国内对于老年人再婚的研究也非常的多,这些研究从老年人丧偶对老年人的影响;老年人再婚难的原因;老年人再婚后存在的问题和原因等方面加以全面研究,对于提高老年人的再婚率,解决老年人再婚中的问题,提倡良好的社会风气方面都有着重要的意义。

关于老年人丧偶对老年人的影响研究,包括如下一些方面的研究:①丧偶后再婚是老年人的基本权利,因为老年人的基本权利包含发展权利,发展权利主要解决老年人的精神需求,而精神慰藉是精神需求的重要组成部分,配偶则是能给予老人精神慰藉的主要来源。④ ②丧偶会对老年人的生理及心理产生非常不利的影响,会产生许多的心理问题如空巢综合征、脑衰综合征、抑郁症、高楼综合征等;⑤还有研究通过生活满意度、幸福指数来衡量丧偶老年人的生活质量,指出丧偶对老年人的危害以及不利影响;⑥配偶在老年人的生活中起着不可替代的作用,老年人的居住安排、生活质量、健康状况等都受配偶的影响,丧偶时间的长短以及丧偶后是否

①Lam T H,Li Z B,Ho S Y,etal. Smoking and depressive symptoms in Chinese elderly in Hong Kong[J]. Acta Psychiatr Scand,2004(10).

②Kevin Kinsella,Cynthia M. Taeuber. An Aging World Ⅱ[M]. Bureau of the Census,1993.

③邬沧萍. 社会老年学[M]. 北京:中国人民大学出版社,1999:213.

④邬沧萍. 社会老年学[M]. 北京:中国人民大学出版社,1999:245.

⑤王秋琴、陈丽霞. 丧偶独居老人的心理问题及护理对策[J]. 护理研究,2006(2).

⑥狄文婧、陈青萍. 丧偶老人主观幸福感及其影响因素[J]. 心理卫生评估,2009(5).

再婚直接关系到老年人的状况和需求。① ③再婚有利于精神养老精神赡养，有利于提高老年人生活质量。② 这些研究着从定性和定量的各个角度来研究老年人丧偶对他们生活质量的影响，来说明老年人丧偶后，再婚对提高他们生活质量具有关键的意义。

关于老年人丧偶再婚存在的问题和原因研究：

(1)老年人非婚同居问题，当然此问题的研究对象也包含离异再婚的老年人，对此问题持支持观点的认为再婚实行同居模式是老年人的意愿，也是他们的自主选择，在再婚的形式上，我们应该尊重老年人自己的意愿，提出"三不变原则"和见证制度，提倡《婚姻法》要给老年人同居以合法的地位；③持反对观点的认为老年人特殊性不能作为他们非婚同居不遵守法律的理由，这种搭伴养老的行为不能得到支持和鼓励，它是弊大于利的；④还有的持中立态度，认为老年人非婚同居应该与青年人非婚同居区别来看，搭伴养老是寻求感情安慰生活扶助，社会应该予以宽容和理解，但不予支持。⑤

(2)老年人丧偶再婚呈现出"短平快"特征，这是大部分研究者普遍认识到的问题，如再婚成活率低下、婚后生活质量难以保证；⑥老年人丧偶再婚率低，尤其是女性丧偶老年人较为困难。⑦ 对于老年人丧偶再婚遇到问题的原因所在，具体来看为：心理障碍和社会的偏见、子女的阻挠、财产分割问题。⑧

有些主要从家庭情况入手，认为丧偶老年人再婚不稳定有三个原因：①再婚者有挥之不去的"过去"，喜欢与过去的比较；②家庭关系的复杂化，上次婚姻留下的和再婚新增的，双方所面临的家庭关系复杂；③再婚后家庭比一般家庭更敏感，主要是对双方子女。⑨

也有些从社会学角度进行了分析，认为丧偶老人再婚离婚率高的原因在于：①老年再婚者文化认同确实是深层次原因；②再婚老人社会互动不够深入，多处于表层化；③角色期待错位或过高。⑩

关于对老年人丧偶再婚问题对策的研究：有学者针对老年人的特点和再婚需

①狄文婧、陈青萍.丧偶老人主观幸福感及其影响因素[J].心理卫生评估，2009(5).
②王悦.浅析老年人再婚问题[J].辽宁行政学院学报，2008(11).
③郝麦收.我看老年非登记再婚同居[J].人口研究，2003(3).
④姚远."搭伴养老"，弊大于利[J].人口研究，2003(3).
⑤徐勤.老年人同居不宜提倡[J].人口研究，2003(3).
⑥林倩.论当代社会老年人再婚问题[J].中国科技信息，2005(16).
⑦秦敏.我国老年妇女再婚问题初探_一种社会工作介入的视角[J].社会工作，2009(4).
⑧张兵娥.试谈单身老人再婚的难点与对策[J].江汉石油职工大学学报，2008(3).
⑨金一虹.再婚与再婚家庭研究[J].学海，2002(1).
⑩李华伟.社会学视角下的老年再婚者离婚的原因分析[J].社会科学论坛，2007(2).

求以老年人的权益为根本出发点,提出灵活再婚管理方式:①民政部门结婚登记;②发挥政府老年机构的管理作用;③搭伴养老的方式;[①]有学者认为要想改变丧偶老人再婚难的问题首要是转变老年人自身的传统观念,主要靠提高老年人的受教育程度来解决,社会也要给予更多的支持和关注;[②]有学者认为丧偶老年人自身要慎重不要草率行事,要以感情为基础,再婚后也要正确对待出现的问题。[③]

二、农村丧偶老人再婚的必要性

(一)老年人丧偶再婚是老年人的权利

从法律上看,《婚姻法》第二条规定:"实行婚姻自由、一夫一妻、男女平等的婚姻制度。"另外《老年人权益保障法》第十八条规定:"老年人的婚姻自由受法律保护。"可见老年人丧偶再婚是老年人在法律上所享有的基本权利。而《宪法》第三十三条规定:"中华人民共和国公民在法律面前人人平等;任何公民享有宪法和法律规定的权利,同时必须履行宪法和法律规定的义务。"丧偶老年人也是我国的公民,根据法律面前人人平等的原则,丧偶老年人也一样享有《婚姻法》所赋予的婚姻自由的权利,这种权利不仅受《婚姻法》和《老年人权益保护法》的保护,从根本上来说是受到《宪法》保护的,我国是一个尊重和保障人权的国家,社会和全体社会成员都要尊重丧偶老年人所享有的再婚权利,任何侵害其合法权益的行为不仅要受到法律的惩罚还会受到道德的谴责。因此从理论上看,老年人的基本权利包括生存权利、发展权利、健康权利、被照料的权利和安全权利。发展权利主要关系到了老年人的精神和心理需求,主要涉及受尊重的需求、自我价值实现的需求和精神慰藉的需求。

老年人精神慰藉主要来自于配偶、子女、亲属和社会。如前所述,老年人的精神慰藉主要是来自配偶,因此农村老年人丧偶后再婚对于其身体健康和心理健康都是有很大帮助的,其健康权利也随之得到了满足。而说到被照料的权利,丧偶老年人再婚很大一部分是为了寻求能够相互照顾的人,俗话说:"成群的儿女不如半路的夫妻",子女照顾得再好,毕竟不能每时每刻陪在父母身边,主要还是靠配偶来相互照料。如此来看,丧偶再婚不仅是老年人的权利,还是老年人满足其他权利的手段和方法。

XTM04 说:"老伴死了好多年了,子女们到城里打工,留下我一个守家里,生活真的很无奈,我觉得非常麻烦的是每天的做饭洗衣服,以前都是老伴做的,现在没

---

①姜向群."搭伴养老"现象与老年人再婚难问题[J].人口研究,2004(5).

②杜鹏,殷波.两代人对老年人再婚态度的实证分析[J].人口研究,2004(7).

③杨莲.浅谈老年人再婚问题——应对老年人再婚压力探讨[J].法制与社会,2007(10).

有办法，所有的事情必须要自己做，还要下地做农活，这些还无所谓，就是每天晚上的时候，一个人在家，显得非常的孤单寂寞，每天都想着死去的老伴。"当我们问他考虑再找一个老伴的时候，他说："我非常想找一个啊，这样至少每天还有人陪我聊聊天，帮忙做做日常的家务事。可是这些是不可能的，因为我的儿子从来没有想过我需要老伴，而且曾经对我说，希望我不要想着找老伴。"

XTM08、XTM10、HCM02、HCM05、HCM06、HCM07、HCM08、HCM09 这些丧偶的老年人，都明确对我们说，他们希望能够找一个老伴，相扶度过老年期，但是因为他们的子女反对而没有提到议事日程。

（二）农村老年人丧偶再婚有利于老年人的身心健康与长寿

世界卫生组织（WHO）认为健康的标准为："不但没有身体的缺陷和疾病，还要有完整的生理、心理状态和社会适应能力。"当然，对于老年人来说，到了老年期，随着生理和心里的衰退，身体肯定不会像年轻人一样体格强壮，要说完全没有身体的缺陷和疾病，心理状态非常好也不太现实，当今社会竞争激烈，人们生活压力很大，很多人都处于"亚健康"状态下，更何况是老年人了。但是要尽量使老年人在同龄人或是说同等人群中达到一个较高的健康水平，这样才有利于我国的健康老龄化。

人到了老年就会面临心理的脆弱期，很容易产生心理异常，这会使老年人的身心健康如临大敌，而丧偶无疑是使老年人出现大的情绪波动和心理受挫的重要事件。丧偶，尤其是老年丧偶，被称为影响老年人身心健康的恶性生活事件之一。"白头鸳鸯失伴飞"是对老年人丧偶的一种形象的描述，人到老年，夫妻之间也许不再有年轻人那样轰轰烈烈的爱情，他们已经是相互搀扶到老的生活伴侣，很多更像是生活互助伙伴，相守几十年一起走过，双方更像是自己的左右手一样，或许他的存在并不能给我们带来大的惊喜，但是一旦失去，必是切肤之痛、锥心之痛。很多老年人不能承受这份失去灵魂伴侣的痛苦，患上了"丧偶综合征"，所谓"丧偶综合征"即是指人突然失去休戚与共、风雨同舟的终身伴侣所产生的适应性障碍。他们在失去伴侣后心情压抑，终日哀伤，以泪洗面，有的甚至精神恍惚、呆若木鸡。一位研究者指出，丧偶老年人的心理活动变化可分为七个阶段：震惊、心情纷乱、强烈的情绪波动、有罪感、孤独、宽慰自己、重建新的心理模式。所以不管是子女、家人，还是社会都应当竭尽所能帮助老年人缩短从痛苦初期到结束所用的时间，帮助他们度过丧偶的难关。另外，老年人由于年龄原因脱离社会，社交范围大大缩小，接触的人少，伴侣和家人可以说是陪伴他们时间最多的人，而配偶的离世则会使他们陷入孤独之中不能自拔。殊不知，情绪与内脏中枢在大脑的丘脑下几乎要融为一体，人在情绪波动的时候，交感神经就会随之兴奋，紧接着会引起瞳孔放大、心跳加速以致血压升高；若是人的情绪过于悲痛压抑则会使机体的植物神经功能紊乱，长此以往就会造成内分泌的紊乱，还会诱发心血管疾病，以及消化代谢的失调和免疫功能低下等疾病。另外,有些老年人在丧偶之后因为心情低落,易怒、爱发脾气、乱摔东西,不能控制自己的感情,这种表现在医学上被看成为感情失控,感情失控也被认为是除更年期之外另一个脑动脉硬化的征兆。心脑血管疾病和高血压本身都是老年人的高发疾病,而老年人在丧偶之后所产生的一系列心理问题都会诱发或导致这些疾病的恶化,除这些疾病之外,心情的抑郁严重的还可能会引发老年痴呆或是帕金森综合征。

通过分析可知,丧偶的确是影响老年人身心健康的重要因素,那么老年人丧偶再婚是不是可以改变这些状况呢?答案是肯定的,爱情不是年轻人的专属,老年人同样也有沐浴爱情的权利,老年人在度过丧偶期的痛苦之后,如若再次遇到能够波动心弦的人,共同携手进入婚姻殿堂是再好不过的事情了。再婚后两位老年人若感情和美生活幸福,会激发他们开始新生活的勇气和信心,远离孤独和寂寞,对其身心健康和长寿都是有好处的。

(三)老年人丧偶再婚有利于老年人的物质和精神赡养

按照《老年人权益保护法》第十一条之规定:赡养人应当对老年人尽经济上供养、生活上照料和精神上慰藉的义务,照顾老年人的特殊需要。赡养人是指老年人的子女以及其他负有赡养义务的人,赡养人的配偶应当协助赡养人履行赡养义务。这里所说的经济上的供养和生活上的照料即物质赡养,而精神上的慰藉所指的就是精神赡养的内容。

在对老年人的赡养义务方面,物质赡养和精神赡养是密不可分的。但首要方面是要做到对老年人的物质赡养,即经济上的供养,因为如果连基本的温饱问题都不能保证,还何谈精神上更高的追求。所以首先作为子女来说要为老年人提供安全舒适的住所,要为其提供经济上的帮助和生活上的照料,对于无子女或子女不在身边的空巢老人,社区或社会养老机构也要尽自己的义务来保证老年人的基本生活问题。另外,《老年人权益保护法》第十八条也明确了配偶要协助赡养人履行赡养义务。所以配偶在这方面也起着重要的作用,现在大多数子女由于工作较忙不能时刻陪伴在父母身边,不能对父母进行无微不至的照顾,所以老年夫妻双方就要互帮互助,身体较强的一方要多帮助身体弱的一方。但是对于丧偶老年人来说,来自配偶的互助赡养就缺失了,尤其是对于男性丧偶老年人,他们大多自理能力很差,有的连动手做饭的能力都没有,假若子女都不在身边,他们就只能饥一顿饱一顿,连一日三餐都无法保证。而对于女性丧偶老年人来说很多都是旧社会过来的人,大多都没有正式工作,是家属,平时生活都靠男方,老伴一去世她们就没有了生活来源。所以丧偶后再婚有利于老年人的物质赡养,解决了双方的困难还找到了情投意合的伴侣,不仅生活上更加如意,还为减轻了社会的负担。

根据马斯洛的需要层次理论可知:人类的需求由低级到高级可以分为生理需

求、安全需求、归属和爱的需求、自尊需求和自我实现需求五个层次。① 也就是说，人们在满足了基本的温饱问题之后就会有更高层次的精神追求，老年人也不例外。当前社会经济高速发展，人民生活水平普遍得到了提高，虽然前文也提到了一些老年人遇到的经济困难，但大多数老年人在经济上还是可以得到保证的，所以他们更需要精神上的慰藉。由于我国自改革开放以来实行计划生育政策，使得家庭子女人数减少，家庭规模缩小，空巢老人逐渐增多，因此孤独和寂寞就占据了他们内心，对于丧偶老年人则更甚，由于配偶的丧失导致家庭结构缺陷及生活环境恶化严重影响老年人的身心健康。老年人情感的需求才是最终极的精神需求，子女孝顺懂事，关心父母自然是尽到了精神赡养义务，但是始终不能日夜陪在父母身边，这时他们也需要爱情来填补心灵的空白，摆脱孤独和寂寞，从丧偶的阴影里走出来去追求自己的婚姻和感情，美好的黄昏恋对老年人百利而无一害，来自配偶精神的抚慰无疑是最大的治病良药。而子女要尽到对父母的精神赡养义务，就应当满足父母的要求为父母着想，发扬我国几千年来的孝道精神，为一己私利而百般阻挠丧偶的父亲或母亲再婚，不仅是不人道的，也是有违我国的优良传统的，更是违背法律规定的，应当受到社会的谴责。

三、农村老年人再婚难的原因

(一)传统思想的影响

我国是一个有着两千多年封建社会历史的国家，封建思想深深扎根在人们心中，儒家思想特别是南宋以来程朱理学对人们思想的禁锢，给老年人再婚设置了严重的思想障碍。班固《白虎通·嫁娶》曰："夫者，扶也，以道扶接也；妇者，服也，以礼屈服也。""夫为妻纲与父为子纲、君为臣纲同属封建社会的三大伦理纲纪，故事夫如事天，与孝子事父，忠臣事君同也"，更为不平等的是，"忠臣不事两国，烈女不更二夫，故一与之醮，终身不移"，故而"未嫁从父，既嫁从夫，夫死从子"。这种封建思想绵延至今，虽然近代以来大大小小的反封建运动触动着它，却未能摧毁它。老年守寡鳏居是天经地义的，老年再婚则是对传统礼教的背叛，因而不能为社会所理解、容忍。

人们普遍认为，一个丧偶老年人衣食不愁，就应该感到满足了，不应该有再婚的想法。如果提出再婚，就会被人当成"老怪物"、"老风流"，流言蜚语接踵而来。"老不正经"，"这么大岁数了还干吗"，而结了婚的老年人被称为"染一水"等等，这些对再婚老人的评价让准备再婚的老年人感到压力巨大；农村老年人收入来源少，根本不敢像年轻人那样公开地谈情论嫁；农村里的女性老年人受"从一而终"、"女

---

① 马斯洛.动机与人格[M].北京.华夏出版社,1987:40—53.

不二嫁"的封建传统思想的影响,认为再婚是丢人现眼,使她们的再婚艰难,而与自己的晚年幸福生活失之交臂。

舆论是控制人们行为的一种方式,农村因为是熟人社会,舆论的控制力量更加强大。农村里的人津津乐道于一些老年人再婚的事情,而他们对老年人的再婚的评论一般都是"老不正经"、"人老心花"等贬义词。而这些流言蜚语对老年人及其子女的控制力非常的强大,它们一旦传给要求再婚老年人的子女,绝大多数的子女就会不问青红皂白,不顾一切地阻挠老年人的婚事;如果它们传入老年人自己耳中,由于老年人心理受能力差,生活天地窄,有些人就会止步不前,有的甚至酿成悲剧。

在农村相当一部分人的心目中,谈情说爱建立家庭是青年人的专利。即使近年来离婚率不断升高,中年再婚逐渐被人们所认可和接受,但人们对老年人再婚的偏见却太多太甚,小到背后议论,大到公开指责,不相干的人白眼议论,亲朋好友公开说教,似乎老人再婚真的大逆不道,周围舆论的压力使得老年人再婚往往难如愿以偿。

XTF01,丧偶十几年至今单身,孩子们都在外地工作,当问及没有再婚的原因时,她说:"这些年来要说孤独确实很孤独啊,但是我把我的名声看的比我的命都重啊,有好多人说我老思想,但是我就是这么想的,我得对得起我的老头子啊,不能因为他死了我就改嫁,这样说出去也让人笑话啊!"可见封建思想在老年人心里是根深蒂固的。

XTF06 单身二十多年,当问到她想过再找一个老伴没有,她说:"年轻的时候,一个人抚养几个小孩真的非常辛苦,那时想过再找一个人过日子,但是当时丧偶的女的找人很难,村里的舆论不允许,有些再婚的老人婚后生活也不是很幸福,因此也就放弃了。""现在子女都长大了,更没有这个想法了,现在对老年人找老伴的舆论虽然没有以前那么强,但是我都不好意思去找,传统的观念对我的约束力还是很强的。"

(二)财产制度上的障碍

建国以后,我国的家庭中实行的是夫妻财产共有制,夫妻一结婚,我的财产是你的,你的财产也是我的,财产不分你我,在这种夫妻共有财产制度条件下,不离婚还好,一旦离婚,夫妻打的就是财产分割仗。长期实行夫妻财产共有制,形成了牢固的夫妻共有观念。老年人再婚时,也把这种夫妻财产共有制度和夫妻财产共有观念带到再婚关系中来了,不利于老年人再婚。关于财产的继承问题是老年人再婚的一大干扰因素,严重影响我国农村老年人的再婚,因为结婚就要涉及有关财产分配的问题,如果不将财产在婚前分给儿女,那么他们会害怕新老伴动机不良,儿女们的经济财产受到损失;如果婚前把财产分配给儿女,又怕儿女不孝,晚年生活无以为靠。财产分配与继承问题使老年人再婚时举棋不定，进退维谷。这是老年人再婚的主要障碍。老年人再婚后，离婚率很高，可谓十对再婚离八九，其原因是什么？主要是财产问题。

XTM11是十一届三中全会后平反的第一批人，成为农村供销合作社的正式员工，退休后有一笔退休金，加上社保，高龄津贴等每个月的收入还是很多的，他想找个老伴，遭到儿子媳妇的强烈反对，因为他们怕自己的父亲再婚后，会把财产转移到再婚的对象名下，最后不了了之。XTM11说："我非常希望能够找个老伴帮我做饭洗衣，可是子女们都反对，我以后的后事还需要儿子媳妇完成，我也不想和他们闹翻，还好的就是儿子和媳妇也快是老年人了，他们在家里时间多，能够帮我洗衣做饭，找老伴的事只好作罢。"

（三）老年人男女性别比偏低的影响

男性死亡率高于女性死亡率是一个自然规律，人口普查的数据也表明，老年女性人口要多于老年男性人口，总体上来说，在独身老年人中，男女比例悬殊，女多男少。这种男女比例严重失调的客观现实，决定了女性老年人再婚比男性老年人再婚难，加之女性老年人受封建思想的束缚更深，再婚的顾虑更多，使得女性老年人的再婚更加困难。在老年人婚姻问题上，虽可采取扩大婚龄差来缓解紧张局面，但"女多男少"的老年婚姻现实与"男大女小"的婚姻习俗产生悖论，使得丧偶老年人的再婚问题难上加难。此外还有价值取向上的障碍，社会对老年人再婚的理解度、宽容度、支持度都低。在我国城乡还没有形成老年人再婚光荣的社会风尚，在人们的内心里，有的还以此为耻，也有的对此不以为然。

HCF10对我们说："我的儿子姑娘成家后，他们的孩子也都上了学，他们都还是很开通的，从来没有在我的再婚问题上反对过，而且还是很支持的，但是周围合适的男性老人太少了，多少年也没有遇到一个合适的，现在也慢慢把这件事看淡了。"

（四）子女反对

干扰农村老年人再婚的诸多因素中，子女的反对是老年人再婚的最大障碍。随着社会的进步，在笔者调查的两个村庄中，年轻人对老年人的再婚大多能接受。但是一旦落到具体的某个人的头上时，却又会因种种现实问题而难以接受。老年人再婚是两代人的重组，必然涉及子女、孙子女关系的重新组合以及利益与情感的重新分配。其中既包括认识问题，也包括个人利益得失的考虑。

子女反对自己的父母再婚，一般出于如下几个方面的考虑。

（1）怕父母找伴后，失去了财产继承权，我国的《婚姻法》有规定，夫妻是财产继承权的第一顺序继承人，如果有一方早离世，那么作为夫妻的共同财产，另外一方就要继承一半,子女只能继承剩下的一半,因此很多子女害怕将来一方早去世遭遇财产的纠纷而不愿自己的父母再婚。在国人的传统思想中,母亲早逝,父亲留下的遗产应该完全由儿女继承,《婚姻法》和《继承法》规定了子女有继承父母财产的权利,同时也规定了"再婚妻子,也有继承权"。这样如果老人不再婚,那么,老人百年后的遗产就不会落到他人之手,遗产只在有血缘关系的子女中间分割;但是老人一旦再婚,那将来老人的财产就会有一大部分要"江山易主",女方本人和女方子女就轻而易举地继承了男方的财产,削弱了男方子女继承父母财产的份额,这怎能不引起男方子女们强烈的反对呢?于是男方子女就或明或暗地抵制老年人再婚。XTM11就是一个典型的代表。

(2)怕父母找伴后,感情转移,冷落了自己。亲子关系是维系家庭运转的一个关键因素,孩子对父母的依赖是一种正常的情感需求,他们对死去的父或母有一种强烈的思念感,如果自己的父或母再婚,他们就有一种对不起自己死去的父或母的感觉;再加上他们害怕再婚后的父或母会把感情放在后来的配偶身上,忘记自己已故的父或母;同时他们也担心在他们父或母心目中的地位下降,因此他们总会千方百计不让自己的父或母再婚。

XTM11说:"孩子们除了怕我的钱被继母分走外,其实他们还是非常地依赖我,希望我能关心他们,能够在每个月的收入中分一部分给他们。"

(3)怕父母找伴后,组成新的家庭,就不能像以前那样一心一意给自己带孩子,料理家务,失去了忠实的保姆。现代人的压力很大,特别是农村的青年人,他们大多要到城市里打工,因此无法照看年幼的孩子,和老家的田地以及房子,于是老年人成了他们看孩子、种地、看家的最好选择,因此他们每一个人都知道家有一老,如有一宝的重要性。如果自己的父亲或者母亲再婚,就会有另外一个家,对自己的帮助会减少,因此他们一般不愿自己的父或母再婚。

XTF10说:"我有三个儿子,他们的孩子多,每一个孙子都是我带大的,他们把我当作免费的保姆,一点都不希望我再找一个配偶。"

(4)怕父或母去世后,其遗孀成为自己负担。老年人再婚的另一个让子女担心的就是继父继母会成为自己的负担。他们一般认为赡养一个老人的负担都很重,如果再婚后,就面临着赡养两个老人的压力。

(5)怕世俗的嘲笑,说自己不孝,"逼娘改嫁"或"逼父续弦",觉得难为情,面子上不好过。在传统的思想中,母亲改嫁仿佛只在走投无路时才能出现,而在现实生活中,一旦作母亲的再婚,不少人觉得一定是儿女们对母亲不好使然。外界的这种评价使不少子女觉得脸面无光,于是便违心地对母亲的再婚设置种种障碍,其中尤以儿女在社会上有地位的家庭为甚,他们觉得自己社会上是有头有脸的人,怎么能因母亲的再婚让别人对自己评头论足呢？

（6）由于代沟的存在，一些年轻人不了解老年人，认为恋爱、结婚是青年人的事，老年人找对象是天方夜谭。他们认为老年人不缺吃、不少穿，逢年过节子孙承欢于老人膝下，这就是天伦之乐，老人的心愿，儿女的孝心。他们可以让老人吃好穿好，但对老人再婚的愿望不理解，不支持，乃至公开干预，就是不让再婚。

所有这些现象表明，对父母是否孝顺，不仅仅在于平时的甜言蜜语、信誓旦旦，而是真正关心父母的幸福和快乐。老年人再婚作为合情合理的要求，子女的态度应该是开明而又支持的，只顾自己的"面子"而不顾长辈幸福的自私自利，毫无疑问是不道德的，应该受到严厉谴责。就算一些态度坚决的老年人冲破重重阻力实现再婚，但可能导致亲子关系破裂，给老年人今后的生活埋下不幸的种子。

子女干涉有这样两个特点，一个是老人财产多的子女干涉就多，财产少的子女干涉就少。第二个是男性老人子女干涉的多，女性老人子女干涉的少。因为在我国男性老年人的财产往往比女性老年人的财产多。笔者当然不赞成子女干涉老年人婚，这侵害了老年人的合法权益，但是，子女们的利益又不能考虑，不考虑就容易激化矛盾，造成不好的结果。

HCM08丧偶之后，伤心痛苦，在度过这段情感压抑的日子之后，想再觅老伴携手共度人生，却遭到了家人的强烈反对，当问他儿子反对的原因时，儿子说道："有时候看着他挺可怜，但有时候真是可气啊，你说我妈才走多长时间啊，他就给自己张罗老伴，前前后后见了十几个了，中间还让人骗了好几千块钱，其实人家都是婚托，跟你好不了几天拿了钱就走了，哎！我想想都觉得丢人啊，现在都不愿意回家看他！"现在老人说起此事也是伤心至极，他说："孩子们都不理解我啊，根本不懂我的心，现在可好，家里冷冷清清的，也不愿意回来，弄的邻居也看不起我！"可见，丧偶老年人再婚过程中子女的态度也是相当重要的！

HCF08是个丧偶再婚又离婚的女性老年人，当问及离婚的原因时她说："其实，我跟我那老伴的感情还是挺好的，特别投缘，可是结婚之前两边孩子们就特别反对，都怕我的房子被那边的孩子给吞了，不过我俩一再坚持，最后还是结了婚。可结了婚也没消停几天，三天两头的孩子来闹腾，两边孩子特别不对眼，真是家无宁日啊！哎！最后还是离婚了，拧不过孩子啊，而且觉得一大把年纪了还是孩子重要啊，现在我俩还没事见见，倒是还有联系。"这些子女的做法是相当错误和不道德的，以老人的幸福为代价来获取自己的利益，应该受到社会的谴责。

（五）老年人自身因素

如果说老年人再婚的阻力在以前更多地来自外界的话，那么，近年来问题更多地来自老年人自身，在现实生活中，要求再婚后的老年人自身也存在着许多问题。

1. 老年人的身体原因

老年人由于生理机能的衰退，很多人患有慢性病，老年人性病有多种类型的心脏病、高血压，以及若干类型的关节炎，有其他很多疾病，使老年人遭受不同程度的痛苦，其中最为突的有癌症、糖尿病、脑溢血及血液循环系统的疾病等，疾病的折磨使丧偶或独身老年人有再婚想法也不敢或不能提出再婚要求，怕成为他人的包袱。

2. 老年人的经济问题

再婚老年人的经济关系比较复杂，有时涉及双方子女，处理不好就会导致离婚。作为发展中国家，我国大多数农村家庭的经济和住房都不是很充足，按照中国人的传统习惯，子女对老人的依赖性很强，自主性较差，因此，老人住房多被子女占用，经济积存也多分给了子女。老年人再婚需要有住房、经济收入，如果在这两个方面完全依赖子女的老人，再婚的难度就会很大。在我国社会养老保障体制不健全，老年人的收入很少，他们的养老基本上完全依赖于自己的子女，他们能够得到子女很好的赡养都不错了，很少人会奢望子女容忍自己再找一个伴侣，加大子女的赡养压力。

3. 老年人的思想问题

农村老年人特别是女性老年人从小受的是"从一而终"的教育和影响，老伴故去以后，虽然萌发了再婚的愿望，即使有合适人选，也是左顾右盼，不敢向前跨越一步。旧中国几千年的封建伦理，"贞节牌坊"，乃至守"望门寡"的血淋淋的辛酸历史，对于60开外的老年女性来说，可谓历历在目，她们虽然也懂得新旧社会的本质区别，但甩不掉头脑深处的阴影，怕别人说自己老不正经，怕子女不理解，看不起自己，这诸多的担心和困扰，如泰山压顶，最后只好以牺自己的老年幸福来保持内心的平衡和老年生活的表面平静。对情忠贞，保持革命晚节等，也是束缚老年人再婚的不利因素。尽管他们也渴望伴侣，但一旦有这种想法，他们便以对死者的怀念来冲淡对伴侣的渴望，聊以慰藉那颗孤独、脆弱的心。也有的老年人认为再婚无疑会改变原有的血缘关系建立起的单一家庭构，这样会使自己与儿辈变得疏远，与其为贪一时之欢而令众人不快，还不如牺牲自己，以求全家的祥和、美满。

XTM07说："我和我现在的老伴日子过得很好，比以前单身好多了，但是我老伴的子女到现在还没有原谅她，说她丢了孩子脸，让他们无法在村里落脚，因此这么多年来，从来没有来看过她，她有时候非常想念自己的孩子，但是孩子们在城里打工，避而不见，让她非常的伤心。"

（六）社会支持不够

社会宣传不到位。虽然经济飞速发展和时代不断进步，受改革开放政策的影响，人们接受新鲜事物的能力和程度也越来越强，但是还是有不少人头脑里还残留着封建残余思想，对于老年人丧偶再婚进行贬低和排斥，认为是丢人和败坏门风的事情。老人们迫于这种舆论压力，怕邻居或相熟的人在背后说三道四而不敢迈出再婚的那一步。另外，现在虽然倡导以德治国、依法治国，将道德对人们的约束作用来辅助法律对公众的制约，但是当今社会对于敬老爱老的宣传还不够彻底，阻碍丧偶老年人再婚的事情时有发生。

社会各有关部门不能为老年人提供更多的择偶机会。老年人脱离社会后，他们接触社会的机会少了，接触的人也有限，所以择偶的机会也随之减少，我们国家现在还没有一个专门为老年人再婚提供帮助的机构和部门，没有一个婚姻介绍的媒介，不利于老年人丧偶再婚的选择。

HCM06 老伴去年得癌症去世，丧偶后他生活孤单寂寞，再婚的愿望还是很强烈的，但是至今未婚，他说："想找对象其实就是想找个伴，谁知道这么难啊，开始熟人给介绍找了几个都不满意，后来他们说有人给联系，我叫他们也给我联系了一下，谁知道都是外省的那种婚骗子，遇见了两个吧，就是跟你过几天拿了钱就溜了，找人都没处找，哎！现在弄得一大把年纪了还让人笑话，真是！孩子们现在都不愿意搭理我了！"出现这种情形是我们都不愿意看到的。

四、农村老年人婚后婚姻不稳定的原因

(一)前一次婚姻的影响

前一次婚姻的成败与否，对老年人的再婚意愿影响很大。一次婚姻生活十分幸福，自然而然将前一次婚姻作为参照物，来比较当次婚姻，很容易产生不满、失落情绪；前一次婚姻如果不幸福，刚刚从一个婚姻枷锁中逃脱出来，对婚姻生活心有余悸"再婚问题"自然很难提起兴趣。

(二)婚前双方了解不够，感情基础不深

老年人再婚由别人牵线搭桥的多，许多老年人在再婚前都于这样的心态：只要两个人能凑合着过，彼此有一个照应就行了因此，很少有人经过一段谈恋爱的阶段，有的见一两次面就领结婚证，因此彼此并不太了解，结婚后，一旦发现对方与自己性格不合，过不到一起，就分手告吹。过去几十年的夫妻生活，早已心有灵犀，默契神会，如今的再婚夫妻，不可能没有差异和陌生感，于是，磕磕碰碰，不可避免，根深蒂固的原有的生活观和行为方式，不仅没给新家带来便利，反而埋下了不幸的种子，若是处理不当，好不容易的结合很可能再次走向分离。

HCM07 好不容易冲破重重阻挠和一位老太结合了，本想安安稳稳地度过晚年。可是他们两个人的生活习惯不一样，他喜欢和一些老年人打牌，而老太则希望他在家相伴或一起出去走走，他们经常为各自的生活习惯、脾性不合而吵架。于是他觉得没有再婚幸福的感觉，老太则觉得这样的日子过得没有意思，还不如回家帮

媳妇带孙子,后来两位老年人离婚了。

可见,如果生活方式不能适应,婚前了解不深,未及考察和分析双方的再婚动机,匆忙结婚;或是相互间一方对另一方婚前有所隐瞒,婚后不加信任;或是性能力和性生活不协调;或是处理不好与双方子女的关系,对双方感情与物质上的分配不均;或是协调不了对亡人和新人的感情转移等等,都会成为老年人再婚的障碍和绊脚石。

(三)择偶期望过高

一些男性老年人不顾自身条件,一味要求女方年轻貌美,身体健康等等;一些女性老年人则要求男方有身份、有地位、经济条件好等等。这些不切实际的愿望或要求过高,往往导致再婚不成功。一些老年人把婚后生活想得过于美好,而再婚后实际生活与想象中的生活落差较大,这样往往导致老年婚姻的失败。

访谈中,很多老人都说,找老伴太难了,找一个合适的老伴再婚要比年轻人还要难,这与很多因素相关,但是择偶期望过高是导致他们再婚难的主要因素。

(四)再婚动机不纯

有的男性丧偶老人生活自理能力很差,他们中有些人找老伴的目的就是为了给自己找一个保姆,感情好坏是其次,主要是身体硬朗,可以照顾他们;只是为了给自己寻找一个不用付工钱的保姆,而不去付出自己的真心实意,因此结婚后没有太多的感情因素,不免会出现性格不合,欺负老伴,把对方当作下人对待。还有的女性丧偶老人再婚的目的很多就像是为自己找一个银行,因为女性老年人有些一辈子没有工作,在配偶生前都是靠对方来养活,老伴一走就失去了生活的依靠,她们想再次找一个老伴的目的只是为了给自己找一个金饭碗,而有些更看重的是对方的家产,以这样的目的结婚势必会产生很多的家庭纠纷和矛盾,只会带来两败俱伤的后果。

HCF07丧偶再婚后又于去年离婚,当问及离婚的原因时她说:"我们俩是经人介绍认识的,他是农村供销社的离休干部,还有一笔退休金,孩子都不在本地,我呢本身过去就是家属,没有退休金,就是孩子们养活我,当时就是觉得他条件特别好,别人也说这么好条件的不好找,我就答应了。可谁知道啊结了婚老是闹气,老是吵架,谁看谁也不顺眼,他是特别懒啥也不干,简直就是把我当保姆使唤呢,完了平时也没话说,除了出去下棋就是看报纸,我心想这结了婚还不如不结婚呢,天天生气,没一天高兴的,后来孩子们也劝我,就离了!"

所以老年人丧偶再婚要端正动机,而且要在接触后觉得合适再做是否结婚的决定,才能得到幸福的婚姻。

(五)缺乏道德意志和勇气

在老年人再婚问题上,作为再婚者,道德意志坚强的,成功了,过着幸福的晚年生活；道德勇气薄弱的，退却了，只有在忧郁中苦度余生。在合情合理的情况下，再婚者只要鼓起反封建道德的勇气，并同各种障碍进行不松懈的斗争，才有可能有再婚的圆满和生活的幸福。笔者认为，老年人再婚要考虑子女的意见，但是不可以牺牲自己的感情和幸福为条件，老年人再婚需要为子女着想，但是也要以自己的晚年生活的幸福为考虑目标，子女毕竟还年轻，还有的是时间和精力创造自己美好的未来；而老人们若是委曲求全，走错一步，就有可能被沉重的精神压力所摧残，导致晚年的不幸。所以，再婚者若要冲破封建道德意识的笼罩和子女粗暴无理的干涉，确实需要一种勇气和毅力，而只有具备这种勇气和毅力，才能使晚年的岁月"老有所伴，情有所托"。

（六）家庭成员关系不和谐

两位老人再婚后也许会遇到和对方子女关系处得非常僵，双方子女因为经济和赡养义务方面出现严重纠纷；再比如因两位老人再婚前并没有经过长时间的接触和了解就草草结婚，可是在婚后才发现双方在生活习惯和性格方面都有不可调和的矛盾，不管是夫妻之间还是与对方子女或是自己的子女出现上述矛盾都会使本来不稳定的婚姻出现裂缝，当不可修复的时候，离婚也就成为了解决和化解这种矛盾最好的办法。在访谈调查中，几对离婚的老人，也大部分都是因为和对方关系相处不和谐，无法使婚姻维持下去。

HCM07丧偶后又再婚，但是这段婚姻只维持了半年，当问及具体原因时，他说到："当时是经人介绍的，我俩感觉很投缘，对彼此都挺满意，但是我这边孩子不太愿意让我再婚，我俩偷偷办的手续，可是纸包不住火啊，没多久孩子们就知道了，主要是怕房子不好说，都是钱惹的祸啊，孩子们死活不同意，看我那老伴哪都不顺眼，非逼着我离婚，没办法，也不能因为结婚跟孩子们闹僵。"

（七）丧偶老年人怕麻烦而"未婚同居"导致的问题

丧偶老年人再婚的目的大多是为了找个情投意合的老伴互相照顾，共同度过晚年生活，很多丧偶老年人已经没有年轻人结婚时那种心潮澎湃的感觉，就想简单地过日子，而现在的婚姻登记虽然不严格要求婚检或是开介绍信了，但是还是需要复印材料、拍照、填表、宣誓等等，对于老年人来说太繁琐了。结婚也许还需要办酒席，很多老人怕被熟人知道说三道四，老了还要搞这些年轻人的东西，觉得很丢面子。所以认为结婚也就是走个形式而已，能把日子过到一起才是重要的。

老年人丧偶再婚还有一个尤为突出的问题就是"未婚同居"，在目前来看，老年人丧偶再婚本身就是个新鲜的事情，而且我们国家《婚姻法》对没有经过婚姻登记而以夫妻名义生活在一起的同居行为是不予保护的，"未婚同居"如果再和老年人相联系就更是个值得人们去关注的问题了。然而在当今社会，很多老年人在找到自己情投意合的对象之后，并没有进行结婚登记一起走进婚姻的殿堂，而是选择了同居这样的方式,并且这样的方式也被大多数老年人所认可。

HCM06 未婚同居有半年时间,在提及同居的原因时,他到:"当时我俩本来是想登记结婚的,可是因为房子的事,我这边孩子死活不同意,说老太婆是看上我的房子了,实际上我知道她不是这样的,但是孩子们软的不行来硬的,还说要结婚就不认我,哎!最后我俩商量不办事了,反正也是找个伴,这样跟孩子们说,他们才勉强同意了,都是房子惹的祸啊!"

五、农村老年人再婚的对策

(一)摒弃顾虑,增强自信心,勇于追求幸福生活

单身老年人再婚第一障碍就是自己的陈腐观念。大多数老年人,认为人一生就只有一次婚姻,要从一而终,有的人甚至从来就没有想过再婚;同时有的老年人认为自己是有过婚姻生活的人,自己的价值大大降低,由此产生不同程度的心理压力,妨碍对于幸福婚姻的再追求。老年人要做的是要改变陈旧思想,充分认识婚姻对于自己的重要性,鼓起勇气,积极主动地寻找新伴侣。单身老年人再婚,能很好地解决社会中由于鳏寡孤独所引起的一系列的问题,可以减轻各自家庭的沉重负担,最重要的是它能够给单身老年人重新带来了生机和活力,使老年人身心都能得到健康的发展,改善和提高老年人的生活质量。因此,老年人要提升自信心,勇于追求幸福生活,重新设计自己的第二人生,让自己的人生重新焕发出幸福光辉,光明正大地享受自己的再婚生活。

HTF05 丧偶三年后认识了现在的老伴,当谈及再婚的事时,老太太说:"当时周围也有些人在说三道四,但是家里的子女还是非常支持的,结婚时候还给我买了红色的婚纱,风风光光办了婚礼,我也是觉得没有啥比自己高兴更重要,这不现在这样也好多人美慕我呢!"可见老年人都需要爱情的滋润,当代尤其是当代城市中的丧偶老年人更应该用冲破世俗的眼光来看待自己的幸福和婚姻。

(二)慎重对待再婚及再婚生活

要慎重对待再婚。

(1)要树立良好再婚动机。老年人再婚,不能仅仅是找一个生活上的伴侣,男找"保姆",女找"饭票",再婚应以情趣上的相近、感情上的共鸣、性格上的相容为目标,只有这样才可能提高和改善老年再婚后的生活质量。对婚后的家务劳动经济关系、住房问题也应慎重考虑。但是如果只是单纯考虑经济、住房、家务,就本末倒置了,有个别老年人为了子女的利益,不惜牺牲自己的晚年幸福,草率地与他人结合,这是更不可取的做法,不论对自身还是再婚对象都是不负责任的表现。

(2)要增进相互了解。老年人再婚前应该有一段谈恋爱的时间,便于相互了

解，摸透彼此性格、习惯、爱好，能合则合，不合更是不能勉强凑合。切忌草率行事，匆匆聚，匆匆散，为老年生活平添诸多烦恼。如果双方缺乏对对方深入的了解，只凭一时的激情而结合，往往再婚之后发现对方并不像自己想象的那样完美，婚姻问题也就由此而产生。所以，老年人再婚前，需要经过一段时间的恋爱交往，深入了解，细心观察，这是消除婚姻不稳定因素的一项重要措施。

(三)要充分考虑经济条件

经济条件是生活的基础，老年人在再婚择偶时，不仅要了解对方的经济收入情况，还要了解对方的经济收入安排情况，分析衡量。现实生活也证实了解清楚对方的经济情况，如实地告知自己的经济情况，是牢固地建立维系家庭关系的基础之一。感情是婚姻的基础，然而在当前生产水平较低，人们经济生活并不富裕的情况下，经济考虑也是必不可少的。前已述及，相当部分老年人再婚动机的萌发就是基于经济，而婚姻后纠葛也主要是经济矛盾。

(四)慎重对待再婚生活

首先要平等相待，相互尊重婚姻和家庭道德强调爱情和婚姻关系中权利和义务的统一。夫妻双方在家庭生活中享有平等的权利和义务，双方应共同承担家务劳动、相互尊重、相互体贴，提高对夫妻关系不良因素的认识和心理承受力。夫妻是事业上的同志，生活中的伴侣，在家庭生活中必须首先做到平等相待，这是建立美满婚姻关系的关键。平等相待是指夫妻双方彼此尊重对方的人格和尊严，不把对方当作自己的私有财产，不随意猜疑和限制对方的自由，既不搞"大男子主义"，也不搞"大女子主义"。

(五)尊重对方的性格特征

性格特征是难以改变的，俗话说，"江山易改，性难移"、"出窑的砖，定了型"，指的就是性格特征难以改变。遗憾的是，一些再婚年人不谙此理，再婚后往往自觉不自觉地以自己的好恶作为标准衡量对方、改造对方，由此而产生婚姻悲剧。婚后相互忍让，彼此谅解，因为性格不合出现摩擦时，寻找自身不足，而不是一味地埋怨对方。相互尊重，重要的是尊重对方的感情，允许对方自己的秘密。对对方过去婚姻生活理解和尊重，不妄加评价。

要避免和减少心理对比。由于有过婚姻经历，再婚后最初阶段，怀旧心理驱使下很容易产生对比效应，无法全神贯注地投入和享受新生活，自觉或不自觉地把再婚老伴与原来的配偶做比较，也常常面对新的老伴思念原配，尤其是在婚后生活发生种不适应时，这种情况出现的更多。双方都要彼此理解，做到尊重新的配偶，给对方关怀，在共同生活中共同经营、互相补足，在理解中相互抚慰夫妻间不平静的心境。言道"人比人，气死人"。只有客观地对待生活、客观地评价对方，才能生活得融洽。过多的怀念原配，以原配的长处比新伴的短处，对新伴的长处视而不见，这种态度实属自寻烦恼,对新的婚姻毫无益处,并且构成再婚生活的重大隐患。感情是双向的,夫妻之间"投之以桃,报之以李",积极巩固和发展再婚感情,改善和提高生活质量,这才是老年再婚真正的目的。

(六)关心和支持老年人再婚

在全社会广泛地经常地开展尊老养老的宣传。家家有老人,人人都会老,要增强全民的"尊老意识",把尊老养老教育与保护老年人合法权益的法制教育紧密结合起来,与精神文明建设紧密结合起来。要在全社会弘扬尊老养老的良好风尚,对尊老养老者予以表彰,对不尊老养老的典型案件,要勇于公开处理,直至绳之以法。形成尊老光荣,虐待遗弃老人可耻的社会风气。在各级各类学校教育活动中,在德育课内容中,要把尊老养老列为重点教育内容,从幼儿园到高等学校连贯地进行尊老养老传统美德的教育,从小就明确尊老养老的意义,牢固地树立敬老爱老的意识,将传统美德代代相传下去。加强道德教育,提高全民道德素质。充分利用家庭、学校、社会三大阵地,运用多种方法和途径,开展各种形式的道德教育活动,提高全民道德素质。家庭是道德教育的初始场所,学校道德教育的重要基地,宣传、倡导社会主义家庭道德,加大道德教育的力度,特别是要加强对子女的道德教育以提高全民道德素质,为老年再婚者营造良好的氛围。所谓"道德教育",是指一定社会或阶级为了使人们遵循其道德原则和规范,自觉履行相应的道德义务,而有组织有计划地对人们施加系统的道德影响的活动。

加强思想教育,减少子女对老年人再婚的干涉。老年人婚姻也受法律保护,任何人包括子女都无权干涉。单身老年人需要婚姻生活是生理、心理正常需要所决定的。作为子女应该充分尊重婚姻自由。

(七)健全保护老年人再婚社会支持系统

1. 各级组织要关心老年人再婚问题

社会各界不仅要关心和爱护老年人,更要向他们提供实实在在的帮助,城乡应普遍建立老年婚姻介绍所、老年再婚见证处、登记处、老年人心理咨询处以及老年婚姻学校等相关机构,承担起为老年人再婚服务的具体责任;各有关职能部门如民政、老龄委、妇联、社区基层政府和组织应对老年人再婚加以正确引导和服务,为老年人再婚营造良好的氛围,要把支持老年人再婚提上议事日程,制定切实可行的具体措施,如简化老年婚姻登记手续等,对老年人在再婚过程中受到干涉和阻碍的行为要积极主动迎上去,做好调解工作。

2. 完善社会保障制度

我国的社会保障包括社会保险、社会福利、社会救济、优抚安置和社会互动、个人储蓄积累保障等几大类。新中国成立后,我国建立了适应计划经济体制的社会保障制度,并形成了较为完整的体系。随着改革开放的发展和社会主义市场经济的建立,与计划经济相适应的传统社会保障制度越来越不能适应形势的需要,暴露的问题也越来越多。只有建立比较完善的社会保障制度,才可能实现"老有所养,病有所医",使老年人的基本生活有保障,解除老年人后顾之忧,为老年人再婚创造良好的外部条件。这在很大程度上也就净化老年再婚市场,保障老年再婚稳定性的一项重要举措。

3. 加强对干涉老年人再婚行为的法律约束

再婚是老年人的合法权利。我国《老年人权益保障法》对老年人的婚姻自由权利问题,规定得比较具体,针对性也比较强。《老年人权益保障法》明确规定老年人的婚姻受法律保护,子女或其他亲属不得干涉老年人离婚、再婚及婚后生活,老年人的子女是老年人的法定赡养人,赡养人的赡养义务不因老年人的婚姻关系变化而消除。全国人大常委会于 2001 年 4 月 28 日通过新的《婚姻法》第三章第三十条规定子女应当尊重父母的婚姻权利,不得干涉父母再婚以及婚后生活,明确提出儿女干涉父母再婚是违法行为,规定子女对父母的赡养义务不因父母的婚姻关系变化而终止。不仅禁止了子女以停止赡养相要挟的做法,也提出了老年人再婚后由自己的子女赡养的原则。要开展以《婚姻法》为主的法律宣传教育活动,使子女懂得干涉父母再婚是违法行为,使老年人懂得再婚是法律赋予自己的不可侵犯的权利,对一味阻挠、暴力干涉老年人再婚的严重违法行为,要绳之以法,使老年人再婚真正获得法律保障。

第三节 新农保体制下,农村老年人家庭养老中的老年虐待问题

湖北省汉川市洪北村有一栋像模像样的农舍,一看便知是一户比较富裕的人家,可是住在这里的一位老人却没有享受到晚年的幸福。老人为 HCM07,今年 75 岁,他住在儿子旁边的一个茅草屋里,虽然有一个遮风避雨的小房子,但老人的房间里没有电灯,更没有电视机,只有一个鸡笼陪伴着他孤独的日子。老人的大儿子,也就是这栋农舍的主人,把老人冷落在一边还嫌不够,平日里与妻子鲁某、儿子刘某常常辱骂、殴打老人,甚至连老人的口粮也不给,逼得老人三次状告这伙不孝的儿孙。

1998 年一场重病后,62 岁的 HCM07 难以继续承担一家之主的重任,便召集两个儿子商量分家,并要求他们分家后每年各付 300 公斤稻谷给自己养老,而他则另立炉灶。刚开始,两个儿子还算孝顺。一年后,长子刘某就赖着不尽赡养之责了。老人仅靠小儿子给一点谷子,常常断炊。2001 年,老人身体有所好转,通过村

上调解，从大儿子手中要回了一点责任田。劳作虽然艰辛，但不再愁吃的。

没想到这样自食其力的生活，大儿子一家竟也眼红，不时故意前来找岔子。2005年的一天，忍无可忍的HCM07终于与大儿、大孙争吵起来。不料，老人曾经最为疼爱的大孙子居然冲进屋里，将老人推到在地，并且用石头砸烂了锅灶。老人没地方做饭，乡亲们便把他送到他的大孙子家里。他的大孙子恼羞成怒，轰走乡亲，把老人一把推出门外，又气势汹汹地再度闯进老人的住房，对着柜子、床铺一顿乱砸，还将房里的电线剪断。而大儿子和媳妇则站在一边，任凭儿子逞凶。面对冷酷无情的儿孙，HCM07伤心至极，病倒了。乡亲们激于义愤，纷纷劝他向法院状告儿孙的虐待之罪。2008年，法庭通过庭审，强制他的大儿子履行赡养义务，每年付父亲的稻谷由原来的300公斤改为200公斤。他的大儿子当着法官的面称给老人100公斤稻谷，并保证另外的100公斤第二年补足。可是到了第二年年，他的大儿子不但没有补全去年欠下的100公斤稻谷，而且当年应给的200公斤也不见踪影。法院得知后，将他们夫妻拘留15天，罚款200元。

从拘留所回来，大儿子夫妇不但不痛改前非，反而觉得他的父亲不近人情，让家里的事情成为村里的笑柄，因此更加仇视老父亲。大儿媳不时对老人恶语中伤，大儿子甚至恶狠狠地说：我不会再给你这个老不死的半粒谷子！他说到做到，"双抢"后，家里稻谷满仓，却没有拿出半粒谷子给父亲。HCM07只得再上法庭，大儿子一接到法院传票，就手持锄头，把老人的窗户砸得稀巴烂。2010年8月17日，刘某在河堤上和老父亲劈面相遇，竟似仇人相见，一把将老人推到河里。当时，水流湍急，眼看老人就要被冲走，幸亏被一艘渡船拦住救起。气愤至极的HCM07顾不得回家换衣服，就踉踉跄跄跑到法庭，连呼："法官，救命啊，救命啊！"法官见状，决心为老人讨回公道。

8月23日，法官再次来到他的大儿子家，要求他立即交出300公斤稻谷给其父。但他说，我自己都没谷子了。法官进仓一看，果真空空如也。这时有群众举报说，他们家的谷子转移到儿子家去了。原来，大儿子差点把父亲淹死，其妻在村民们的指责下良心不安，打算补给老人几百公斤稻谷，但是他们的儿子却万般阻挠，并用扁担威胁父母。最后在法官的强制执行下补交全剩下的稻谷。

HCM07的遭遇是典型的一种农村老年人受子女虐待的案例，而像这样的案例，在中国广大的农村时有发生。扶弱济贫，尊老敬老，自古以来就是中华民族的传统美德。我国人民历来把颐养天年、安居乐业视为基本的人生追求。但是目前随着人们生活水平的不断提高，在广大农村的一些地方却发生了一幕幕与经济发展不相协调的虐待、遗弃老人现象。

俗话说，羊有跪乳之恩，鸦有反哺之义。正在发生着深刻变化的农村，过上了富裕生活的农民，为何在他们中间会发生这样一件件虐待、遗弃老人的事情？

1. 农民的法律意识淡薄

近年来，广大农村人们经济意识增强了，生活水平提高了，但忽视了法制教育。不仅法律意识淡薄，甚至连淳朴的民风、传统的美德也在逐渐消失、遗忘。虐待、遗弃老人的事件并不鲜见。再加上有的老人自我保护意识弱，遭到子女虐待后忍气吞声，不知道利用法律手段来维护自己的合法权益，甚至怕自己遭到虐待的事实说出后遭人议论，坏了儿子媳妇的"名声"。这样不仅无益于摆脱困境，反而使子女感到老人软弱可欺，有恃无恐地虐待老人。

2. 思想教育不力

农村家庭联产承包责任制以后，原有的生产模式和格局被打破了，各家自扫门前雪，基层干部的主要工作精力放在抓农民"两上缴"和计划生育上，思想政治工作薄弱的问题非常突出。现在有些村里集中村民开一次会，首先要讲好价钱才会有人出席，会议内容也大多是催粮催款就事论事，根本谈不上说尊敬赡养老人的问题。由于教育不力，致使有的群众特别是年轻人好恶不分、美丑不辨。有的人打麻将输掉几十或上百元钱毫不心痛，但提到负担老人赡养费，却一个子儿都不愿多拿。

3. 陈旧的生育观念

农村长期以来一直沿袭"自古姑娘不养娘"的旧习，"嫁出门的姑娘，泼出去的水"，赡养父母是儿子媳妇的事。

4. 不合理的负担所致

尽管中央三令五申要减轻农民负担，但不少地方实际情况并不尽如人意，各种集资或变相摊派仍不时向农民头上袭来，只要有一个人头，就要交一份款。由于老年人失去了劳动能力，不仅自己生活要人负担，还要承担一定的社会义务，这样就又增加了子女的负担。有的农民无法违抗政令，只有将一腔怨恨发泄到老人身上，虐待老人，巴不得老人"早死早好"。

5. 农村老年人受虐待的现象还没有得到广泛的重视

在中国的农村目前还十分缺乏有关老年人受虐待的具体调查数据和专题研究。受"家丑不可外扬"的传统旧观念束缚，有些老人在家被打挨骂受虐待，却不敢声张；一些司法部门对涉老案件也重视不够，执行乏力，有些受虐待老人虽然得到了司法的公正判决，却只能望着判决而兴叹；有的基层干部对社会存在的虐待老人行为，认为是"家内事"而采取放任态度，听之任之。凡此种种，导致了社会上老人受虐待的事件不断发生，一幕幕不该发生的悲剧不时在各种媒体上曝光。

根据第六次全国人口普查数据，全国 60 岁及以上老年人口达 1.78 亿人，占总人口的 13.26%，其中 65 岁及以上人口 1.19 亿人，占总人口的 8.9%。这次人口普查显示，居住在城镇的人口为 66 557 万人，占总人口的 49.68%，居住在乡村的人口为 67 415 万人,占 50.32%。同 2000 年相比,城镇人口比重上升 13.46 个百分点。如果我们把农村人口乘以 13.26%,那么在农村生活的老年人就有 8 939万,而事实上由于农村年轻人大量流动到城市里打工,这个数据应该还要多。我国农村老年人的数目巨大,但是我国的农村老年人的生活保障却极度不完善,虽然我国近年来颁布实施了新型农村养老保险体制和老年人高龄补贴,但据经济学家说,这些农村的老年人平均每月的养老金只有 74 元。黄昏,对人生来说,是儿孙绕膝享受天伦之乐之年,是老人品尝收获之果的季节。然而,由于我国在农村老年人养老中投入的社会资源太少,计划生育的实施,赡养老人越来越成为农村青年难以承受之重,因此在大千世界的小角落里,总有一些不幸的老人正受到自己子女虐待,他们求助无门只有独自吸饮着酸楚的泪水。"世上都晓神仙好,唯有儿孙忘不了;痴心父母古来多,孝顺儿孙谁见了?"农村老人受虐待的事实虽然反映出他们子女的不孝,但是更多的是在拷问我国的农村社会养老保障体制以及千百年来家庭养老的模式。

随着我国进入现代化的国家,现代性的各种后果在我国社会保障福利政策还不是很完善的情况下在我国广大的农村地区充分暴露出来,以前父母在不远游家庭大多是大家庭,老人一般都是儿孙绕膝,父慈子孝,虽然物质条件有限,但是老年人大多可以颐养天年,然而现代化的推力和拉力让农村年轻人纷纷加入到流动的行列,剩下老年人在农村里孤苦无依,特别是那些有严重疾病的、失能的老年人更是苟延残喘于生命与死亡的分界线上,有的老年人干脆以自杀的方式结束自己的生命。这种疏忽照顾在当今的中国农村遍地都是,老年人的生活状况令人堪忧。现代化的另一个后果就是中国农村地区许多优良的传统文化在现代化面前分崩离析,农村地区的年轻人一切向钱看,经济理性压倒了道德、传统、利他的美德,如是辱骂、殴打自己年迈的父母的事件在农村地区年复一年地重复。现代性导致的后果除了上面的两个之外,另一个是改变了中国农村地区的控制机制,传统中国农村地区的控制机制是道德、习俗和风俗、乡绅制度等,然而这些机制在现代化面前灰飞烟灭,而现代的法治的触角,因为传统一些如"家丑不可外扬"、"养不教,父之过"、"虎毒不食子"的传统观念下没有能够深入到农村居民的内心,而处于一种失范的状态。

现代化的后果改变了农村的传统秩序,而又没有能够在农村地区建构出一种新的机制来约束农村的年轻人,这种现代化导致的后果,让农村在家庭养老问题上处于一种失范的状态,这种失范状态导致的后果就是农村老年人受到了前所未有的虐待。

什么是老年虐待,在尚无公认的普遍定义的情况下,关于虐待老人的现有定义反映出不同社会在何为可接受的、何为不可接受的人际行为和社会行为方面的区别。不同社会的不同群体及同一个社会的不同群体对虐待老年人问题和暴力行为有着不同的看法和定义。

由于虐待老人事件与社会文化背景紧密相连，在不同国家会有不同表现形式。联合国经济及社会理事会在 2002 年的文件中关于虐待老年人问题的定义内容如下："在本应充满信任的任何关系中发生的一次或多次致使老年人受到伤害或处境困难的行为，或以不采取适当行动的方式致使老年人受到伤害或处境困难的行为"。这种界定虐待老年人定义的方式，在过去二十年中已被人们接受。

我国于 1996 年 10 月 1 日颁布了《老年人权益保障法》，该法中的第四条明确规定，国家保护老年人依法享有的权益，禁止歧视、侮辱、虐待或者遗弃老年人。同时，在第五章"法律责任"中，也对虐待老人等侵犯老年人合法权益的行为制定了法律惩戒措施。但是老年法中没有明确界定什么是"虐待老人"的行为，由于界定不明，而"家丑不可外扬"、"虎毒不食子"等传统文化的影响，农村中虐待老人的子女实际上受到惩罚的人很少。

《词源》中，"虐"有两个含义：一是用作动词，指残暴、侵害；二是用作名词，指灾害。"待"最接近的一个含义应该是指对待、款待。《现代汉语词典》中"虐待"的含义是指用残暴狠毒的手段待人。在我国虐待老人的含义中，大多是指用残暴的行为造成老年人身体上的伤害，与联合国的"虐老"定义中所指的身体虐待行为很接近。而联合国的定义中有关精神虐待、物质虐待和疏忽照料的行为，在我国《老年法》中虽有所体现，比如，侮辱、诽谤老年人，盗窃、诈骗、抢夺、勒索、故意毁坏老年人财物，赡养人不履行生活照料和精神慰藉老年人的义务等，但对于其行为是否构成虐待老人并没有做出明确规定。

基于此，笔者给"虐待老人"所下的定义是，在家庭养老或机构养老中，负有责任关系的人的作为或不作为，导致对老年人的伤害，包括身体虐待、精神虐待、物质虐待和疏忽照顾。这一定义将联合国定义中的"本应充满信任的任何关系"范围缩小，强调"负有责任关系"的当事人所应承担的义务和责任。

一、农村虐待老人的类型

（1）身体虐待，是指重复性的某一单类的行为或长期行为。长期行为包括施加能够造成痛苦或有害身体的不适当的限制或禁闭。身体虐待的后果既可以是受到虐待的有形标志，也可以是明显的心理上表现，例如外出活动减少、困惑以及行为方式上的改变。

HCM09 只有一个儿子，老伴早走，好不容易给儿子盖起新房，娶了媳妇，以为会好好享享儿子的福，然而没曾想是他噩梦的开端，他的媳妇总想和他的儿子另过，希望他搬出去住，他不愿意搬出去，因为他把所有的积蓄都花在盖房子和儿子的娶媳妇上,他没有能力再盖房子,他经常用一些传统的观点和儿媳妇讲道理,希望儿媳妇能够让他留下来和他们一起住,每次都闹的不欢而散。有一年儿媳妇的钱丢了,硬说是他偷走的,冲突中媳妇不但辱骂他还动手打了他,他向儿子哭诉,刚开始儿子还能说说媳妇,后来媳妇动不动就打他,儿子最后也烦了,有一天他的儿子冲着他声色俱厉地对着他大叫,叫他滚出去。

HCM09 说:"听到儿子无情的话,我像整个天都塌下来了,我只有一个儿子,俗话说'养儿防老',没想到不但不能养老,还得到儿子媳妇的打骂,天能盖地,地能容人,而他们连我这个没有几年活头的老人也容不下。"说到这的时候,他满脸泪痕。

HCF04 年轻的时候居住在武汉市,可是在三年自然灾害的时候,在城市实在无法生活下去,为了不让自己年幼的孩子饿死,她和自己的丈夫一起移居到丈夫老家的农村谋生,含辛茹苦终将孩子们养育成人、成家后,她的丈夫生病死了,后来大儿子也因为疾病去世了。但她的二儿子丝毫不念老母的养育之恩,经常责怪自己母亲不该从武汉定居到农村,要不自己也是一个武汉人,哪会像现在过得这样辛苦,真是贻误了自己前程。因此他经常借口这件事打骂自己的母亲,她在儿子家度日如年,终日以泪洗面,最后儿子竟将老母赶出家门让她另过,她实在没有地方可以过日子啊,夜晚睡在猪圈里,时间达四年之久。

HCF04 说:"他们住洋楼,我住猪圈我没有意见,我只希望儿子媳妇不要再打我骂我,能够提供粮食让我再活几年。要知道当时如果我们不迁居到农村,他们早就饿死了,哪有现在的日子啊。"

养儿防老,儿子赡养老人是天经地义的,然而子女却容不下父母,骨肉相煎何太急,真是不肖子孙自作孽,流不尽的暮年泪。

(2)精神虐待、心理虐待或长期口头侵犯,包括那些贬低老年人、伤害老年人、削弱老年人的个性、尊严和自我价值的言词和交往。这种虐待行为的特点是:缺乏对老年人的隐私和个人物品的尊重;不考虑老年人的愿望;剥夺老年人接触对其来说是至关重要的人的机会;不能满足老年人在健康和社会方面的需要。受到精神虐待的标志可表现为严重的心理问题,如恐惧、做决定的能力差、冷漠、不与人交往和忧郁症。

XTF10 生有六个子女,早年丧夫,平时省吃俭用,积攒的钱都花到儿子成家立业上去了。到了晚年,老人多病,不能下地干活,要求子女赡养,可没有一个儿子理睬,村里干部干预,儿媳不听,老人无奈,申诉到法庭。经调解,每个儿子每年给老人 100 斤生活粮。但是他的二儿子变着法不肯给,后在法庭强制执行下,老二才勉强给了老人 92 斤粮。问其少给的缘故,儿子竟说扣去 8 斤"种子粮"。老二家里养了两条大狼狗,有时一天要喂好几两肉。但他有肉喂犬,无肉敬老娘。逢年过节,看不到他送一两肉给老人，并厚颜无耻地说："肉，调解书上没写！"

XTF10 说："养儿养女图了啥，不就是图晚年能有人照顾我吗？可是我的命怎么这么苦啊，我养了几个白眼狼，每次想到二儿子在村里对我的辱骂，我实在不想活了，我连他养的狗都不如。"

XTM04 老伴去世后，三男二女都一一成家立业。老人的财产也都分掉，自己居住。老人想找个伴儿相互照应，后经人介绍与一妇女情投意合，愿结秦晋之好。老人将儿女找来商议，提出自己的想法。话未说完，就遭到儿女们的讥讽和打击。

XTM04 说："儿子媳妇他们不但不照护我，当知道我想找个老伴时，他们说的话真让人寒心，说什么我老不正经，特别是媳妇们更是过分，她们不但对我这样辱骂，而且还大声张扬出去，让我在村里抬不起头，搞得我都没有脸见人了。"

（3）经济剥削或物质虐待，包括非法使用或不适当地使用或侵吞老年人的财产或资金；强迫老年人更改遗嘱或其他法律文件；剥夺老年人使用其控制个人资金的权利；经济骗局以及诈骗性计划。

HCM02 老伴病故后，与三儿子生活。后三儿子娶妻，说是要到外面做生意，向他要走了老人全部的积蓄，后来得知他在妻子娘家盖了 5 间大瓦房，干脆和岳父同住，抛下他一人独居。其后，老人积劳成疾，得了风湿病，生活无法自理，兄弟三人无一上门照料。老父无奈，告到法庭，经调解，做出三兄弟轮流供养老父一个月的决定。但二媳妇说他把所有的钱都给了老三，应该要老三养老，她蛮不讲理，威逼丈夫不许老人进门，并且谩骂他，他心灰意冷，只好在外搭一个窝棚居住。

HCM02 说："我非常生三儿子的气，连我这样老人的一点养老钱也骗，临老没有人照顾我，我的命真苦啊。"

（4）疏于照料，不提供适当的食物，干净的衣服，安全、舒适的住所，良好的保健和个人卫生条件；不准与外人交往；不提供必要的辅助用品；未能防止老人受到身体上的伤害，未能进行必要的监护。照料老人者可能由于缺乏信息、技能、兴趣或资源而未能提供老年人的基本用品。疏于照料的标志包括能够表明老人身心状况欠佳的各种外在症状，例如脸色苍白、嘴唇干裂、体重减轻、衣着邋遢、颤抖、缺少辅助用品、个人卫生差、不能自制、身上长疮、皮肤与口部溃疡和身体及精神状况恶化。有时，禁闭和不适当地大剂量用药也是疏于照料的一种表现形式。

XTF03 一辈子养了两儿六女，老伴去世后，老人自己不愿意与儿子过日子，于是在儿子的帮助下搭起了一个小窝棚，不想一住就是二十年，她的两个儿子前些年对她什么都不管，老人靠自己的劳动养自己，最近几年老人的身体逐渐变差了，可是两个儿子还是不愿意把她接到家里去照顾，老人饥一顿饱一顿，幸好她的几个女儿能够送点钱给她用，但是没有一个女儿愿意把她接到家里去照护。

HCF09 中年丧夫,含辛茹苦将五个子女拉扯成人。五个孩子相继结婚和出嫁后,她那时刚刚 60 多点,身体还是很健康的,这个时候五个子女都要求她与自己一起生活,为的是给自己干家务、看孩子。她念小女儿体弱多病,便到了小女家,帮助小女儿家看家、做家务、带小孩。然而她这样的一个决定,让其他的孩子很不舒服,因此其他四个子女竟不再与母亲往来。不料小女婿得病瘫痪,家庭经济拮据,HCF09 年老时要求其他四女负担赡养费,均遭拒绝。她的三个儿子,对她的意见最大,说他们需要帮助的时候不帮助他们,她砖瓦墙不靠,要靠土墙,一个儿媳说既然她担心小女儿的身体,那就要小女而养老吧,我是不管她的。

二、农村老年人受虐后保持沉默的原因

(一)"血浓于水"的血缘关系

亲情是一个人一生中最难以忘怀的情感,而父子之间血浓于水的血缘亲情更是剪不断理还乱的情感。再多的恩怨情仇,作为父母的都可以原谅自己的子女,"养儿一百岁,长忧九十九"是中国父母的典型写照,天下无不是的父母,父母为自己考虑的多,而知父母心,报得三春晖的子女少。

因此农村的老年人一般从血缘关系入手,对他们的子女舐犊情深,他们不管受子女多大的伤害,往往会基于亲情原谅他们,理解他们,从来没有想到举报自己的子女,更加不愿他们受到法律的制裁。他们会从自己的角度去寻找自己受虐待的原因,有的老人常常以"子不教,父之过"来责怪自己,觉得子女的施虐行为是自己当初管教不严的结果,子女的错误是自己年轻的时候错误教育导致的。另外从访谈中,笔者得出了一个特殊的现象,那就是很多受虐待的老人认为儿子的不孝、虐待自己的行为都不是他的本意,他们相信他们的本性是热爱自己的,他们之所以虐待自己,是因为媳妇的唆使导致的,把对被虐的愤怒和不安转嫁到儿媳妇的身上。

XTF01 是一个苦命的老年人,她的老伴在"文化大革命"的时候被打为右派,在无休止的批斗折磨下,他经受不了残酷的吊打,在一次上厕所的时候,在厕所里上吊自杀。死的时候她唯一的儿子才十几岁,她既当妈又当爹辛辛苦苦把儿子养大,给儿子娶了媳妇,盖了房子,以为儿子会孝顺自己,能让自己好好地享享子孙福。没有想到她和自己的儿子媳妇合不来,经常吵架,她在儿子家实在无法安身,只好搬出去另过。

XTF01 说:"我儿子的本性是不坏的,我把他养至成人,几十年的生活我了解他的本性,他之所以赶我出门,是因为受了儿媳妇的唆使。为什么呢,因为 80 年代,平反的时候,由于我的老伴死的早,政府为了照顾我,给了我一些生活补贴,每月都有一点钱,儿媳妇总是希望我把所有的钱都给他们,老年人都想留点钱好防身啊,我说我死后,我就一个儿子,钱到时候还不都是你们的,可是儿媳妇却迫不及待

希望我把所有的钱都给她。为了这个事情，经常挑拨我和儿子的关系，让我的儿子夹在中间不好做人，最后儿子也被她说服了，他们两个人合伙欺负我、辱骂我，就差打我了。"

当我们问她为什么不找人评理，或者到法院告他们，XTF01继续说："他是我养的，我希望他过得好，再说了虎毒不食子，毕竟他是我的儿子，所有的事情我只有打掉牙齿和血吞，要怪只有怪自己的命不好，儿子娶了一个蛮不讲理的媳妇回来。"

(二)传统文化的原因

"家丑不可外扬"是中国人特别是保守的农村老年人遵循的一个至理名言，他们一般会自觉遵守这一行为准则，再加上把这样的事情公诸于众，不但会让自己一家人没有面子，而且也解决不了什么问题。他们往往担心他人知道自己的子女、配偶等有虐待自己的行为，会有失情面、损害名誉，而不想报告虐待事件。而这一传统文化助长了虐待的风气。

XTF05育有一子一女，儿子结婚、女儿出嫁后，和邻村的一个老汉结婚另过。她说："以前我的两个子女还是很孝顺的，但是自从我和现在的老伴结婚后，他们再也没有来看过我，子女对我的改嫁一直不满，致使我年老后不仅得不到应有的照料，且常遭儿子或女儿的虐待。""以前和现在的老伴身体还好，能够自己养活自己，现在我们两个人的身体都不是很好，而现在的老伴没有子女，我希望子女能够接济一下我们，可是两个子女连看都不愿来看我一眼，他们觉得我老年改嫁让他们很没有面子，我们村还是很传统的，基本上没有老年人再婚的，女性老人再婚的就更少了，而且有好几个老年人很年轻的时候就守寡，一辈子辛辛苦苦养大自己的孩子，最后也没有得到孩子的善待。我再婚只不过是想找一个人互相照顾一下，减轻孩子们的照顾压力，可是他们却不领情，总觉得我的再婚，对不起他们死去的父亲，而且让他们在村里颜面尽失。最为棘手的是，我现在的老伴没有子女，我的两个孩子说，我不改嫁，只需要赡养我一个人，现在还要赡养两个人。因此他们两个人从来没有正眼看过我现在的老伴。"

XTF05继续说："虽然两个孩子对我们总是冷言冷语，既不来看我们，也不接济我们，但是我从来没有恨他们，谁要我做出了让他们没有面子的事情呢，再说了我也不愿到处投诉他们的不孝，毕竟他们是自己的子女，我也不想把家丑外扬，让所有的人都没有面子。"

(三)"老来从子"的顺从和依赖心理

现代化的一个后果就是老年人的地位迅速下降，在实行家长制的传统中国，一家之主一般是老年男性，他们掌控着家庭的所有资源，子女必须听他们的话。然而在现代化的冲击下，为了方便流动，家庭的规模越来越小，老年人都被留守在农村，没有年轻人照顾。并且随着他们年龄的增大，劳动能力的丧失，国家生活保障制度的不完善，他们成了社会资源越来越少的弱势群体，他们的养老基本上主要由自己的子女来完成。因此导致很多农村的老年人在生活上或心理上依赖施虐者，特别是自己的亲人，因为他们在找不到赡养替代来源之前，与其将至亲告上法庭、拆散家庭、丧失自己仅有的依靠、自己入住养老院，在一个完全陌生而且并不一定比原来大为改善的环境生活，还不如忍受吞声，继续接受被忽视照顾或被虐待的现实。

一些老人，在抚育子女成长过程中，教育不当、管教不严，导致子女为所欲为而目无道德、法律，为自己年老之时受害埋下祸根。还有些老人，特别是无收入的或疾病缠身的老人，对子女的不道德言行迁就忍让。在家中遭歧视、虐待却坚持家丑不可外扬，不主动向有关组织、团体反映自己的境遇以寻求社会保护，即使在邻里亲朋或居委会等组织、团体派人了解时仍不愿详陈细情，在某种程度上放纵了子女的不道德行为。

HCF11 说："虽然孩子们对我不好，经常打骂我，但我毕竟是他们的妈妈，他们也经常给我一点粮食和钱，我现在的年龄越来越大，身体也一日不如一日，虽然现在实现了新农保体制，我每月有 60 元的退休费，但是这点钱干什么都没有用啊，我没有求助的地方，我以后的生活还需要孩子们照顾，因此对孩子们的打骂，我都是逆来顺受的，毕竟我将来的生活还是需要他们帮助的。""你说我投诉我的孩子有什么好处，谁能够帮助我，我以后的粮食还需要子女给我提供呢，如果和儿子们的关系彻底闹僵了，以后我的生活能依靠谁啊，我还希望能够活几年呢。"

(四)施虐者的内疚痛苦感

人心都是肉做的，施虐者在虐待老人后，想着老人对自己的养育之恩，又会向老人表示悔恨，或者对老人又倍加关怀，这就会重新点燃老人的亲情与希望。过后又对老人施虐，如此反复，令老人无可奈何，只好继续忍受下去。

HCF11 说："我的大儿子和媳妇经常打骂我，但是有时候大儿子会良心发现，过来向我道歉，希望以后好好待我，可是每次他和媳妇吵架就会拿我出气，不管儿子怎么待我，我都必须认了，我以后还需要他们继续养我呢。"

三、子女虐待父母的原因

(一)社会保障制度中的养老制度的不健全

制度是一系列规范的总和，社会要和谐有序地进行，必须要有规范。规范的重要性自古人们都认识到了，为了稳定社会，人们在各个领域制定了规范，而且随着社会的发展，各种社会规范越来越多，各领域的规范也不停地完备。比如在经济领域我们发展出众多的规范，而这些规范的总和就构成了制度；同样的，在政治领域的规范构成政治制度；在文化领域的规范就构成文化规范；在宗教领域的规范构成宗教制度；在家庭领域的规范构成家庭制度；而在社会保障领域的规范就构成了社会保障制度。

2012 年 7 月 11 日，全国老龄工作委员会办公室副主任、中国老龄科学研究中心主任吴玉韶在接受新华网的采访时说，虽然我国老年人的收入稳步增长，但城乡间老年人收入还存在较大差距。城镇老年人以保障性收入为主要来源，而农村老年人以市场为主要收入来源，农村老年人脱离市场意味着失去了收入来源，养老也得不到有效保障。数据显示，城镇老年人近 75％是离、退休职工，再就业（含反聘）的占 7.2％。而在农村，有 44.3％的老年人仍在干农活，务工、做生意的仅占 8.6％。在社会养老保障（退休金、养老金）覆盖率方面，城镇为 84.7％，远高于农村的 34.6％，农村老年人平均月养老金为 74 元，仅为城市老年人平均月退休金（1 527 元）的近 5％。老年人平均年收入结构中，城市中老年人的养老保障占到 86.8％，而农村目前主要还是靠家庭和土地养老，养老保障只占到 18.7％。未来一个时期，养老保障的重要任务是实行养老保障的全覆盖。而且大部分农村老年人没有养老金，即使有也处于很低的一个水平，大部分还是用在生活上。

改革开放三十多年来，我国的社会保障制度得到了飞速的发展，但是农村的养老保障体制却发展缓慢，直到 2009 年我国才在农村颁布实施了新型农村社会养老保障体制，虽然国家的出发点是好的，提出城乡统筹的适合养老保障体制，希望能够实现社会养老的全覆盖，但是随着三年的贯彻实施，该制度在实际生活中还存在许多问题。首先，因为城乡二元体制的惯性使得 2009 年的新型农村社会养老保障制度还是没有得到国家和社会大量社会资源的投入，农村老年人的社会保障处于一个很低的水平。其次，农村老年人的社会保障的金额太少。据有关专家统计，说全国所有的老人社会保障覆盖率还不到 40％，而且每个老人的平均保障额只有 74 元，这样的一点钱对于老年人的养老来说仅仅只是杯水车薪，他们只能主要依靠自己的子女来完成养老的任务，而现在的年轻人的压力大，收入增长慢，不可避免导致虐待老人的现象发生。最后，制度设计有待继续优化，需要时间去通过实际经验继续完善。虽然我国《宪法》第四十五条规定"中华人民共和国公民在年老、疾病或者丧失劳动能力的情况下，有从国家获得物质帮助的权利，国家发展为公民享受这些权利所需的社会保险、社会救济和医疗卫生事业"。但是，我国在经济实力不强的背景下，迎来了老龄化的巨大浪潮，因此尚不具备向全体老年人提供完善社会保障的条件，还无力承担老年人的全部社会福利和社会保险项目，特别是农村老年人基本上还没有全部纳入国家的社会保障体系，他们的养老主要还是依靠家庭和子女赡养。在这种社会条件下，由于一部分人传统家庭道德和尊老风尚趋向弱化，老年人很可能处于被虐待的境地。

XTF03 说："现在的政府好啊,我每个月有 60 元的老年津贴,还有 60 元的养老金,虽然这点钱对于我的养老来说是微不足道的,但是毕竟我的手里有钱了,可以不用动不动就向子女求助,手中有点钱,底气都足些。"

XTF03 的话其实反映出了农村老年人的共同心声,不管国家给的钱是多是少,只要有,对老年人来说都是一个了不起的事情,因为他们有钱,就可以少依赖自己的子女,就不用什么都看子女的脸色。因此我国农村老年人受子女虐待是与我国的社会保障制度的不健全是紧密相关的。

(二)社会控制方面的原因

社会控制就是社会组织运用社会力量对人们的行动实行制约和限制,使之既定的社会规范保持一致的社会过程。社会控制是建立在既定的社会规范之上的,并主要表现为外在力量的施加,但它并不排除个人内在约束力的发挥。社会控制有广义和狭义之分,广义的社会控制,泛指对一切社会行为的控制;狭义的社会控制,特指对偏离行为或越轨行为的控制。

社会控制是一个社会能够正常有序运行的关键,也是制约一个人行为的工具。正如弗洛伊德所说的那样,每一个人都有潜意识,它追求的是一种快乐的原则,而事实上我们很多的潜意识并没有表现出来,就是因为有前意识——社会规范来压制那些不合乎规范的潜意识表现出来,这种遵从现实原则的前意识就是社会的规范,通过个体的社会化而自觉主动地遵循的规范,也是人类社会对个人行为进行控制的前提。

我国几千年来封建统治阶级、社会以及传统文化发展出诸多的控制机制,来约制人们的行为。修身齐家治国平天下,就是儒家思想传统中知识分子尊崇的信条,以自我完善为基础,通过治理家庭,直到平定天下,是几千年来无数知识者的最高理想。然而实际上,成功的机会少,失败的时候多,于是又出现了"穷则独善其身,达则兼济天下"的思想。"正心、修身、齐家、治国、平天下"的人生理想与"穷则独善其身,达则兼济天下"的积极而达观的态度相互结合补充,几千年中影响始终不衰。而齐家居于第二位,因此传统中国特别在意家庭的和谐、和睦,上行下效、三纲五常、父慈子孝,孝悌等思想,都是来形容传统中国中家庭里的代际关系规范,同时每个地区、每个农村又按照传统儒家的思想发展出许多道德、风俗、习惯等规范来维系家庭的和谐与稳定。在传统中国如果有子女不孝虐待自己的父母,那么全村的村民都会以道德、风俗、习惯等规范来约制子女的行为,轻则批判、鞭挞,重则处死,在这些规范的制约下,传统中国的村民不敢越雷池一步,自觉主动地赡养自己的父母。在我国几千年的发展过程中形成的、并在现实生活中实行的反哺式赡养或称为亲属保险式赡养模式,对家庭、社会的稳定、发展起着积极作用,而被称为中华民族的美德,被农村的年轻人自觉地遵守。

　　新中国成立后,我国实行法治,颁布实施了《婚姻法》,同时与传统的中国文化想并存的方式来约制年轻人遵守赡养老人的规范。我国《婚姻法》也以此国情特色为基准,明文规定子女有赡养和辅助父母的义务。正是由于发挥这种传统道德及法律等的约束、制裁作用,我们才有目前这良好的尊敬老人、保护老人的社会大环境,较好地约束、制约了歧视、虐待老人的行为。但是随着我国现代化的快速发展,现代化导致传统文化的覆灭,以前那种控制农村年轻人的规范在现代化面前丧失殆尽;利用传统道德、风俗和习惯控制人们行为的制度和组织不复存在,如以前农村的家长制、宗族制;农村组织的缺乏导致了"各人自扫门前雪,莫管他人瓦上霜"的现状,即使有子女虐待自己的父母,也没有人出面来帮助弱势地位的老人。究其原因有如下几点:①法律的不完善。我国颁布的现行法规对虐待老人的执法问题过于笼统、原则,没有一定的量刑尺度,有时容易造成执法人员的随意性,让虐老之人逍遥法外。②老龄组织虽有强硬的职能,但在实施过程中,受诸多环节的制约,不能尽快到位,甚至不能到位。③尊老敬老养老还只是"软"任务,没有真正引起全社会的重视。

　　虽然传统文化的丧失以及控制人们行为的制度和组织的消失了,但是新的制度和规范却没有建立起来,或者实施中存在问题等原因,导致现代农村中虐待老人的现象时有发生。

　　首先,我国虽然制定了《婚姻法》,也制定了《老年人权益保障法》,但是这些法律的实施却存在问题。不像传统社会的社会控制机制,可以随时随地控制农村年轻人的行为,这些法律和法规不会自觉主动地去控制农村年轻人的行为,导致一种事实上的失范状态。其次,虽然我国有些农村老年人根本不知道法律的存在,或者有些人知道,但因为家丑不可外扬,社会保障机制不健全,虎毒不食子等顾虑下,很少有老人会起诉自己的子女,而我国的法律有"清官难断家务事"、"不诉讼不追究"的原则,因此许多虐待老人的事件的发生得不到法律的有效制裁,从另外一个侧面助长了子女虐待老人的行为。最后,中国农村传统的控制村民行为的组织消失后,没有出现相应的符合现代精神的组织出现,没有组织,老人即使受到虐待没有寻找帮助的地方,老人也只有打掉牙齿和血吞。

　　这种状况,就是迪尔凯姆所说的失范状态,这是失范状况导致的社会控制机制的缺失,使得农村老年人受虐待的现象时有发生而不得绝迹,说明我国的法律在农村地区的社会控制作用还未得到充分发挥。尤需强调的是法规不够健全、法律手段运用乏力,对歧视、虐待老人者,以往根据一些法律条文给予裁决处理,但却无严密而具体的系统去保护老年人权益,没有组织主动地利用法律、法规去控制农村年轻人的虐老行为,难以更有力地威慑、制裁不道德及违法者。

　　HCM07的遭遇就是一个典型,他受儿子媳妇大孙子的虐待,只有他主动去法院状告自己的子女,才有组织来干涉,而且即使干涉也不能保证子女能够真正实施法院的判决。每次到法院不但要出诉讼费,而且诉讼导致老年人和子女的关系更加恶劣。在这种吃亏不讨好,而且在家丑不可外扬、虎毒不食子、以后还是要靠儿子养等的观念下,很少有老人会因为自己受虐待而诉讼自己子女的事情法身,而子女的行为没有得到应有的制裁,也会助长农村年轻人虐待老人的风气。

(三)社会文化的原因

文化是一个小团体内部共享的,需要学习得来的意识、规范、行为方式和价值观。文化有诸多功能,而它的社会控制功能是所有功能中最为重要的一个。文化都是人们在社会化过程中,通过学习得来的,社会化的方式很多,有强制的社会化、非强制的社会化;积极的社会化和消极的社会化;外在社会化和内化等方式。当文化经过社会化过程内化到人的头脑中,个人自觉主动地遵守文化规范时,文化就发挥出了调整人类行为,让人们自觉遵守文化规范的控制功能。而文化的控制功能一旦在调整人类行为中发挥功能后,这种力量就会非常的强大。

在传统社会中忠信孝悌、父慈子孝、三纲五常等传统文化,通过内化的方式成为传统中国农民的行为准则,而且一旦有人试图越轨,农村的家长制、宗族制等就会自觉主动地发挥文化的控制功能,就会利用如禁闭、浸猪笼等严刑酷法来严惩那些挑战传统文化的人。因此在传统中国里婆媳冲突中,公婆的社会地位处于支配的地位,子女都处于服从的地位,孝顺公婆是每一个子女自觉遵守的行为规范,因此就很少有虐待公婆的现象出现。

(1)可是随着现代化深入的发展,起到社会控制功能的传统文化在中国农村地区基本上消失殆尽,虽然这些文化可能还存在于中国农村地区,但是这些文化起到控制功能的组织没有,人们违法这些文化的成本极其低廉,导致农村地区虐待老人的现象时有发生。

(2)而社会文化控制功能失效的另一个关键原因是我国农村地区出现的文化滞后现象,传统中国农村地区文化的控制功能都是通过人治的方式来发挥作用的,但不可否认,这些方式的控制对农村地区的秩序稳定发挥着重要的作用。而现代化的一个典型特征就是通过法治来实现对人类行为的控制。我国在发展中,对传统文化采取破坏式的消灭,一味地追求法治。加上人们在市场经济浪潮中,变成了经济理性人,他们在成本和收益的权衡中,选择自己的行为方式。这一行为方式的后果就是大大地推动了农村地区的经济发展,而另外一个后果就是因为赡养老人得到的收益要远低于成本,因此在物质利益前,人们选择忽视、拒绝赡养和虐待老人的方式来对待自己的父母。同时我国社会特别是农村社会在传统文化消失的同时,没有能够创造出一种新的适应农村地区的文化,导致农村地区的物质文化和精神文化的严重脱节,没有文化和规范的物质利益的追求,会导致人们精神世界无所适从。

（3）由于农村传统文化控制功能的丧失，新的控制村民行为的文化还没有及时建构出来，许多虐待老人的现象没有得到即时的处理，违法的成本极其低廉，加上理性经济人的假设，人们总是会采取趋利避害的方式来选择自己的行为。一旦虐待老人作为一种风气存在于农村地区的时候，很多村民就会认为虐待老人并不是什么罪大恶极的事情，如是在村民的头脑中建构出一种新的规范——虐待老人是合乎村庄规范的行为，反而孝顺老人是一种傻子行为。一旦这种意识建构出来，就会形成农村社区人们行为的规范，这种行为规范会作为一个符号存在于子女和老人的互动之中。

（4）计划生育的实施，人们子女的减少，形成了父母对子女娇生惯养、子女对父母呼来喝去的农村家庭文化。一些为人父母者，对子女教育或棍棒相加或放任自流，也不乏"含在嘴里怕咽死，托在手上怕跌死"的父母，俗话说"惯养忤逆儿"，结果导致一些孩子自小放纵成性、无法无天、为所欲为。一方面，父母从小对子女过分溺爱，造成这些孩子成人后对父母的叛逆，进而转为不义不孝，贪图个人或小家庭私利，把与父母之间亲情关系演变成金钱关系，有钱是爹娘，无钱便是累赘；另一方面，不少老人存有"家丑不可外扬"的心理，在遭受虐待之后往往一忍再忍、委曲求全，这是不少老年人在家庭中受到虐待的主要原因。据访谈的44位老人的资料表明：其中有34位老人受到过子女不同程度的虐待，而他们中80%的人宁肯"打碎门牙肚里咽"，也不愿迈出家门诉诸法律求得自身权益的保护和问题的公正解决，尽管有的到了难以生存的地步。也有些被虐待老年人在感情和精神都绝望和崩溃之际，被迫走上轻生的绝路。另外，我国社会转型时期出现了浮躁的心理氛围，青年人和老年人之间的隔阂与代际矛盾无论在家庭里还是在社会上都日趋加深，一部分老年人把自己的交往圈子封闭在老年群体而极少同青年与中年人接触，从而加剧了日益强化的"孤寂感"，青老之间的隔阂和矛盾又进一步导致了家庭中与子女关系的恶化。尽管老年人过去曾为国家建设、社会发展、抚养子女做出过很大贡献，但老年人的地位和作用却越来越被忽视，养老敬老的传统日渐淡薄。有些人不仅在精神上抛弃了老人，不仅没有对上一辈人的贡献和父母的养育之恩深怀感激，相反抱怨老年人没有为自己留下可供继承的财富，埋怨老年人占了下一代人的"便宜"，从而导致对老年人精神、经济、生理需求的忽略，甚至发展为对老年人的虐待。人总是会老的。羊有跪乳之心，鸦有反哺之义，更何况是我们的衣食父母！多给老人一些关心和帮助吧！为了我们的今天，也为了我们的明天、后天……

前面的个案 HCM09、HCM04、HCM02、HCF09、HCF11、XTF10、XTM04、XTF03、XTF01、XTF05 等都存在这方面的原因。

（四）压力论

由于二元体制的存在，我国农村老年人被排斥在社会保障体制之外，虽然我国与 2009 年颁布实施了新型农村社会保障制度,但是覆盖率低,养老金少,农村老年人的养老基本上还是有子女来完成的,加上计划生育的实施,农村老年人的子女越来越少,压在子女身上的养老压力越来越大。

照顾老年人是一项困难和充满压力的活动,对失能老人的照顾更是如此,失能老人的衣食住行都需要子女长年累月的照顾,一天两天还可以,时间长了后,会给子女的精神和体力造成沉重的压力,俗话说,"久病床头无孝子"。在老年人的精神或身体有病的情况下,如果照顾老人者对所承担的责任和义务缺乏必要的知识和心理准备,则尤其如此。因此学者们认为,照顾老年人的压力的加重会导致老年人在家庭里或社会上频频遭遇身体虐待或供养忽视等问题。

家庭护老者主要是配偶、子女和老人的兄弟姐妹。家庭护老者的压力如下:对父母身体上的照顾和持续不断的关心令子女心力交瘁;患长期病或精神紊乱的老人常会不由自主地发怒,他们的一些行为会令子女困扰和产生强烈情绪回应;长期陪伴患病老人的痛苦会影响老人的身心健康;当子女知道不能再给予老人需要的个人照顾会感到内疚;一些独立承担照顾的子女会感觉无助、忧虑和社会孤立。

HCM06 是笔者访谈中的一个失能者,有一天他摔在地上后再也没有爬起来过,儿子把他送到医院,发现他中风了,丧失了生活自理能力,但保存了一些语言功能。他说:"我躺在床上快一年了,生活全部靠儿子。儿子经常抱怨我,说我是他的冤孽,儿子既要干农活,又要照顾我,他现在明显瘦了,动不动就发火,我也知道我连累了儿子,害得儿子没有时间到城里打工,由于在家的收入低,儿媳妇经常和儿子吵架。有时候儿子用手使劲地打我没有知觉的下身,经常骂我为什么不早点死。我也想早点死啊,可是我躺着不能动,即使想自杀也没有能力,我现在最伤心的是拖累了儿子。"

(五)暴力循环论

社会学习理论是由美国心理学家阿尔伯特·班杜拉于 1977 年提出的。它着眼于观察学习和自我调节在引发人的行为中的作用,重视人的行为和环境的相互作用。社会学习理论强调观察学习在人的行为获得中的作用,认为人的多数行为是通过观察别人的行为和行为的结果而学得的,依靠观察学习可以迅速掌握大量的行为模式。重视榜样的作用,人的行为可以通过观察学习过程获得。但是获得什么样的行为以及行为的表现如何,则有赖于榜样的作用。榜样是否具有魅力、是否拥有奖赏、榜样行为的复杂程度、榜样行为的结果和榜样与观察者的人际关系都将影响观察者的行为表现。强调自我调节的作用,人的行为不仅受外界行为结果的影响,而且更重要的是受自我引发的行为结果的影响,即自我调节的影响,自我调节主要是通过设立目标、自我评价,从而引发动机功能来调节行为的。主张奖励较高的自信心,一个人对自己应付各种情境能力的自信程度,在人的能动作用中起着重要作用。它将决定一个人是否愿意面临困难的情境,应付困难的程度以及个人面临困难情境的持久性。如果一个人对自己的能力有较高的预期,在面临困难时往往会勇往直前,愿意付出较大的努力,坚持较久的时间;如果一个人对自己的能力缺乏自信,往往会产生焦虑、不安和逃避行为。因此,改变人的回避行为,建立较高的自信心是十分必要的。

简而言之,社会学习理论认为人的行为是通过向榜样学习的过程中得来的,在这个过程中如果给予了相应的刺激,就会行为固定的行为模式。

暴力循环论实际上就是社会学习理论,该理论认为某些存在较明显和较严重的暴力行为倾向的家庭都有虐待老人或向老人施暴的家庭史。究其原因,由于暴力是一种学习行为,很容易一代又一代地传承下去,也就是俗话说的"上梁不正下梁歪"。所以在有暴力倾向的家庭里,当家庭里出现人际关系紧张或人际关系冲突的时候,由于承担照顾老人责任的成员没有学习过采用其他方法进行反应,他们往往习惯性地做出虐待老人的行为。有关研究发现,许多虐待者在童年时期也遭受过虐待。父母之间的虐待以及成年子女对老年父母的虐待行为,会对家庭其他成员带来严重影响,导致他们在成年后也以粗暴的态度对待父母、对待配偶、对待子女,甚至进行暴力虐待。

访谈中,HCM02给笔者讲过一个故事,他说:"每个人都会老的!善有善报,恶有恶报,不是不报,而是时间未到。"他继续说:"我们村有一对年轻夫妇,家庭生活条件优厚,但他们老觉得卧床多病的老母拖累他们,在一个月黑风寒的夜晚,夫妇将老人用绳子勒死,而后叫6岁的儿子将绳子扔掉,儿子却要把它藏起来。母亲不解,小孩竟说,等你们年纪大了,有病我也用它勒。虐老现象在幼小的心灵上投下了阴影,尊老养老如不从小抓起,后果将会怎样?"

这个小孩的话是多么纯真,他父母的行为又是多么可恶!赡养老人,自古以来就是天经地义的事,古训曰,十恶之律,不孝是一大恶,即使遇到大赦之年也不在赦免之列,因此为了我们的明天,还是给自己的孩子树立一个好的榜样。

(六)个人行为论

个人行为的触发与一个人的意识、人格、行为方式、学历等多种因素紧密相关,而笔者在访谈中发现,有充分的材料显示,虐待老人的倾向与虐待者的心理素质、精神状态、个人行为有密切关系。性格温和、善解人意的人,即使在家庭中居于支配地位,也较少有虐待老年人的行为。而性格粗暴、不知道尊重别人的人,虐待老年人的可能性就要大得多。虐待行为不同于一般的家庭暴力,它是一贯的行为,而不是情绪一时冲动所致,一般人是做不出来的。还有一些案例说明,某些虐待老人者存在精神障碍。有些精神障碍者在人格障碍、情感障碍、智能障碍、思维障碍的影响下,也可能发生暴力虐待。

个人的行为方式也影响到他们对老年人的虐待,在所有虐待老人者中,较之没有虐待行为的成年人,虐待老人者多数有酗酒、吸毒、精神或心理不健康等这样或那样的个人行为问题,这些有行为越轨倾向的成年子女平时对其父母有一定的依赖性,一旦年老的父母不能向他们提供支持,或不能满足他们的要求时,以老年父母为施暴对象的虐待行为就会频繁发生。

同时,虐待老人实质上是一种越轨行为,而按照默顿的越轨理论可以知道,人的行为都有目的和手段,只有目的和手段都合法的行为才是正常的行为,他们中间任何一个非法,或者两者都非法的行为就是越轨行为。虐待老人的子女中,从访谈中发现,很多有行为问题的子女总是想得到父母的帮助,一旦他们的愿望成空,就会对自己的父母进行虐待。

XTM01 说:"我养了两个儿子,小儿子是个好吃懒做的人,小儿媳妇智力不是很好,根本无法对他的行为进行约制,最后两个人破罐子破摔,两个人都不认真种地,家里乱七八糟,没有一件看得上的家具。小儿子还有一个行为问题就是一天到晚想着打麻将、赌博。没有钱了,就找我们两口子要,我们都快 70 了,每年在田地里的收入有多少呢,他们又不养我们,临老还有找我们要钱,我们拒绝给他钱,每次拒绝他的时候,他都会用很难听话骂我们,有几次还打了我和老伴。"

(七)老人无能论

在传统社会里,老人是经验的传播者,是对年轻人社会化的主要实施者,年轻人要战胜自然,必须依靠老年人,因此老年人的地位很高,老年人被年轻人当作宝加以尊敬。

而在现代社会里,人们经验的获得有了很多的途径,社会化的途径也非常的多,随着老年人的老化,他们的能力普遍降低,随着他们拥有资源的数量越来越少,他们的地位在现代生活里极其低下,沦落为社会的弱势群体。现代社会是一个"实用主义"盛行的社会,社会明显地向年轻人倾斜而老年人受到歧视。青年人与老年人之间的隔阂和代际矛盾日趋加深,他们忽视老年人过去的贡献,抱怨老年人占了青年人的"便宜",这反映了当代社会伦理道德观念的混乱状态。老年人退休后,一般被置于社会的次要位置,甚至被认为是社会上的负担而被视为"依赖者"。在社会上,诸如"讨厌的饶舌者"、"失败者"、"纯消费者"和"一无是处的人"之类的贬义话语通常是与形容老年人相联系的。一些老人也无意识地受到这种看法的影响,自认为是失败者,过着与社会隔绝的生活;另一些老人则不承认自己的老年状态,而拒绝与其他老人相处和交往,从而使自己事实上处于另一种孤立处境。

在布劳的《生活中的交换与权力》一书中,他指出一个人是否拥有权力是与他拥有的资源紧密相关的,现代社会中,特别是农村社会的老年人,他们没有收入来源,身体越来越差,在与自己子女进行交换的过程中,处于一种弱势的地位,而他们必须要指望自己的子女赡养自己，因此对子女的虐待只能逆来顺受，这样的后果就是助长了年轻人虐待老人的风气。

HCM06说："我瘫痪在床，不能下地干活了，收入完全没有了，所有的生活开支必须要依靠自己的子女，儿子经常骂我一点用也没有，有的只是折磨他，想想以前我能够参加劳动，经常能够给儿子贴补一下家用，那时儿子对我的态度非常好，基本上没有骂过我，也没有打过我。我瘫痪后，儿子打我骂我的次数多了，对于他的打骂我也只能忍受。"

（八）老人无权力

"权力"是指对物质资源、智力资源及思想意识这三个方面控制的一种能力。无论个人或群体，控制的资源越多或对思想意识的控制程度越高，拥有的权力范围就越大，被赋予的决策权就越大。在对受虐待老年人的访谈中可以看到，老年人尤其是正在遭受虐待的老年人，他们是相对无权的群体，这是他们遭受虐待的重要原因。

从个人层面上看，由于老年人到了离退休年龄离开了工作岗位或是原本依靠体力劳动的现已失去了劳动能力，其经济收入普遍低于原就业时的收入水平，基本上处于中、低收入状态，占有与控制的物质资源变得很少甚至没有。这必然带来老年人心理上的震荡与改变，如对自身价值的怀疑与否定，进取心变差，风险承受力变弱，情感上有更强烈的归属需要等等。

从社会环境及个人与社会环境的互动来看，每个社会都有年龄分层体系，它以年龄为依据而规定了人们的社会角色和地位。对于老年人口来说，年龄分层具有特别的重要性。传统社会中，老年人口因为拥有大量的生存经验而拥有社会资源和社会地位，因而广受尊敬；同时，老年人多是一家之长，因而在家中也具有绝对权威。但是随着时代和社会的变迁，家庭的规模和结构逐渐改变，家族代际之间、男女家庭成员之间关系开始趋向平等。

因此老年人对家庭的权威统治便逐渐消失，对家庭经济的支配权以及家庭地位也随着经济收入、物质资源占有量的减少而减少和降低。尤其在现代社会，人们地位的确定不再主要依靠年龄和经验，而是主要依靠获取经济资源的能力、对政策制定的影响力以及对社会关系网络的拥有能力，而这些资源对于老年人来说是相对缺乏或日益减少的。因此，现代社会老年人口地位下降就成了一种必然。这些都使老年人成为相对无权或绝对无权的群体，人们容易忽视、侵犯老年人的合法权益。又由于生理的自然衰老，部分老人逐渐失去自理能力，身体的衰落和精神的衰退，导致在生活起居方面须依赖他人，且随着老人身体状况的恶化，依赖性将日益增强，这使得承担照顾老人责任的人员所承受的各种压力越来越大，因此，与尚能自理的老人相比，这些老人遭到忽视和虐待的可能性更大。

考察农村社会中的虐待老人事件可见,很多老年人自我保护意识弱(即思想意识控制资源的弱化),又认为自己是社会和家庭的负担,遭到虐待后往往忍气吞声,不知道用法律手段来维护自己的合法权益,甚至怕自己遭虐待的事实说出后被人议论,坏了子女的"名声",这样不仅无益于摆脱困境,反而使虐待行为得不到制止而蔓延。

上述状况说明,老年人尤其是遭受虐待的老年人已成为社会弱势群体,他们无力解决面临的困难,因而需要社会的支持和帮助。

四、对被虐待老年人的社会支持

(1)贯彻落实《老年人权益保障法》和其他有关法律,是保护和援助被虐待老年人的主要武器。《老年人权益保障法》规定"赡养人应当履行对老年人经济上供养、生活上照料和精神上慰藉的义务","赡养人是指老年人的子女以及其他依法负有赡养义务的人。"老年人在遭到赡养人的虐待和不法侵害时,一是自己要学会拿起法律的武器,依法保护自己的合法权益。这样做,不仅是保护自己,保护家庭,同时也维护了法律的严肃性。二是执法机关应加大执法力度,不应把欺老行为视为"家务事",而采取放纵态度,司法部门要重视涉老案件,加大判决的执行力度,以支持老年人通过法律途径保护自己合法权益;社会各有关方面也应积极为老年人提供法律帮助和司法援助。

(2)大力宣传老年人的婚姻自由,教育家庭成员、亲属、子女要理解孤寡老人的心理和需求,支持他们重建新家庭;社会上也要为老年人创造必要的条件,使老年人在丧偶后仍能过上幸福愉快的家庭生活。要反复宣传《老年人权益保障法》所规定的"老年人的婚姻自由受法律保护。子女或其他亲属不得干涉老年人离婚、再婚及婚后的生活"、"暴力干涉老年人婚姻自由,情节严重构成犯罪的,依法追究刑事责任"等规定,对那些非法干涉老年人再婚以及为争夺老年人财产或心怀其他卑劣企图而不择手段地虐待老人的人,应予论罪。

(3)大力兴办各种养老机构和为受虐待老年人服务的机构。由于我国核心家庭和独生子女的家庭不断增加。一方面,国家和社会要防患于未然,大力兴办各类养老机构,如敬老院、老人公寓、老人福利院等,使一部分有需要的老人能在养老机构里获得养老保障;另一方面,要在中国传统的"家庭养老"基础上,巩固和发展家庭网络关系,使老人在不与成年子女生活在一起的情况下,仍能作为家庭网络中的重要成员而享受到"家庭养老"的各项功能。同时,社会各相关方面也应向老人伸出热情的双手,如设立"维护老年人权益服务中心"、老年法律咨询站、老年人庇护所、医疗服务所等,调处有关老年人的人身、财产、婚姻、住房、赡养等方面的纠纷和申诉,向曾受虐待和寻求庇护的老年人提供社会、法律、医疗、精神卫生、康复等方面的服务和援助，从而减轻受虐待老人的身心痛苦，维护老年人的合法权益，缓解家庭矛盾，促进社会安定。

（4）加强"健康老龄化"的宣传教育，正确认识老年人的历史价值和社会作用，在社会上营造良好的尊老、爱老、助老的氛围，从而巩固理解和维护老年人权益的基础。老年是人类个体发展的一个自然阶段，老年人今天从家庭和社会得到的赡养、扶助和尊重，并非个人和社会的恩赐，而是他们过去投入的一种延期返还。他们应该享有其他公民享有的权利，有分享社会发展成果的权利。因此，应使社会成员重视虐待老人问题的严重性，对如何预防此类事件的发生有所认识，并向老年人伸出热情的援助之手。其内容包括成立"维护老年人权益服务中心"等非政府组织，宣传有关法律，对何为虐待老人的认知等；派遣经过培训的志愿人员去对需要照顾的老人提供非正式的服务，预防虐待老人事件的发生，或使某些虐待老人的事件及时化解于萌芽状态。要发挥新闻监督的作用，对那些遗弃、虐待、侮辱、歧视老人的典型案例给予曝光；支持理论工作者和实际工作者对老年人受虐待问题进行调查研究，并向政府和公众进行报告，推动政府决策和对加大对老年人权益的保护力度。

（5）加强农村地区新文化的建设。如前所述，在农村里，传统文化都毁坏殆尽，而现代的文化却没有建立起来，我国农村地区物质文明和精神文明之间处于一种失衡状态，因此要尽快改变这种文化滞后的状态，在农村建立一些新型的组织，充分发挥新型的农村文化的自觉主动的社会控制的功能，建构出一种新型的代际关系模式，改变现有的不良风气。

（6）为农村受虐待的老人进行增权。"empowerment"一词在中文中被译成了"赋权，或增权，或提升力量"，增权的视角强调个人的主观能动性和潜能，强调个人有能力、有机会为自己的生活做出决定，并采取行动。同时，增权的核心就是通过资源的提供、知识和能力的培养，个人能够从生活的被动的弱者，变成主动的强者，这样他们控制自己生活的能力就会得到提高，这些基本的理念，在很大程度上能够满足对受虐待老人建立救助小组的需要。

第六章 新农保体制下,农村老年人家庭养老的地位及演变路径

　　家庭是每个人不可或缺的,人一生中的绝大部分时间都在家里度过的,其决定着人的幸福感和意义感,并对人的身心健康造成直接影响,因此家庭作为一种社会制度在个人的生活中发挥着某种不可或缺的作用。家庭是人类社会最普遍的基础性社会组织和制度,它具有以下几个方面的功能:生产功能、消费功能、生育功能、教化和教育的功能、抚养和赡养的社会保障功能、闲暇生活和情感满足的功能、满足和规范夫妻性生活的功能、宗教生活的功能、实现社会控制的功能等等。家庭养老保障从家庭制度诞生之日起便具有这种功能,它是指由家庭向老年人提供的生活保障,包括经济保障、服务保障和精神慰藉等内容。我国《民法》规定,父母有抚养未成年子女的责任,而成年子女亦有赡养老人的义务,再加上"养儿防老"的观念至今仍在我国广大农村地区流行,因此在我国广大的农村地区的老年人的养老保障一般还是在家庭里完成的。

　　自1889年德国建立了老年保险后,对老年人的养老保障体制不断地加强和完善,社会养老保障就是指国家或社会通过立法和采取行政手段对国民收入进行再分配,以社会消费基金的形式,由于年老、疾病、伤残、死亡及其他不幸遭遇而使生存出现困难的老年成员给予一定的物质上的帮助,以保证其基本生活权利的措施、制度和活动的总称。随着西方发达国家现代化的发展,家庭养老保障逐渐被国家的社会养老保障制度所取代。

　　在农村老年人的平均寿命不断延长、老龄化日益严重以及计划生育执行下家庭养老日益沉重的情况下,2009年我国通过了新型农村养老保险政策,该保险条例的颁布实施对农村老年人来说,确实是一个利好的消息,因为从此以后,中国农村地区的老年人在年老的时候可以从国家那里得到一部分的养老金,虽然可能不是很多,但这是给他们增权的一个很好的政策,他们从此有了一部分收入,在老的时候不用完全依赖于自己的子女。然而事实上,我国现阶段的农村养老保障体制的覆盖率不足40%,而且平均每人的退休金只有74元,这点钱对于农村老年人的

养老来说仅仅只是杯水车薪，他们的养老还是主要依赖自己的子女。

我国颁布实施的新型农村养老保障体制，不管它的效果如何，国家开始把社会资源投向中国农村的众多老年人，这本身就是一个政策的进步，虽然还是不能取代农村家庭养老的主体地位，但是这种制度的实施已经事实上起到了对农村老年人养老的一个辅助作用，这种养老保障体制会像欧洲社会发展的那样，取代家庭养老体制吗？我国的家庭养老保障发展的路径将会如何？

第一节　家庭养老保障功能弱化

一、现代社会中，我国家庭养老保障功能正在弱化

随着我国现代化、工业化和城市化的发展，家庭的经济功能已经逐渐地被工厂、商店和银行等所取代。在工业社会和城市生活中，家庭不再是单个的生产单位，而是加入到社会大生产领域中，成为社会化协作生产、协调工作的一分子，个人有自己的职业领域，职业生活和家庭生活成为两大单独的、相互分离的个人生活区域。家庭成员参与社会工作，有自己单独的经济收入，加入社会分配的行列。家庭要统筹使用其成员的经济收入，而不能由家庭权威来决定各成员的收益。商业渗透到社会生活的各个角落，由市场这只看不见的手所操纵的商品生产与交换充斥了整个社会，满足了家庭对各种产品的需求。农村社会也不例外，由于农村家庭的收入绝大多数来自子女外出打工的收入，老年人种地的收入只是家庭收入的一个补充。我国实行计划生育后，农村家庭开始小型化、核心化，生活在子女中间的老人越来越少。再加上农村地区青年农民进城打工的人越来越多，他们很少回家，因此农村地区的老年人基本上空巢居住在农村，子女对老人的经济承担只是生活的补充，而情感的承担也因分居生活而变得非常间接和有限。很明显，随着子女到城市里打工，农村老年人从子女身上得到的生活照料，精神支持很少，他们能劳动的都是通过自己劳动得到收入，不能劳动的从子女那里得到有限的物质帮助，而那些失能的和重病的老人最终都会以自杀的方式离开人间。由此可见，农村的老年人养老还是主要以家庭养老为主，但是家庭给予老年人养老的支持越来越少，家庭养老保障功能正在弱化。

由调查的数据和 44 个个案的访谈，清楚地表明了，在农村我国几千年来的传统家庭养老模式出现诸多问题。这些问题很多都是社会问题，靠个人努力和个别家庭的努力，在现代农村社会里已经无法解决，需要国家、社会、家庭和个人共同努力才能有效地解决。而从制度上解决农村老年人家庭养老保障的社会问题是唯一

可行的方法,我国于2009年颁布实施了新型农村家庭医疗保障体制,这一制度就是在农村老年人家庭养老出现问题的前提下颁布的,其目的也就是为了解决农村日益严峻的老年化问题和家庭养老保障中出现的社会问题。随着我国农村社会保障制度的健全和文明的发展,笔者预测将来的农村家庭赡养老人的部分功能将会转移到社会,社会对于社会保障的认识,已从中世纪对社会贫困者施行恩赐、救济的出于怜悯、仁爱之心的慈善之举,发展到认为是国家和社会的职责、文明社会的标志的阶段,即实现了由怜悯观到社会发展观的认识转变。

二、我国家庭养老保障功能削弱的原因

(一)物质财富的积聚

在前工业社会,由于社会和国家的整体经济水平不高,物质条件不够,无法为国民提供完善的保障制度。而进入工业社会后,大机器的运作,社会财富急剧增加,国家和社会有一定的财力物力为社会成员建立起一套完善的社会保障体制。老年人可以通过养老保险基金、国家医疗保险、医疗补助、老年福利等方式获得国家和社会的支持,因而在现代社会中,个人不需要仅仅依靠来自于家庭的养老,而可以更大程度上地依赖国家和社会提供的养老保障制度。与此同时,家庭养老功能必然遭到弱化。

访谈中,44位老人都说,以前他们从国家和社会那里得不到任何的支助,他们的养老完全依靠自己的子女,现在有了社会养老保障体制,每个月都可以领一笔钱,虽然不多,但是对于他们农村老年人来说意义可就大了,他们至少可以少依靠一下自己的子女,为自己的子女减轻一点负担。以前有了大病一般都是等死或者直接自杀,现在他们参加了社会医疗保障制度,虽然看病还是很贵,但是至少可以报销一些钱,减轻子女的负担。80多岁的老年人更是因为高龄津贴的发放,让他们的收入增多,提高了他们晚年的生活质量。

(二)家庭组织的核心化、小型化趋势

传统的中国家庭模式是大家庭模式,也就是联合家庭模式,它的形成条件是儿女结婚后不与父母分家,当然在父系传统的中国,主要是儿子不与父母分家。传统大家庭模式,子女有赡养父母的义务和责任,并且由于传统大家庭成员众多,子孙满堂,众人拾柴火焰高,有能力赡养父母。而进入工业社会后,特别是我国计划生育的执行,农村地区家庭组织的核心化、小型化已成为发展趋势。随着社会的演进和传统人向现代人的发展,人们特别是年轻一代渴望打破大家庭的伦理束缚,摆脱家长的羽翼,以使小家庭在经济上和情感上有更多的发展空间。

另外,由于现代社会中人口的跨区甚至跨省的频繁流动和生活方式的改变,使得家的观念逐渐淡化。比如在农村,由于经济的压力和耕地的锐减,迫使年轻人甚

至中老年人纷纷外出打工谋生。在此基础上衍生的核心家庭、单亲家庭、离异家庭以及空巢家庭比比皆是。家庭的小型化和核心化使得家庭的保障功能大大削弱。

核心化、小型化的家庭中的独生子女成家立业后，要承担一对夫妇赡养四位老人甚至八位老人的义务和责任，所受的压力是传统社会子女无法比拟的。也就是说，在传统社会中家庭养老责任可由众多子女分担，那么，在现代社会就是一对夫妇需要赡养更多的长辈，这是核心化、小型化的家庭很难承受的经济压力，因此，在这种情况下的家庭养老模式受到了挑战。

访谈的老年人说的最多的是，子女外出到城市打工从而他们得不到子女的关怀与照顾，但是为了生存他们也理解自己的子女。XTF06 说："我的几个孩子整年都不在家，只有春节那段时间才会在家里待一段时间，我要忙着给他们看家，看小孩，自己有什么伤风感冒也只有自己撑着，那时候非常需要子女来照看我，但是他们要挣钱养家，离家那么远，回来一趟也不容易，因此总是在和孩子们联系的时候报喜不报忧，但是我还是非常希望这个时候他们在我的身边关心照顾我。"

(三)人口老龄化形势严峻

人口老龄化的迅速到来，使得家庭养老背负重压。随着现代科技和医学的重大发展，人们生活质量的日益提高，人口预期寿命的不断延长，人口老龄化已成为21 世纪全世界首要严峻问题。根据第六次人口普查的结果显示，我国已经步入了老龄化社会，而且老龄化形势非常严峻。在我国未富先老，人为干预的老龄化背景下，使得家庭养老方式失去了它部分客观基础，家庭无力面临超负荷的养老压力，而且兄弟姐妹关系的消失，老年人从家庭以外亲属中寻求帮助的可能性也将变得越来越小。

在访谈中，所有的老人都有这样的感受：说现在农村里年轻人越来越少了，整个村庄里老人占多数，然后是小孩，村庄一片寂静和冷清，只有到春节的时候，往昔的喧嚣才会出现。

(四)妇女外出就业普遍

中国社会高速的现代化导致我国的社会结构经历了众多改变，而其中影响最大的莫过于妇女意识的觉醒。妇女角色演变——由从属、依赖、传宗接代的传统（妻母）角色进步到谋求两性平等、自主独立的现代角色，女性地位因女性意识觉醒同时提升了。在传统社会中，农村妇女在家庭中承担照顾老人和操持家务的重要角色。"男主外女主内"的传统思想根深蒂固，养家糊口是男人的事情，妇女不需要外出工作，只要待在家中操持好家务，照顾好老人和幼儿就可以了。因此，传统社会家庭养老模式有很好的条件和基础。

但是随着社会的发展，越来越多的农村妇女走出家庭，参加社会劳动，在社会与家庭中获得了与男子平等的地位，获得了社会的认可和更多的权利，她们走出家庭,走入社会,努力实现自我价值,并成为社会中财富的重要创作者。家庭不再是她们此生唯一的舞台。也正是由于妇女走出家庭,她们为家庭付出的时间比在传统社会的女性所付出的时间少了许多,现代社会的妇女不可能有许多时间照顾老人,因此家庭养老模式失去了基础。

HCF07 说:"现在的媳妇可都不得了啦,以前都是婆婆在家里居支配地位,现在婆婆都要看媳妇的脸色;以前我都是在家里做家务,现在儿媳妇在城市里和儿子一起打工挣钱,而且比儿子挣的钱还多;以前我在家里教育孩子,侍奉公婆,现在我的儿媳妇从来没有照顾过我。"

(五)价值观念上的转变

家庭养老保障功能所受到的最严峻的挑战是来自价值观的变化。这些年来,"个人奋斗"、"自我实现"、"个性自由"等口号被青年人乃至中年人广为接受。个体主义、以自我为中心、拜金主义、消费主义等价值观,与承担家庭责任与义务所需要的群体主义价值观和个人牺牲奉献精神,形成尖锐的对立,夫妻关系、父母与子女关系、亲情关系都在价值观冲突中受到损害。这使本来在客观条件下就发生了困难的家庭,更加无力提供资源和承担责任了。破碎家庭只是其中的一种情况,而那些处于分居、不和、怨恨乃至暴力威胁中的家庭,也是不能履行其正常职能的,家庭养老功能同样被削弱。

同时,由于现代社会生存压力大增,子女不可能有太多时间来厮守在老人身边;费用问题,即使子女有时间尽孝道,但却无力负担老人晚年的巨额医疗费用;"代沟"的存在;老年人地位的削弱;许多老人因为人际交往范围缩小,思想的固执和狭隘等因素的村庄,导致现在的年轻一代虽然愿意遵从孝道,但无法做到让老人尽享天伦之乐。同时为了家庭的和睦,为了保持"有距离的亲情",许多农村的老人宁愿过得清苦也不愿意和晚辈住在一起。因此,处于现代社会的年轻人在成长的过程中受到许多价值观的冲击和影响,在家庭养老方面的思想也不同于传统社会中的子女,家庭养老模式已在价值观上受到冲击。

在访谈中,所有的老年人都说:"现在年轻人孝顺的越来越少了,他们成年在外打工,很少和自己的父母联系,老年人生病都是自己照顾自己。"

(六)国家和社会对人权愈加重视

人权的内容是十分广泛的,最核心的内容是人的生存权和发展权。在传统农村社会中,社会成员并不能够真正地拥有人权,国家作为统治阶级的统治机器,只是为统治阶级服务,而不可能为被统治阶级的利益服务,因此,在没有人权可言以及人权无法受到任何国家制度的保障的传统农村社会,社会成员只能依靠家庭这个保护伞来保障自身生存的基本权利。

但是随着社会文明的高度发展,人权逐渐成为社会成员的基本权力。人权需要保障机制，否则，将是一句空话。人权的保障机制包括政治保障、社会经济保障、法律保障、文化保障、思想保障等等。但因为人的生存权和发展权才是人权之本，这就使得社会经济保障的重要性突出地显现了出来。在农村社会子女无法承担父母养老压力的情况下，国家要承担起对农村地区老年人的养老，会在农村催生出完善的社会保障这制度。

第二节　农村家庭养老将长期存在

一、我国农村家庭养老的主体地位将长期存在

家庭养老作为中国农村养老模式主体的历史源远流长，自私有制建立起，家庭就承担起养老的重任。在小农经济时代，农民的大部分衣食来源依托于土地，老年人掌握着作为基本生存技能的经验与常识，这些经验对于农业社会的生产和生活的指导具有权威意义；同时也处于家庭财产关系的核心，下一代只有通过禅让制从上一代获得生存所必须的物质财富，因此老人在农业社会得到了至高的尊重与孝敬。同时孝文化作为中国传统文化代代相承，家庭与长辈是不容藐视的，同国外的小家庭相比，我国老年人更追求子孙绕膝的天伦之乐。但是随着经济体制的改变——市场经济体制的建立、工业化以及城市化的浪潮改变了农村家庭经济来源的唯一性，代际间的经济关系被打破，孝文化受到巨大的冲击，同时随着人口老龄化进程的加快，家庭结构的小型化，计划生育等种种原因使子女背负的赡养任务几乎超出负荷。因此很多学者在家庭养老的功能遭到削弱的情况下，开始质疑农村家庭养老的主体地位能否长久，是否应发展出新型的养老模式。虽然家庭养老保障会随着社会养老保障的完善而被削弱，但是我国农村的家庭养老保障不会在短期内消失，而且会以主体地位的形式长期存在。即使将来我国的社会养老保障体制极度完善，家庭养老也将是社会养老保障体制的重要补充。

二、我国农村家庭养老的主体地位将长期存在的原因

(一)经济原因

作为乡土中国的农民，衣食来源的根本依旧是土地。我国农村土地制度是集体所有制，农村的土地属于集体并受到国家的严格管理，农民没有土地所有权，而是仅仅拥有土地的承包经营权。农民年老丧失了劳作能力后，不像城镇居民有退休工资过活，而且农村老人参加社会养老保险的极少，即使参加了，保险金也很低，绝大多数的农村老年人还是依靠自己的劳动收入和子女提供的资金来维持老年

生活。

调查和访谈的所有的老人中,绝大多数身体还可以的老年人都是自己在耕种自己的责任田,他们除了自己的种地收入之外,子女给的钱占了一部分,因此他们的养老还是基本上依靠家庭养老的方式进行的。

根据政治经济学的观点,养老方式作为一种生产关系,由生产方式和经济形态决定,并随它们的发展而发展。家庭养老方式是由家庭经济所决定的。以家庭为基本生产单位的生产方式决定了家庭成员共同拥有生产资料,共享劳动成果和剩余产品。家庭成员赡养老人是责无旁贷的,因为老年人创造的剩余产品都积累在了家庭内部,他们通过事先把剩余产品积累在子女身上,然后换得晚年子女对自己的赡养的方式来完成代际之间的交换关系。目前,我国广大农村生产力水平低、经济落后,占主要地位的仍然是农业经济,采用家庭联产承包责任制的形式组织生产,75%的农民仍然依附于土地。我国农村的生产力发展水平以及家庭生产组织方式决定了农民进入老年后的经济负担主要来自家庭,而且家庭联产承包责任制为老年人"活到老,干到老"提供了基础,为家庭养老提供了经济条件。

社会制度既包括国家规定的正式约束和实施机制,也包括一系列由社会认可的非正式约束,并且非正式约束在处理人与人之间的关系中居于绝对重要的地位。意识形态在非正式约束中处于核心地位。意识形态具有的经济功能主要为:①它以舆论观念的形式出现从而简化了政府决策及下达的过程,是个人与其环境达成"协议"的一种节约成本的工具。②成功的意识形态能有效克服"搭便车"行为。③意识形态能减少强制性执法和法院的费用以及实施其他制度的费用。家庭养老是我国数千年来形成的符合我国国情的一种养老保险制度,在这一制度发展的过程中,形成诸多的文化意识形态来维护该制度的发展,在老年人口经济支持制度中主要是以非正式约束的机制来发挥作用的,它比正式的养老制度更具经济性。

在斯密的经济学论述里,社会中的个人都是理性的经济人,他们总是在成本和收益之间进行权衡来选择有利于自己的行为方式。而理性选择理论认为经纪人的假设太过于偏狭,不能解释所有人的行为动机,事实上人们很多的行为并不一定是从经济收益最大化的角度来决策的,人们的行为有社会、道德、风俗、情感等各方面的酬偿,换句话说每个人的行为总是试图达到某种目标而实施的,而行为的目的并不一定只是经济收益的最大化,还包括其他的目的。为了实现各自的目的,单个人之间存在着某种互惠的交换模式:在人们彼此的交换中,双方都会得到自己需要的东西,并且只有对等,互换、交换才能持续下去。社会学家霍斯曼也提出了类似的观点:人是理性的,人们所做的行为要么是为了获得报酬,要么是为了逃避惩罚;这种利益最大的原则就是人们交往的基本原则。他还指出,报酬在这里不仅指外在报酬(金钱),还包括内在报酬,如满足、尊重、情感等。家庭养老也可以看作是代际间服务投资的一种经济交换。未成年人、成年人各自拥有不同的资源，所需求的产品与服务也不同。未成年人需要成年人的抚养，成年人年老时需要下一代的赡养。因此，成年人在自己有生产能力时，以向未成年人提供生活照料、教育等对未来进行投资，目的是在进入老年后，能从原未成年人处（现为成年人）收回投资，得到赡养。同理，未成年人在这种经济交换过程中以长大成人后承担赡养老人的责任，获得现在健康成长的保障。从社会学的角度出发，这个过程不仅仅是经济上的物质交易，还包括时间、感情等资源的双向交换，具体表现为经济上的支持、家务上的帮助和情感上的支持或安慰。家庭养老在某种程度上实际可以看作是一种代际之间的交换，对子女和父母都是有利的。

（二）社会原因

现有家庭养老模式作为历史发展的产物，在农村特别是欠发达地区一直发挥着重要作用，它的存在具有社会"减震器"的作用。二元制经济结构模式下，在国家没有对农村养老投入与城镇养老一样巨大的资金的条件下，家庭养老模式能使比城镇老年人口多许多的农村老人颐养天年，没有发生巨大的社会动荡，显示了较大的优越性。因此短期内在国家的财力仍不可能向农村社会养老投入巨资、农村经济也不能有巨大提高的条件下，农村养老模式仍然以家庭养老模式为主。国家在"九五"规划和2010年远景目标中也提出，目前农村养老以家庭养老为基础，因此，在未来很长一段时间里，农村老人养老方式从本质上说也以家庭养老方式为主。

我国的二元体制不解决，农村老年人的社会养老的目标就不能实现，即使我国于2009年颁布实施新型农村养老保障体制，也改变不了农村老年人家庭养老模式的事实，因为老年人的社会保障覆盖面低，而且金额太少，对于农村老年人养老的费用来说还是杯水车薪，根本无法独自养老，只有依赖于自己的子女完成养老生活。

从养老制度看，中国人口老龄化过程中，面临着未富先老的尴尬局面，现有的农村养老制度和社会保障制度是残缺的，虽然颁布了农村地区新型养老保障条例，但表现在覆盖面积小，来源单一性，而且很不完善，保障资金很少等问题。它不仅不能适应社会经济体制改革的需要，更不能适应农村老年人口日益增多的需要，目前家庭养老对于弥补此缺口是很好的缓冲工具。农村老年人口缺乏正式养老制度保护，我国还未建立全面的、统一的农村社会保障体系，在广大农村居民中所能享受到的社会保障福利非常有限，特别是三大社会保障制度——失业保险、医疗保险和养老保险在广大欠发达地区农村更是无从谈起，这些地区农民的生、老、病、死及意外事故主要靠家庭承担。同时由于农村区域经济的不平衡，农民参保能力有强有弱，一些经济比较落后的村镇没有能力承担农民参保费用，而一些能够依靠农业生产获得收入的农民，由于经营规模有限以及农业生产的不稳定性，也没有能力承担养老保险应缴的费用。

目前，中国有上亿农民工在城市谋生，由于政策的原因，他们被视为流动人口。不少研究者认为城乡迁移对农村家庭养老造成负面影响，如降低了老年人在家庭中的地位，子女无暇顾及老年父母等。但有弊就会有利，人口流动同样对家庭养老带来了积极影响。例如流动人口增强了家庭养老的经济支持力，在城市化进程中，农民的非农就业机会增加，非农收入随之增加，而非农收入的增加导致家庭经济条件的好转，使得老年人的生活得到一定的改善，从而提高了家庭养老保障的水平。

(三)文化原因

我国是一个受儒家文化影响很深的国家，封建君主统治在它的影响下延续了千年，传统家庭的养老关系也得以绵延。带有浓厚中国特色的"孝文化"是家庭养老模式的文化根源，"百善孝为先"被看作是做人的基本的道德品质，这种伦理美德世代相传，在中国社会形成千百年未变的家庭养老模式。传统孝文化在城市化、工业化的冲击性之下开始淡漠，但中华几千年的文化不可能完全丧失，它在一定程度上依然约束着家庭养老主体的行为。具有儒家文化背景的东方国家都存在着这一共性：绝大多数社会成员可以离开社会保障，但是离不开家庭保障。

血亲价值构成了家庭养老模式的内在特征。家庭养老作为一种代际间互动关系，下一代用自己的时间、精力、金钱等宝贵资源来使上一代健康快乐的生活，其间必然需要一种能够保证这种互动关系的驱动系统。这种驱动系统就是以血亲利益为人生价值的观念。在这种价值观的作用下，下一代将赡养老者视为自己重要的人生职责。我国的家庭养老，关键也不在于经济来源、居住方式、来往频率，而是在代际之间的责任认同或负有无限的责任。《孝经》的"夫孝，天之经也，地之义也，民之行也"，孟子所说的"老吾老，以及人之老"，《论语》中的"父母在，不远游，游必有方"，都形象地反映了血亲价值观对下一代履行养老责任的巨大影响力。

责任内化论在代际支持方面的观点是，由于几千年儒家文化对孝的推崇，赡养老人的义务已经变成了每一个中华儿女内在的责任要求和自主的意识，是其人格的一部分。责任内化论的一个特点是差序格局。差序格局是费孝通在研究传统农村社会时提出的一种观点。所谓"差序格局"，是指人与人的关系有亲疏远近之别。打个比方，就像是一个石块投入水中，形成了圈圈的水纹，呈同心圆式分布。自己是圆心，不同圈的水纹代表了不同的关系层，且呈现与这个圆心距离越近，来往越密切，道德感与责任感越重的递进现象。

社会养老无法替代家庭养老实现生活照料和精神慰藉功能。随着经济与社会的发展，家庭养老的经济供养职能会逐渐减弱，而其生活照料和情感慰藉职能仍会持续甚至是增强，尤其是高龄老年人的照顾仍将主要依赖家庭。随着年岁的增长，老年人生活自理能力降低，情感脆弱，对子女的依赖越来越强，因而大部分老年人希望获得与子女更多交流，或者是同住。

无论从中国的传统与国情来看，还是从西方福利国家的经验教训来看，中国都必须以长远的战略目光探索如何在农村建立一种独特的、有生命力的社会保障与社会福利体系，这一体系应当是以家庭为基点、以社会为网络的有机体系，以社会保障与社会福利事业的可持续发展为目标。由于中国已步入未富先老的老龄化社会，家庭数量也庞大，地区发展又不平衡，所以社会资源的配置是件极其复杂的任务；但无论如何，家庭的分配作用都不应当受到忽视，家庭养老是社会养老的基点。可以预言，随着现代化进程的推进，家庭不但不会解体，而且必要时，也有可能越来越扩大功能，它在社会保障中的基础作用将越来越明显。正确的现代化的社会保障政策，不仅不应忽视家庭的作用，加大政府的作用，而且相反的，在完善国家和社会的保障体系的同时，加强家庭养老保障的建设。

因此，根据中国的现代国情来看，目前我国不可能在短时间内快速的建立起完善的社会养老的体系，家庭养老在一定程度上还具有重要的补充作用。即使未来我国有经济能力建立完善的社会保障制度，借鉴西方社会保障发展的历史过程，社会保障体制并不能完全取代家庭养老保障模式。相反，社会保障体制的完善不但不以家庭养老保障的消失为代价，反而需要家庭养老保障成为重要补充，以此来减轻国家和社会的压力，并能更好更全面地满足社会成员的需求。

第七章 新农保体制下,农村老年人家庭养老中老年人临终关怀问题

第一节 问题的提出

21世纪是人口老龄化阶段,根据《中国人口老龄化发展趋势预测研究报告》,目前中国社会正处于快速老龄化阶段。根据国际通行标准,一个国家或地区60岁以上人口达到或超过总比例的10%,或65岁人口超过总比例的7%,则可认为该国家或地区进入老龄化社会。而全国第六次人口普查结果显示,我国60岁及以上人口占13.26%,其中65岁及以上人口占8.87%,这充分表明,我国进入了老龄化社会并呈现出老龄化加速的趋势。同时,老龄化进程与高龄化、空巢化、失能化相伴随,社会养老服务需求急剧增加,人口老龄化已成为全球共同关注的话题,但人口老龄化的核心问题就在于养老问题。

目前,随着社会的变迁和家庭结构的变化,在城市社会里长久以来的家庭养老功能逐渐弱化,开始向社会养老方式转变。居家养老、社区养老和机构养老开始慢慢成为主要的社会养老方式,在居家养老和社区养老处于不断探索、不断完善的起步阶段,机构养老成为目前有效承载中国老年化重担的养老模式。但是在中国广大的农村地区,居家养老由于需要一笔钱请人照顾,在农村地区这种养老方式基本上不可行;社区养老由于改革开放,家庭联产承包责任制的实行,农村社区组织基本上破坏殆尽,到现在农村社区组织的建设基本上处于停滞状态,因此此种养老方式在农村地区也是不可行的;在农村地区养老机构慢慢地出现,但是农民基本上无法承受高额的养老费用,因此机构式养老对与绝大多数的农村家庭来说也是不可行的。因此在我国现阶段的农村,还是以家庭养老为主,社会养老为辅,自2009年我国颁布实施农村新型养老保障体制以来,对农村地区的家庭养老来说虽然有一定的辅助作用,但是由于金额太少,对于农村的家庭养老来说,仅仅是杯水车薪。

由于历史和社会原因,我国农村地区的养老基本上还是以家庭养老为主,虽然

家庭养老有很多的优点，但是家庭养老也有许多的缺点。其首要的缺点是家庭养老里的照顾者都是一些非专业人士，很难给予老年人高质量的养老照顾。特别是农村里的那些失能老人以及重病的老人在临终前得不到好的照顾，很多老人都在对死亡的恐惧中死去，有的老人临终愿望得不到满足，死不瞑目。因此如何提高农村老年人在家庭养老中，临终时的生活质量是一个迫切需要关注和解决的问题。

对农村中这些一部分老人的临终关怀，可以有效地提高他们晚年的生活质量。然而农村里的老人临终时都没有得到相应的照顾，这样的状况主要有如下几个原因：①他们还是以最基本的生活照顾为主，有的人连最基本的生活照顾也缺位，更别说有子女会从精神和心灵上给他们照顾。②我国的社会文化长期重生而轻死，重视优生教育而忽视优死教育，没有人对农村老年人进行死亡教育，让他们接受死亡和正确面对死亡的来临，从而导致农村老年人在死亡问题上表现出恐惧、讨厌、回避，甚至存在一些错误的文化观念。③我国农村宗教文化缺乏，基督教教义中生而有罪，需要救赎，从而努力工作成为上帝的选民，死后升入天堂，否则灵魂下地狱；佛教的因果循环说，让人们可以在今生的修行中，得知来生的轮回，让人们知道自己灵魂的归宿，从而减少对死亡的恐惧；道教的无为，顺其自然，死后可以到西方极乐世界等等，这些宗教从某种意义上可以让人们减少对死亡的恐惧，然而我国社会一直信仰无神论，这些宗教组织在农村地区很少见。④我国现阶段的农村一些落后、低俗、不文明且带有明显封建迷信色彩甚至腐朽生活方式影响着我国农村地区老年人在临终时的生活质量。

人有生必有死，这是一个每个人都必须面临的自然规律，面临死亡的来临，每一个人都会有一种莫名的恐惧和孤独。"你是重要的，因为你是你，你一直活到最后一刻，仍然是那么重要，我们会尽一切努力，帮助你安详去世，但也尽一切努力，令你活到最后一刻。"临终关怀运动先锋、社会工作者、医师，Dr. Cicely Saunders如是说。每一个人都有生的尊严，也有死的尊严，如何让这些临死的人，从容面临死亡，提高临终期的生命质量，从而有尊严地死去，这样临终关怀慢慢地步入到人们的视野。世界卫生组织对临终关怀的定义做了解释：肯定生命的意义，但同时也承认死亡为自然过程，人不能加速死亡，也不需无所不用其极地拖延死亡过程，临终关怀注重利用医疗团队协助病患缓解身心痛苦的症状，同时向病人及家属提供心理及灵性上的支持照顾，使病患达到最佳生活品质，使家属顺利度过哀伤期。临终关怀的对象主要是濒临死亡的人，即通常诊断生命只有六个月或不足六个月的病人，有时，临终关怀也会将服务延伸至病人家属或者是医护人员。临终关怀的目的既不是治疗疾病或延长生命，也不是加速死亡，而是通过提供缓解性的疼痛处理和症状处理来改变病人的生命质量，让每一个生命步入晚期的人都能够得到关爱和帮助，舒适安详而有尊严地走完人生的最后旅程。

第二节　文献综述

"临终是指由于各种疾病和损伤导致机体主要器官功能趋于衰竭,经积极治疗仍无逆转的希望,各种迹象显示生命活动即将终结的状态,通常诊断生命只有六个月或不足六个月。"①"临终关怀指为临终病人及其家属提供全面的照护,包括医疗、护理、心理、精神等方面,以使临终病人的生命受到尊重;症状得到控制;心理得以安慰;生命质量得到提高;同时也使患者家属的身心健康得到维护。"②老年人临终关怀的目的既不是治疗疾病或者是延长寿命,也不是加速死亡,而是通过提供生活指导、心理疏导、姑息治疗、疼痛控制和症状处理来改善老年人个人生命的质量。

"个案工作中的支持性心理治疗,简称支持疗法,是以精神支持为主要内容的心理治疗方法支持疗法采取劝导、启发、鼓励、支持、同情、说服、消除疑虑、保证等方式,来帮肋和指导病人分析认识当前所面临的问题,使其发挥自己最大的潜在能力和自身的优势,正确面对各种困难或心理压力,以度过心理危机,从而达到治疗目的的一种心理治疗方法。"③当老人面临死亡这个严重的现实挫折,产生应激性情绪或心理创伤时,这时并不适合从老人的早期经验或成长经历中分析心理问题的根源,需要由治疗者提供精神支持帮助其应对出现的心理危机。对于临终的老人来讲,运用支持疗法可以提高他们对现实刺激的适应能力,缓解心理压力,使心理发展达到一个适中的状态。本章主要从缅怀的工作方法支持老人完成人生最后一个阶段的社会化任务;满足老人心理需求;满足老人灵性需求和用文化模式支持老人四个方面,来论述个案工作中支持疗法在临终关怀中对老年人的作用。

现代临终关怀开始于 20 世纪 60 年代,由 Dr. Cicely Saunders 于 1967 年在英国伦敦创办了世界上第一所临终关怀护理医院,即著名的圣克里斯多佛临终关怀院,它的建立标志着现代临终关怀运动的开始。而在我国临终关怀起步很晚,直到 1988 年,天津医学院与美国联合建立"临终关怀研究中心",才填补了我国在这个研究领域的空白,目前我国已有临终关怀机构 100 多所。目前,社会对临终关怀的需求越来越强烈,老年人临终关怀不但成为一种社会需要,而且逐渐成为社会发展的可能。我国步入老龄化社会后,家庭规模的缩小、功能的弱化、老年人的照护尤其是临终关怀问题就突现了出来,老年人对临终关怀的需求更为普遍、更为迫切。同时,老年人临终关怀也是我国步入老龄化社会后不得不考虑的问题。临终老年

---

①张恺悌.老年社会工作实务[M].北京:中国社会出版社,2009:295—301.
②仝利民.老年社会工作[M].上海:华东理工大学出版社,2006:406—407.
③高焕民,柳耀泉,吕辉.老年心理学[M].北京:科学出版社,2007:252—253.

的心理需求及特点日益成为社会关注的焦点，这就更需要具有专业利他价值观、专业知识和技能并遵守专业价值伦理操作守则的工作者的介入，在介入的过程中运用支持疗法的具体技巧对临终老人做具体的服务从而减轻老人的心理不适，使他们拥有一个健康的发展状态，达到专业助人的目的。① 从而也更有利于社会的文明，提高人的尊严与价值。

目前我国人口老龄化呈持续加剧之势，随着社会经济的发展和我国社会转型及经济转轨，而老年人的临终关怀也越来越引起人们的关注，我国的临终关怀机构也越来越多，很多学者开始关注这些临终关怀机构的建设与发展，总结这些机构在运行中的优点，并且总结这些机构在发展过程中的一些缺点。②

社会工作专业作为一种助人自助的专业和临终关怀的理念和原则颇为近似，临终关怀机构里的很多专业人士都是具有社会工作从业资格证的正式社工师，很多的学者开始从社会工作的角度来思考和探讨临终关怀，这样的文章主要从医务社会工作者的角度来讨论临终关怀。③ 有的从宏观的角度探讨社会工作介入临终关怀的途径。④

伦理学也是介入研究临终关怀的学科之一，应该给临终老人以死的尊严，还是应该提前结束临终老人的生命，本身就是一个伦理学的问题，因此很多伦理学的学者开始探讨临终关怀中的伦理困境以及临终关怀中伦理的重构；⑤有的学者从护理学的角度探讨应该对临终老人的护理过程中建构一种护理伦理。⑥

临终关怀中的老人最多的问题就是心理上的问题，因此心理学介入研究临终关怀的也非常的多，有的学者专门研究临终关怀中的心理问题，主要研究临终老人、临终老人的家人、临终服务中工作人员等的心理问题。⑦ 还有人专门研究临终关怀过程中的心理支持系统中出现问题进行探讨。⑧

临终老人面临的问题就是将不久于人世，因此生与死的问题将在这很短的时间里成为困扰老年人的主要问题，因此许多作者从不同的角度来探讨临终关怀中的生死问题，有的人直接说临终关怀中要看重生死教育；⑨有的学者从宗教学的角

---

① 邬沧萍.社会老年学[M].北京：中国人民大学出版社，1999：300—303.
② 王东海，刘达.浅议我国临终关怀事业的发展现状及存在的问题[J].科技信息，2009(21).
③ 刘静馨.我国老年病人临终关怀事业发展现状与对策[N].长沙民政职业技术学院学报，2005(2).
④ 常子奎，管健.社会工作介入临终关怀的研究[J].中华医院管理杂志，2003(1).
⑤ 沈黎.幽谷伴行——浅谈社会工作在临终关怀中的介入[J].社会福利，2004(2).
⑥ 张凤珍，任小红.临终关怀发展中的护理伦理问题思考[N].湖南医科大学学报，2009(3).
⑦ 张秋霞.临终关怀中的心理问题[J].中国老年学杂志，2005(1).
⑧ 徐云，秦伟.临终关怀中的心理支持系统的现状与问题[J].医学与哲学，2006(12).
⑨ 陈雅雪，韩跃红.从临终关怀看死亡教育[N].昆明理工大学学报，2006(4).

度来论述临终关怀中生死教育的重要性,例如,宗教的生死观与临终关怀的关系;①有的作者从佛教净土宗的生命伦理观来论述临终关怀中进行生死教育的重要性。②

以上的研究,从各个方面对老年人的临终关怀进行了研究,但是用社会工作的角度,利用社会学理论对临终老人进行关怀的研究很少,而对农村老年人临终关怀进行研究的基本上没有。因此本书通过在这两个村庄进行实地观察和访谈,探索用社会学、社会工作的理论和方法来解决临终老人在临终期的一些问题,试图通过笔者的努力,提高他们的生活质量。

第三节　农村老年人临终的缅怀介入

临终关怀工作宗旨就是尊重生命,不仅要对临终老人、临终老人的亲属、工作人员,而且还要通过一些活动向广大的人民宣传尊重生命的理念,让每一个人都认识到死亡是一个自然的过程,人们不能加速也不延迟死亡。临终关怀应该关注护理而非治疗,重点在于提高临终老人弥留之际的生命质量。临终关怀还要协调沟通专业人员、临终者、家属之间的关系,重视家属的需求并尽可能地满足,最终协助临终者安静地、有尊严地死去,使去者能善终,留者能善留。作为临终关怀机构的工作人员在对临终老人服务的过程中,应该秉承以照料为中心;维护人的尊严和权利;提高临终者的生命质量;共同面对死亡等服务理念。

(一)用缅怀的工作模式完成临终老人的遗愿,顺利完成人生八个阶段中最后一个阶段的社会化任务,实现人格的自我完整

人有生老病死,从出生之日起每一个人就开始了社会化,一直到死亡,人们永不停息地经历着社会化,从这个不断循环的社会化的过程中,形成自己世界观、价值观,从社会中不断地获得手头的库存知识作为自己处理日常事务的知识储备。美国的心理学家埃里克森说过,人的生命过程就是一个循环的过程,每个人都经历了婴儿期、童年期、学前期、学龄期、青春期、成年早期、成年期和老年期八个阶段,这八个阶段是一个首位相连的循环周期,每一个阶段的人都要克服一对矛盾,只有这样才能把自己社会化为一个完整而健康的人,成为一个合格的社会成员。而最后一个阶段就是老年期,在这个阶段老年人面临的矛盾是自我完整与自我绝望的矛盾,自我完整可以解释为个人能够接纳自己的仅有和唯一的一生,视它为无可替

①何则明,江先文.宗教死亡观与临终关怀[N].西南民族大学学报,2006(4).
②张有才.往生与临终关怀——佛教净土宗的生命伦理观[J].五台山研究,2006(6).

代、必然和有意义的人生历程。自我绝望则是个人感觉以往岁月有难以弥补的缺憾、人生太短暂和还有没有解决的冲突。每个人都不可避免地要经历死亡,面临死亡的来临有人从容面对、有人深深地恐惧、有人遗憾与内疚。不同的人对死亡不同的态度,与他的一生经历密不可分,那些感到自我完整的老人在死亡来临的时候,由于他们把自己的一生当作不可替代的,一生是完整没有任何遗憾,所以他们对死亡的来临不会那样的恐惧。而那些感到自我绝望的老人,由于一生中有许多遗憾和内疚的事情,当得知他们将要不久于人世的时候,他们对一生中没有完成、遗憾、内疚的事情由于得知自己将不久于人世,无法完成自己的愿望的时候,会加深内心深处对未能完成事情的遗憾感,同时对死亡感到更加的厌恶和恐惧,这些会严重影响他们在弥留之际的生活质量,甚至死不瞑目。

"缅怀方法是老年人的一种心理调节机制,老人经常缅怀往事,他们反复叙述过去发生的人和事,通过回顾、分析和评估生命中的往事,让老人达至性格重组和心境平和的一种方法。"①老年人之所以喜欢缅怀往事的原因,是因为他们可以通过缅怀往事,能够与自己的局限和失败取得和解,完成老年期的自我整合的生命任务。而且还可以通过回忆过去愉快和有成就的事情,可以增强老人的自尊。最后通过这种方法,老人能够从过去经历中发现新的意义,以积极的角色看待这些经历,并获得自我接纳和生活满足感。针对老年人的这种行为和心理特征,在老年人个案工作中,社工师们总结出用缅怀的方法来支持临终老人,尽量让他们通过缅怀来达至心理的平和,从而提高临终前的生命质量,让他们在一种自我完整的心理状态中离开人世。

XTM03,姊妹四个,两个哥哥和一个妹妹,哥哥和妹妹都有自己的家庭,由于他一直没有结婚所以无老伴和儿女,属于"三无"的孤寡老人。肺癌晚期,通过笔者和他的交谈,他总是回忆自己过去岁月中许多辉煌成功的事情,并且不厌其烦反复诉说。虽然没有人告诉他,他的生命将不久于人世,但是也许他知道自己的情况。有一天,他在缅怀的过程中,突然谈到了他的侄子,就是他哥哥的小儿子,他的脸上露出了让人看不到的兴奋,沉浸在往日快乐幸福的生活中。可是他的侄子从他诊断出癌症以来,从来没有来看过他,之后笔者通过其他途径找到他侄子的电话,说服了他的侄子来探望他。通过他的侄子,笔者知道,XTM03一生未婚,他非常喜欢这个侄子,曾经希望自己的哥哥把他过继到自己名下,好将来为自己养老送终,但是由于一个误会,他的侄子和他闹翻了脸,从此再也不理他。自从他的侄子来看过他以后,他的心情要好很多,他们两个人之间的误会烟消云散。有一天,他对笔者说,谢谢你们帮我和我侄子的关系和好了。

---

①朱佩兰.安老与社会工作[M].香港:中文大学出版社,2001:151.

这个事件清楚地表明,老年人濒临死亡的时候,喜欢对自己的一生好的、坏的东西进行回顾,如果一个好的社会工作者能够满足他临终前的心愿,就是帮助他和解了和自己侄子的关系,从而完成他老年期的社会化的任务,他在自己死之前给自己盖棺定论为一个完整的人的时候,对死亡的来临会显得从容。

(二)以心理需求为中心

生老病死是每一个人的必经之路,虽说十岁不愁、二十不悔、三十而立、四十不惑、五十知天命、六十耳顺、七十古来稀、八十耄耋、百岁人仙。古时五十知天命,六十耳顺,就是说明人到五六十岁的时候,对生命的意义、生命的真谛、死亡都有了自己的理解,然而人们总是回避不了死亡对自己造成内心的恐惧,此岸真实生活的美好,彼岸世界虚幻与不可捉摸,特别是在我国这样一个重生不重死,优生不优死,没有宗教信仰的社会,所有的一切都让每一个面临死亡的老人感到对生命的无穷眷念,对死亡无尽的恐惧。首先,中国传统文化是儒、道、佛思想的长期沉淀的结果,人们对死亡始终是采取否定、蒙蔽的负面态度,甚至在我们日常生活的言语中没有死亡,有的只是"仙逝"、"走了"等极其隐晦的字眼,这些关于生死智慧的思想,侧重点往往都是关注生。这种生死观的形成让中国人对死亡的真实意义缺少理解和认识,对死亡的存在缺乏足够的理性。其次,中国传统的伦理道德中,人们评价子女是否孝顺的标准是父母临终时,子女是否亲自在身边服侍送终。在中国,"孝道"基本上是建构出来,如果子女按照建构出来的孝道规范实践时,他(她)被称为是孝顺的。在这种主观建构的规范面前,人们通常不太关心老年人临死时自身的心理感受,对于濒死者是否有什么未了的愿望,或者对提高死亡的质量没有进行关注。再次,中国处于一种激烈的社会转型时期,新的伦理道德规范体系还没有真正建立起来,传统的伦理道德正受到冲击,造成了现代的伦理道德失范,出现了传统伦理道德与现代伦理道德冲突,这种文化滞后的状况不利于提高临死老人生命质量。最后,知情权与病情保密的冲突,致使临终关怀陷入了两难境地。临终作为整个生命的重要组成部分,是任何人都逃避不了的。希望和知晓病情是病人的权利,但是告诉病人的实情,又会导致临终老人的焦虑与恐惧,这种二元悖论影响了老年人对死亡的认知与恐惧的克服。

一般来说,有些临终老人在最后的几个月多是卧床度过的,在这期间不仅身体上要经受着疾病的折磨,心理上也饱受着对死亡的恐惧和即将永别家人的伤感的煎熬,同时老人的社会交往也慢慢减少,参与社会活动的机会也慢慢减少,从而使老人的社会功能开始退化。与此同时他们因为疾病的困扰和社会交往的减少从而产生很多心理情绪问题,这时的他们需要更多的亲人及工作人员从心理上给予鼓励和安慰,从而减少他们的焦虑和对死亡的恐惧。

对于临终老人心理的需要,不同学者有不同的界定。根据人们不同的人格,不同的早期经验，人们的心理需求也不相同。心理学家库伯勒·罗斯在《死亡和濒死》一书中认为临终者往往会经历否认、愤怒、协议、抑郁以及接纳这五个阶段，但是在具体的案例服务过程中却发现不同的人经历这五个阶段也会不同，有的经历的时间长，有的甚至会缺少某个阶段的经历直接过渡到下个阶段。该机构在具体的临终老人接触中发现，这几个老人都没有表现出临终的第一个心理阶段—否认期。同时临终老人的第二个心理阶段即愤怒期的特征，在观察的所有个案中都没有明显的表现。

在笔者和 XTF03 首次接触时发现，老人已经失能，但是她的两个儿子很少来看她、陪她说话，老人显得很孤单。笔者和她说话的时候，显得有些放不开，虽然时刻与我们保持微笑，但可以看出这也许是对别人尊敬的表现，可以从她的脸上看出内心的失望和孤独。当问及老人要注意身体时，老人认真地说："我这两天腿疼，我很担心是不是风湿又犯了，我得马上向医生说，我身体可是一向都很好的。"当笔者握着她的手说："奶奶，您的腿怎么样了？还疼吗？"奶奶总是叹气，边叹气边指着她的腿摇摇头说："没用！"她说过这样一句话："我特别感谢你们啊，你们太好了，真是太好了，我从没有这么快乐过，你们这样关心我，和你们聊完我感到轻松多了，看见你们，我的心仿佛也活了起来，八年来我从没这么快乐过，没有人这样对待过我。你们真是太好了！"

从和 XTF03 的交谈中以及观察中发现她所表现出来的临终心理反应阶段是第三阶段的协议期和第四阶段的抑郁期。她希望找到能使自己延长寿命的方法，内心对自己这种健康需求是非常渴望的。笔者对她的这种想法表现得非常认同，积极的鼓励和支持她的这种想法，并鼓励她要多活动。通过抚摸她的手，还有关切的问候使老人很开心。沟通是个案工作中最基本的介入技巧之一，在笔者和她一次又一次的真心沟通之后，和她自然而然地建立了一个相互信任的关系，从交流中发现她内心其实最需要的还是有人能像亲人那样每天陪陪她、看望她。笔者每天都去看她，并做她子女的工作，在笔者不断的努力下，说服了她的亲人，后来他们经常来看她。同时笔者从心理上对老人进行辅导，慢慢安慰她，并对她的某些观点表示认同和赞赏，可以明显地看出老人的情绪及表情的变化，通过几次接触后她讲话开始多了，偶尔脸上会露出一些久违的微笑，后来老人每次都很热情地和我们交谈。

虽然她的心理得到了满足，但是在交流过程中，每次提到死亡的时候，她的脸上还是会显露出失望和孤独，对自己的身体和即将到来的死亡感到极度的忧郁，从她的表情就可以得知老人对自己的接下来的生活都会比较失望。

沟通不仅仅与临终老人建立了良好沟通，也是对服务机构提供信息的方式，通过与临终老人的沟通得知他们的心理需求，这样可以使临终老人的意见能及时反映到她的子女那里，从而对服务过程做出相应的调整，从而使临终老人的临终关怀做到更好。在沟通中才得知她最近最想完成的事情是什么,这时可以及时向她的子女反馈信息,在笔者和她的子女共同努力下,尽可能地满足了她的需求,后来,她非常开心地谢谢笔者帮她达成心愿。

在上面这个过程中,支持疗法的沟通技巧和支持性技巧都取得了很好的效果,通过具体的介入发现引起 XTF03 抑郁的主要原因是缺乏亲人的看望和他人的关心,社会工作具体技巧的介入更好地为老人提供服务,从而使她的情绪有了变化。根据不同的需求表现,社会工作者的积极介入,使临终老人的情绪变化也得到了明显的改变。

从另外一个临终老人的身上也可以看出相类似的情况,他们希望能够有人满足他们的心理需求。

HCM03,由于方言的交流障碍,所以沟通比较困难。从话语中大概知道他只有一个儿子,他的儿子在外面打工,很少照顾自己,这个老人比较开朗,接触后不久就显得很大方,老人反复地问:"你们有没有对象啊?"他对笔者来看他,感到非常的高兴,因为他的亲人很少,所有的心理需求的满足都寄托在笔者的身上,确实因为笔者的存在给他带来了很多的欢乐,以前没有人和他聊天,没有人深入到他的内心去关心他,他感到非常的失落与孤独。每次笔者要离开的时候,他总是说:"你们明天还会来看我吗?"一旦笔者握着他的手说:"别担心,我们会再来的。"他的脸上马上露出了微笑。多次与他接触后,笔者发现老人的情绪有了很快的转变,他看着很开心,说:"就怕你们再不来了,你们真的来看我,我很高兴。"

运用支持疗法更多地从老人的兴趣入手,开始和老人建立一种相互信任的关系,这样更有利于发现他们内心的需求。比如说在接触中发现 HCM03 很爱抽烟,这时运用解释的技巧,对他的行为进行了积极的解释劝说,老人还是认真地听取了建议。老人抽烟是因为无聊闷得慌。为什么会这样呢?

HCM03,由于老人的家庭经济条件非常不好,早年在工地打工而患有关节风湿病,现年 73 岁的他也没有劳动能力,在和他的交谈中,笔者认真地听他诉说,不时给予他支持与赞扬的表情。老人从开始的紧张到最后的放松直至到畅谈的状态,使支持疗法的介入发挥了积极作用。每次笔者离开的时候,他总是会说:"我记住你们的名字了,希望你们再来,一定来看我,我等你们。"

倾听也是一种艺术,其本身就具有治疗效应。听话过程中不要急于打断对方诉述,要善于引导。患者通过倾诉、畅所欲言后会觉得医生是在认真关心自己的问题,也会感觉到自己得到了他人的尊敬。首次和 HCM03 打招呼,他只是勉强地笑一下,并不怎么回答提问的问题。第一次的交流沟通不太理想,第二次的沟通后得知老人现在只有一个儿子,儿子已结婚并且有了自己的家庭和孩子,生活非常贫困。从这可以看出老人很需要亲人的陪伴,他也想念自己的儿子。借此运用支持疗法的倾听技巧介入辅导的过程，耐心地倾听 HCM03 诉述，尽量不要打断老人的话，同时加以身体语言暗示，比如当老人提及自己儿子感到有些哽咽时，笔者握着他的手给予老人安慰和关心，表现出同理心。当他伤心地说到自己儿子不孝的时候，告诉老人，这是因为儿子的经济条件不允许，所以不能赡养和及时地来看望他，让他减少自己对儿子做法的怨恨和伤心，从而减少悲观失望的心理。

在和 HCM03 交谈的这个过程中就能明显地看出，他认为笔者是真心和他沟通的，所以他脸上总是表现出开心的微笑。当笔者用赞赏的语言及竖起大拇指对他讲到了自己曾经干活力气大身体好时表示夸奖，运用支持性的心理辅导希望他减少自己的内疚和失望的感觉，也减轻了心理的悲伤。在这个过程中也使他理解儿子的苦衷，使他和儿子的裂痕在一定程度上得到了弥合。

（三）以灵性需求为中心

灵性照顾是帮助老年人树立正确的死亡观，使他们安然、坦然面对死亡，走完生命最后一程。临终病人在临死前需要对生命与死亡意义进行质疑及回答，对自己的信仰系统进行质疑和回答，于自己、于别人、于人世需要宽恕，友好地离别。灵性照顾就是给予临终老人爱、同感、协助、宽恕与友好；协助与所爱的人说再见；肯定死后的归宿；满足或答复病人所有可能的希望。当回顾自己一生的美好回忆和痛苦记忆时，积极有效的支持疗法的介入可以使老人重新领会自己人生的价值。支持疗法的倾听技巧是非常重要的，这是表现同理心的前提。在临终老人人生回顾和缅怀的时候，积极的暗示性的语言，使临终者在这个过程中获得对自己人生价值的重新认识，从而减轻他们内心的压抑和难过，从内心深处接受死亡、坦然地面临死亡。

死亡教育是临终关怀的一项重要内容，对临终病人的死亡教育目的在于帮助他们适应病人病情的变化和死亡，帮助他们缩短悲痛过程，认识自身继续生存的社会价值和意义。我国社会文化长期重生而轻死，重视优生教育而忽视优死教育，从而导致在死亡问题上表现出恐惧、讨厌、回避，甚至存在一些错误的文化观念。

笔者对 HTM03 说："爷爷，我们来为您拍照了。"他说："好啊好啊，我先去梳个头发，换个衣服，我可不可以照彩色的啊？黑白的不好看。"当老人们问我们为什么拍照的时候，笔者说："是为了纪念您用的。"老人的脸上表现出难看的脸色，愤怒地说："去去去，拍什么拍！你们这是干什么咯？太不吉利了，小孩子真是。"

通过这个事件可以看出，深受中国文化影响的相当一部分老人对这个事件或者说是死亡仍然怀着一种令人恐惧的心理，拍照让他们感受到死亡胁迫，所以对此人们产生排斥心理。家属和病人之间从不谈论死亡，刻意回避，即使垂死者将不久将离开于人世，想找人谈谈时，往往被家属的逃避态度所阻止。

第一次与老人的接触，可以看出他情绪极不稳定并且比较激动，由于他知道他将不久于人世，内心深处正陷入一种深深的恐惧之中，笔者试着和老人沟通，老人并不怎么正面看笔者,无论采取什么措施,他都保持沉默,整个人处于一种抑郁的状态,对什么都不感兴趣。

笔者为了了解他,问他:"爷爷你喜欢画画吗?"他低着头说:"我什么活动都不想参加,你看我这个样子就知道是不行的。"当笔者看着电视上的歌曲问他:"爷爷喜欢这首歌吗?"他说:"我没有听过,但是军人的歌我听了很多。"这时笔者说:"爷爷你以前当过兵?"他听到这里,突然两眼发光,说:"是啊,我当过兵,打过仗,我的腿就是在战争中瘸的。"这时候,他开始滔滔不绝地讲那时的光辉事迹,说到高兴处还不时发出笑声。笔者知道,已经打开了老人的心扉,笔者不失时机地和老人聊天,谈着他过去的经历,时不时给予他赞扬,最后他接纳了,经过多次的接触,他基本上和笔者交上了朋友。

笔者和他交上朋友后,知道他当过兵,喜欢革命歌曲后,就和他谈过去共产党员面对白色恐怖、死亡的威胁能够大义凛然,谈到毛泽东说人总有一死,有的轻于鸿毛,有的重于泰山,他表示非常的同意。在和笔者多次的交流后,他的精神状态明显要好很多,基本上接受了死亡这种对每个人都必须面对的话题。

(四)文化模式

HTF03 老伴已去世,由于患有晚期癌症,将不久于人世,基本上每天都要注射止疼药剂。每当不疼的时候,她非常喜欢和笔者聊天,但是聊天的过程中,会突然显得非常的忧郁,有时还会哭泣,很明显虽然她有很高的文化知识,但是她还是陷入了一种对死亡的恐惧之中。

针对她具有高文化知识的特点,笔者决定运用文学、音乐、美术等艺术形式,并与心理学、宗教等配合起来,对她提供切实有效的临终精神治疗方法。笔者特意选择一些中外超然洒脱、回归自然、励志哲理或宗教内容的小说、诗词歌赋类的语言艺术类的作品讲给她听,在她的精神状态好的时候让她自己阅读。同时选择了一些适合临终者的色彩、绘画、图片以及相适宜的影像图像资料对她施以美术疗法。有时笔者也选择一些适宜的音乐及与死亡相关的影像资料对她进行音乐治疗。经过一段时间的观察,笔者发觉她的精神状态改善得很好。

从某种意义上来说,"各种宗教是人们解决生与死、灵与肉、人与神、今生与来世等精神生活问题的重要法宝。例如,基督教认为人原本是神的产物,有罪的人通过信仰可以获得灵魂的拯救,升入天堂,永远享受着光明与快乐。佛教把死亡看作是一个生命的轮回,如果轮回完成,人就可以进入极乐世界。道教追求的是使人们逃避死亡世界,通过练气、炼丹、练功来强身健体,长生不老,永不死亡。"[①]然而我国是一个典型的宗教文化缺失的国家,很多人不信教,不信神,中国人对死亡的神

---

① 曲江川.老年社会学[M].北京:科学出版社,2007:288—289.

秘与忌讳与中国无神论的文化是分不开的。另外，死亡从某种意义上来说不单纯是生理方面的问题，更多的是一种文化问题，如果能够运用宗教文化去帮助临终老人的克服死亡恐惧，将会取得不错效果。

她受其父母的影响，很早就信仰基督教，有时她心情不好的时候就会祷告，加上笔者和她交流一些圣经上的故事，她的情绪也在慢慢地平复下来。

通过一系列的工作，加上她的几个女儿都很孝顺，时常来看她，并且非常配合笔者的要求，对她进行无微不至的关怀。虽然病情日益恶化，但是她基本上能够自然安宁地接受死亡，再也没有刚来时的彷徨与恐惧。

为了更好地提高这三个临终老人的生活质量，笔者做了一个名为"鬼节特别活动"的小组活动，鬼节是农历七月十五，据说这一天冥间要大开鬼门，要很久才能再开，鬼魂走出地狱获得短期的游街，人们给自己已逝的亲人烧冥钱，能够让他们在阴间能够生活得好一些。

表 7-1　鬼节特别活动规划表

主　题	内　容	目　的	时　间	所需物资
大致介绍	实习社工员首先自我介绍；说明这次活动的内容及目的	让组员了解活动内容及意义	10分钟	背景音乐、打印活动主题
感怀清明	实习社工员介绍鬼节的主要习俗，并相互分享鬼节时的主要活动	为引出下一环节的祭祀活动做铺垫	10分钟	搜集鬼的相关资料
叠出我的爱	与老人一起叠祭祀时所需的金元宝和小白花	将老人们对祖先、故人的祈祷、思念和追忆通过亲手制作表达出来，以消除未能前去上坟的遗憾	20分钟	金元宝、白色皱纹纸、线、剪刀、胶布
遥寄相思	将上一环节自制的金元宝、小白花和买来的香纸一同焚化	向死者传达对他们的哀思和祈祷，并引导他们热爱生命，积极面对当前的生活	25分钟	纸钱、香、菊花、打火机、盆
传递爱	送给老人小礼品（袜子、小毛巾）	让老人感受当前生活中来自他人的关爱和温暖	7分钟	小毛巾、袜子
为爱歌唱	义工为老人表演节目，主要唱他们比较熟悉并喜欢的歌曲	让老人从低落沉闷的氛围中抽离出来，体味当前的快乐	15分钟	
活动总结	让老人分享参与这次活动的感受，实习社工员对此次活动加以总结	了解老人在这次活动中的获得，强化活动对老人的正面影响。	8分钟	茶点：香蕉、面包、橘子、花生

　　笔者运用缅怀方法在调查的范湾村举办了一次以"感怀鬼节,遥寄相思"为主题的鬼节特别活动,活动旨在利用鬼节这样一个重要的传统节日,为临终的老人们提供祭拜祖先、悼念亲人的机会,为其长期以来压抑的思念、追忆之情提供宣泄的渠道;同时,通过活动中笔者的引导和解说,及时处理老人悲伤情绪,协助其正面思考死亡的意义,并引导他们珍爱生命,积极面对当前的生活。而活动目的是要让老人对死者的悼念、哀思之情得以表达和释放;引导老人珍爱生命,积极面对当前的生活。活动的具体目标有:①在活动过程中,所有老人能投入到祭祀的环节中来;②至少两位老人分享鬼节最为悼念的故人并表达出内心的情绪;③引导他们从哀思的情绪中抽离出来,消除他们未能上坟的遗憾;④让他们坦然面对生死之别,开始正视并珍惜当前生活。活动的举办得到了老人的积极支持,也取得了预期目标。

　　活动理论认为,活动水平高的老年人比活动水平低的老年人更容易感到生活满意和更能适应社会,所以,让老年人保持较多的活动,积极参与社会生活,对防止老年人大脑退化具有毋庸置疑的作用。然而,在农村地区,要如何确保老年人的活动呢? 运用小组工作方法来解决老年人个人和别人面临的挑战,便把小组活动的治疗性效果与社会互动的益处结合到了一起,同时,小组活动能将老人置于一个互动性的环境中,鼓励老人与小组中的其他入住老人融合,将加强老人间的联系,建立起老人在临终期人际支持网络。此外,从老年人所面临的自我认可度不高、价值感不强、对死亡的恐惧等问题以及老人自身活动能力较弱的特点,缅怀方法比较适合于这些老人。

　　为了巩固上面的小组活动的成果,笔者和随行的学生又做了一个名为"盛夏六月,相约你我"的小组活动,共四节内容。小组目的是要:提供机会让老人彼此交往和沟通,为老人提供人际支持网络。共同缅怀过去愉快的人生经历,增强老人对于生活的正面感受,缓解在新环境中产生的不适和孤独感。小组目标设定为:①四节小组活动结束后,参与活动的30%的老人能在固定期间相互串门,提供人际支持;②通过缅怀以往愉快的人生经历,增进老人自信心和喜悦的感受,老人时常展现轻松欢快的笑容。小组程序见表 7-2。

表 7-2　"盛夏六月,相约你我"小组程序

节　数	日　　期	小组名称	小组目的
1	2011 年 8 月 5 日	春天里的约会	组员间相互熟悉,建立信任关系。
2	2011 年 8 月 6 日	我的美好时光	组员共同分享自己人生中愉快的经历,从中获得自信和喜悦感。
3	2011 年 8 月 7 日	爱的释放	组员分享自己认为重要的人,让老人感受到他人的关注和爱,并学会把这种情感表达出来。
4	2011 年 8 月 8 日	欢乐同行	总结小组活动,处理组员间离别情绪。

第一节　春天里的约会

主　题	内　容	目　的	所需时间	所需物资
大致介绍	实习社工员首先自我介绍；说明这次小组活动的内容及目的。	让组员了解小组活动内容及意义。	3分钟	背景音乐
我们约会吧	每两个组员自由组成一个小组，然后以约会的名义相互认识对方	组员间的初步认识，打破陌生感。	10分钟	
我心目中的他	组员分别向大家介绍刚刚认识的朋友，即在组成的每一个小组中，组员A与组员B相互向大家介绍对方	以轻松的方式来检验组员间的认识情况，同时实现所有组员间的相互了解。	20分钟	
自制名片	组员动起手来自制名片，名片可以是做一个面具，并在面具上画上五官；但也可以是制作一张胸卡，在卡片上画自己喜欢的图案；会写字的组员也可以像制作名片一样在卡纸写上自己的基本信息。	加深组员间相互认识，活跃小组气氛，为小组关系奠定基础。	20分钟	卡纸、剪刀、橡皮筋、别针、彩笔、铅笔、橡皮擦、直尺、中性笔
分享感受总结和回应	组员分享此次小组活动的感受；实习社工员对活动加以总结，并预告下一次小组活动的时间。	了解组员的感受，便于改善小组活动；鼓励组员积极参与小组。	7分钟	笔记本

第二节　我的美好时光

主　题	内　容	目　的	时　间	物　资
大致介绍	实习社工员自我介绍、组员间相互认识、介绍小组目的和内容	小组成员间相互认识和熟悉，了解小组目的和内容，吸引老人注意力	5分钟	背景音乐
开场秀	组员或是实习社工员表演与主题有关的节目	调动小组氛围，以轻松的方式切入活动主题，同时增加组员对于活动的兴趣	5分钟	背景视频、电脑、投影仪
经典回顾	播放组员生活年代具有代表性的视频、音乐或讨论相关的话题	带领组员回顾过去，为引出组员的故事和感受营造氛围	20分钟	老电影、黄梅戏片段
背后的故事	以两个人为一个小组的方式，相互分享过往中愉快的经历，并把这些内容记录下来拼凑成一定图案	增加组员间的互动，开启组员以往经历中正面感受的记忆，以增强组员对于当前生活的信心和希望，提升他们的喜悦感	15分钟	卡纸、彩笔、双面胶、铅笔、橡皮擦、直尺乐

续表第二节

主　题	内　容	目　的	时　间	物　资
我们拍照吧	为组员个人以及整个小组成员拍照	引导组员正视现实生活，同时用心体会和珍惜当前的快乐和幸福瞬间	8分钟	相机
分享及总结	让组员充分表达参与小组的感受；总结此次小组内容	了解老人在小组中的所得以及评价，便于改善和提高	7分钟	笔记本、笔

第三节　爱的释放

主　题	内　容	目　的	时　间	物　资
大致介绍	实习社工员自我介绍、组员间相互认识、介绍小组目的和内容	小组成员间相互认识和熟悉，了解小组目的和内容，吸引老人注意力	5分钟	背景音乐
游戏：非诚勿扰	所有人都参与，其中一组员作为示爱者，另外的则是示爱的对象，示爱者对其中一人说："亲爱的，我很爱你，你能为我笑一个吗？"，同时要想尽办法让被选中的人笑，若笑了，则示爱成功，否则，继续转向其他成员示爱，直到把选择的组员逗笑为止。	调动小组气氛，同时为切入小组主题做铺垫	3分钟	
说出你的爱	以上一环节的游戏为切入点，组员共同分享过往中类似的经历，以及分享当时的感受。	了解组员以往生活中重要的人和事，以及由此带给他们的感受和影响	10分钟	
爱，就行动吧	组员自己动手制作出想要送给心中人选的特别礼物	增加组员间的互动，同时让老人长久以来对某个人的情感通过亲自动手得以释放和表达	25分钟	卡纸、铅笔、彩笔
特别的爱给特别的你	组员相互分享将把礼物送给谁以及送给这个人的理由	通过组员的回顾和分享，再次感受来自他人的关爱和感动，增加内心体验的正面感受	10分钟	剪刀、胶水、橡皮擦、直尺
分析及总结	让组员充分表达参与小组的感受；总结此次小组内容	了解老人在小组中的所得以及评价，便于改善和提高	7分钟	笔记本、笔

第四节　欢乐同行

主题	内容	目的	时间	物资
大致介绍	实习社工员自我介绍、组员间相互认识、介绍小组目的和内容	小组成员间相互认识和熟悉，了解小组目的和内容，吸引老人注意力	5分钟	背景音乐
游戏：呼叫转移（有"球"必应）	组员围成一个圈，其中一位一边把气球抛向上空一边叫出另一位组员的名字，这时陪同被叫组员的义工就要努力去接住气球，而当叫出义工名字时，老人就说出"他是我朋友"，直到每位组员都被叫到为止	促进组员互动，调动小组气氛，同时检验上一环节组员间认识情况	8分钟	气球
轻松时刻	组员间相互按摩	让组员身体得到完全放松	3分钟	
我们的那些事儿	组员通过观看特别制作的PPT以及冲洗的照片，回顾前几节小组的内容，分享小组中的感受和收获	使组员明白小组即将结束，但相互间的祝福和鼓励却将持续永远	15分钟	冲洗照片、PPT制作
框住快乐	组员动起手来制作相框	在轻松欢快的气氛中处理组员间离别情绪，同时将制作出来的相框与冲洗的照片作为小组礼物一同送给组员	25分钟	
结束语	了解老人对小组的总体评价，宣布小组活动圆满结束	便于评估小组成效以及日后的改善，小组圆满结束	4分钟	

该小组为封闭性小组，共6位老人参加，历经一个星期的时间，经过后期评估，此次小组效果显著，基本达至预期目标。

缅怀小组是老人小组工作最常用的方式，主要以老人过往的经历作为小组资源。缅怀小组的功能有很多，包括社交、娱乐、身心的滋润等等。[1] 而缅怀小组的目的则是帮助老人回忆过往的正面事件和感受，改善老人情绪，并发掘和总结以往经历中所呈现出来的应对问题的能力，有利于强化他们，让他们相信自己是有能力有价值的人，并鼓励他们将这种能力运用到当前生活中来。在养老机构中，入住老人普遍面临的一个问题便是对于死亡的恐惧，因此，提供临终关怀服务，为老人及其亲属提供全面完整的缓解性和支持性照顾服务，让老人安详地、舒适地、有尊严而无憾地走到生命的终点，[2]是极其重要而又有意义的，而缅怀小组则是提供该项

①梅陈玉婵，齐铱，徐永德.老年社会工作[M].上海：上海人民出版社，2009：199.
②仝利民.老年社会工作[M].上海：华东理工大学出版社，2006：403.

服务的有效途径和方法。

当然,在小组工作类型中,根据入住老人具体需要以及身体条件的允许程度,可采用其他诸如支持性小组、娱乐性小组等类型,以满足不同老人的需要。而在工作手法中,同时需要辅之以个案工作,以为有个别需要特别是完全不能自理的老人提供服务。

虽然笔者观察的三个个案,XTM03、XTF03、HCM03 最后都被病痛剥夺了生命,但是笔者利用临终关怀心理辅导的支持疗法,通过支持他们完成老年期的社会化任务;支持他们满足心理的需求;满足他们的灵性需求;利用文化模式来支持他们。基本上取得了临终关怀的效果,提高了他们临终期间的生命质量,让他们有尊严地从容地走向死亡。

作为临终的老人,他们的生理和心理的变化会使他们对生活适应能力减弱,从而产生一系列的心理问题,同时又要面对死亡这个不愿提及的事情,他们更是从精神上产生一种压力和恐怖的心理,使他们对自己即将结束的人生感到悲观失望和难过。笔者介入到这些临终老人的生命中,通过沟通、倾听、同理心、支持性技巧以及言语暗示和鼓励等支持疗法的介入技巧,取得了一些效果,从而更好地缓解了老人内心的难过和悲伤,使老人在接受一个阶段的心理辅导后对死亡不是那么的恐惧,也减少了内心的愧疚和在某种程度上对亲人的不理解,在一定程度上也缓解了临终老人的心理压力和对接下来的生活的悲观感,对接下来的生活有一个很好的规划,同时也使老人脸上露出来的笑容。

无论是从理论还是研究方法上而言,本研究都只是初始性的,还存在很多不足。例如只是研究了临终老人心理和灵性方面的需求,从而提出支持疗法在这方面的介入。然而对于临终的家人也需要关怀,所以还需要进一步的研究与观察。同时,由于我国传统文化的影响下,笔者不能直截了当地和临终老人谈论生死问题,对于如何消除他们的死亡恐惧,还只是处于一种探索的阶段,还需要很长的路要走。

总之,"生如夏花之灿烂,死如秋叶之静美"。这如诗如画至善至美的人生境界,吸引多少人的追求和向往,人生的旅途有起点,自然也有终点,临终关怀将为每一位临终者架起通往彼岸的桥梁,帮助每一位临终者平静、安详而且不失庄重地离开人间,走上永恒安息、回归自然的道路。随着社会经济的发展和我国社会转型及经济转轨,目前我国人口老龄化呈持续加剧的趋势。与此同时,老龄化问题也变得非常明显,再加上计划生育政策的实施,孤寡老人的问题也成为一个值得关注的社会问题,因此老年人临终关怀也成为一种迫切的需要,如何关注和解决临终老人的问题将是一个任重道远的事情。